U0502949

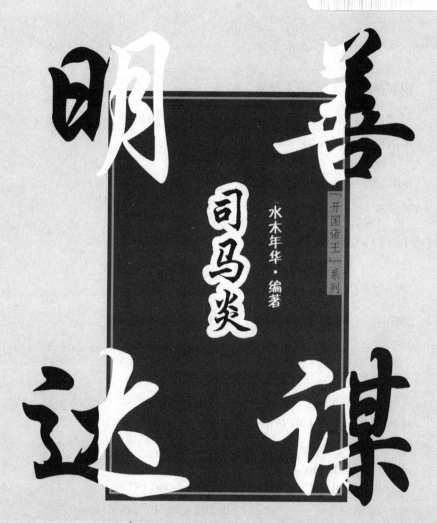

明善达谋

善

明

达

谋

司马炎

水木年华·编著

[开国帝王]系列

郑州大学出版社

郑州

图书在版编目（CIP）数据

明达善谋司马炎 / 水木年华编著 . —郑州：郑州
大学出版社，2018.4
（开国帝王）
ISBN 978-7-5645-5290-9

Ⅰ . ①明… Ⅱ . ①水… Ⅲ . ①司马炎（236-290）-
评传 Ⅳ . ① K827=37

中国版本图书馆 CIP 数据核字（2018）第 024899 号

郑州大学出版社出版发行
郑州市大学路 40 号　　　　　　邮政编码：450052
出版人：张功员　　　　　　　　发行部电话：0371-66658405
全国新华书店经销
新乡市豫北印务有限公司印制
开本：710 mm×1 000 mm　1/16
印张：16.5
字数：231 千字
版次：2018 年 4 月第 1 版　　　印次：2018 年 4 月第 1 次印刷

书号：ISBN 978-7-5645-5290-9　定价：48.00 元
本书如有印装质量问题，请向本社调换

前 言

　　中国两千多年的封建历史长河是由一个个朝代组成的，每个朝代都会涌现出一个叱咤风云、扭转乾坤的开国皇帝，这些开国皇帝无不具有一段非凡的传奇，如夜空中群星般璀璨夺目。他们抓住历史机遇，尽显扭转乾坤、开疆辟土的万丈豪情和文韬武略；他们开启了一个新的朝代，翻开了历史的新篇章。

　　曹操说："夫英雄者，胸怀大志，腹有良谋，有包藏宇宙之机，吞吐天地之志者也。"细品这些开国伟人，他们无不深刻地影响了中国的历史发展，他们也因此青史留名。

　　开国皇帝在制定朝纲、驾驭群臣、发展经济、政治谋略、军事手段、思想文化、民族关系等方面所实行的一系列政策，都或多或少地推动着历史的进程。作为开国皇帝，无论从哪个角度讲，他们都是当时的成功人物。解读开国皇帝，剖析中国历史，还原其真实的面目，可以让我们从中学到宝贵的人生智慧。

　　本丛书汇集历代开国皇帝的生平事迹，上起千古第一帝秦始皇，下迄清朝开国皇帝皇太极，直观、深入地介绍了每一位开国皇帝惊心动魄的奋斗历程。

　　希望本书能够得到广大读者的喜爱。

内 容 简 介

　　《明达善谋——司马炎》叙述了晋朝的开国皇帝司马炎传奇的一生，他在位25年，对结束三国时期国家的动乱状态，复兴经济起到决定性的作用。公元265年他继承父亲司马昭的晋王之位，数月后逼迫魏元帝曹奂将帝位禅让给自己，国号大晋，建都洛阳。公元279年他又命杜预、王濬等人分兵伐吴，于次年灭吴，统一全国，结束了分裂长达半个世纪的三国时代，成为继秦皇、汉祖、光武帝之后第四位统一全国的皇帝。建国后，司马炎采取一系列经济措施以发展生产，太康元年，颁行户调式，包括占田制、户调制和品官占田荫客制。太康年间出现一片繁荣景象，史称"太康之治"。本书将为您再现这段鲜为人知的历史，让您更深刻地了解晋朝历史、了解果敢刚毅的晋武帝司马炎。

目 录

第六章　生前死后

第七章　千秋功过

附录　晋武帝司马炎大事年表

三国归晋　第一章

三国鼎立

说到晋朝，我们不能不简要回顾一下两汉、三国的历史，因为短暂的晋朝的一些基本典章制度都是从这两个朝代借鉴而来。

且说汉高祖刘邦斩白蛇起义，垓下一战消灭项羽统一天下，定都长安（今陕西省西安市西北），建立了大汉王朝。中经外戚王莽代汉自立15年，汉宗室刘缤、刘秀兄弟起兵以及众多农民起义反王莽，最后刘秀取得了胜利，定都洛阳，再兴汉室。

东汉光武帝刘秀颇有中兴君王风范，他事必躬亲，亲揽大权，力防外戚干预朝政，遏制宦官肆无忌惮，作恶多端。他的继承人明帝犹有其父之风，同样能够掌握皇帝权力，抑制外戚、宦官势力，惩治不法官吏，减轻百姓的赋税徭役，较少对外发动战争，故史家对这段历史时期有"天下安平，百姓殷富"的赞誉。章帝继承明帝，初政还是不错的，史家亦曾将他比作西汉的文、景二帝。但是好景不长，他就改变了光武帝、明帝奉行的"严切"政策，扮演起"宽厚长者"，宠任后族，母后临朝，外戚执政，成为极寻常的事情。到和帝以后，国事已难以收拾。至尊的皇帝被母后串通外戚拥立了4人（安帝、质帝、桓帝和灵帝），临朝听政的皇后多达6人（章帝窦太后、和帝邓太后、安帝阎太后、顺帝梁太后、桓帝窦太后和灵帝何太后）。宦官亦借机而起，与后党外戚争持国柄，而且权势日盛，横行作恶，比后党外戚有过之而无不及，廉正一些的朝臣、官员被诛杀殆

尽。面对这种情况，后党外戚则想借助地方力量，打着"清君侧"的旗号来镇压、消灭宦官势力，结果至桓、灵二帝时，国家大权逐步被州牧掌握，而且一方州牧一旦力量强大起来，多方州牧就交相进逼而来，形成群雄纷争、割据的局面，东汉政权陷入衰落。

东汉后期，朝廷黑暗，政治腐败，外戚宦官相互争斗，交替专权，迫使农民流离失所，起义不断。董卓专政，东汉政权名存实亡。各地豪强地主纷纷加强实力武装以自保。州郡官吏、士族集团也以勤王讨董卓为名，乘机扩充自己的势力，经过数年的兼并战争，形成了几个较大的割据势力。

袁绍占据冀、青、并三州（今河北、山西及山东的东部和北部），称雄北方；曹操占据兖、豫二州（今山东西南部与河南），控制中原腹地；孙策占据江东（长江下游的江南地区）；刘表占据荆州（今湖北、湖南）；此外还有割据凉州（今甘肃）的韩遂、马腾，占有辽东的公孙度。刘备由于实力不足，被逼辗转投靠袁绍、刘表，没有固定的地盘。

袁绍，汝南汝阳（今河南商水西）人，出身于"四世三公""门生故吏遍天下"的世家大族。他凭借显赫的家世，得到官僚士大夫的支持，在众多地方割据势力中实力最为雄厚。

曹操，沛国谯（今安徽亳州）人，父亲曹嵩是宦官曹腾的养子。曹腾曾任中常侍，桓帝时封费亭侯。当时宦官与士族水火不容，曹操是一个有远见的人物，他不受家庭因素影响，反而注重与名士交往。在镇压黄巾起义的过程中，曹操依靠一批豪强地主的支持，很快就占据了兖州的广大地区。公元192年，在击败青州黄巾军后，曹操得降卒三十万人，选拔其精锐，号称"青州兵"，其实力大为增强，从此不再依附袁绍。公元196年，曹操又进军豫州，击败汝南（今河南汝南）和颍川（今河南禹县）两郡的黄巾军，占据许县（今河南许昌），加强了军事力量，巩固了对兖州和豫州的统治。他的谋士荀彧提出，现在皇帝东流西徙，人们担忧帝室的命运，如能迎奉献帝，正符合人们的愿望，利于笼络人心和镇服各据一方的雄杰。这一策略正合曹操心意。他遂以洛阳残破为由，亲自率兵迎汉献帝到许县，"奉天子以令不臣"，在政治上取得了有利地位。与此同时，他又在许县推行"修耕植以畜军资"的方针，实行屯田，解决了军粮问题。

在统一北方的过程中，曹操陆续消灭了大大小小的一些地方势力，如袁术、陶谦、张邈、吕布等。

公元199年，袁绍消灭公孙瓒，占据冀、青、幽、并四州，拥有几十万军队。公元200年，袁绍选精兵十万、战马万匹南下，打算消灭曹操。双方发生了著名的官渡之战。这是袁绍与曹操的一次大决战。

官渡之战，曹操消灭了袁绍的主力，不久，袁绍病死。袁绍的三个儿子袁谭、袁熙、袁尚因争夺统治权而彼此内战，曹操乘机攻取了袁氏的政治中心邺城，打败三袁及其势力，占据了中原东部地区。经过七八年的努力，曹操最终歼灭了袁绍的残余势力，基本上控制了北方地区。平定袁绍以后，曹操把政治中心迁到邺城，汉献帝仍然留在许都。

基本平定北方地区以后，曹操想乘胜消灭侨居荆州（今湖北襄阳）的刘备，进而吞并江东的孙权，统一全国。

公元208年，曹操率军南下取荆州。荆州牧刘表喜欢供养士大夫，关西、兖州、豫州有学之士前往投奔的有上千人，刘表建立学校，宣讲儒学。宣威将军贾诩曾评价刘表，认为他是和平时期的三公之才，但多疑而无决断，不能处理变化的局面，天下纷争时难以有所作为。曹操南下的主要对手实际是刘备和孙权。

刘备，涿郡涿县（今河北涿州）人，汉景帝子中山靖王刘胜后人。刘备早年丧父，家贫，与母贩鞋、织席为生。十五岁时求学于大儒卢植门

下。但刘备不大喜欢读书，而对玩狗、骑马、音乐、服装很感兴趣。他说话不多，敛藏锋芒，对人对事的好恶不现于脸上。一些人认为刘备不是一般人，愿意交结他，给他钱财，刘备自己也喜好结交民间豪侠。

东汉末年，刘备以汉朝宗室后裔的名义组织武装，笼络人心，逐渐扩大了势力。他带领结交的一些年轻人跟随官军镇压黄巾军有功，被任命为县里小官，实力较弱，不能独立自存，先后投奔中郎将公孙瓒、青州刺史田楷、徐州牧陶谦，被陶谦任命为豫州刺史，并在陶谦死后主管徐州。其后，与吕布交战失败，投靠曹操。刘备又打算与人合谋杀死曹操，被发觉后，逃到徐州。公元200年，曹操打败刘备，俘虏了刘备大将关羽及全部人马。刘备投奔袁绍，不久，借口去南面联合刘表，公元201年，南行到荆州，投靠刘表。刘表给了刘备一些兵员，让他驻扎新野（今属河南）抵御曹操，荆州的一些豪杰闻讯投奔刘备。在荆州八年，刘备取得了当地地主集团的支持，并请出流寓荆州的诸葛亮为他出谋划策。

诸葛亮，字孔明，琅王牙阳都（今山东沂水）人。父诸葛珪，曾任泰山郡丞。由于父母早逝，诸葛亮随叔父迁往荆州。叔父死后，他就在南阳隆中（今湖北襄樊西）种地为生。诸葛亮才智超群，卓尔不凡，常自比管仲、乐毅，但无人相信，只有徐庶、崔州平对他钦佩不已，徐庶称其为"卧龙"。刘备屯驻新野时，经徐庶推荐，三顾茅庐，见到了诸葛亮。

诸葛亮向刘备分析了当时的天下形势，提出了著名的"隆中对"。他认为，曹操的势力强大，已拥兵百万，且挟天子以令诸侯，

诸葛亮像

难与其为敌；孙权据江东已有三世，国险而民附，贤能为之所用，也只可

以为援而不可图。刘备应当占领荆州和益州，"西和诸戎，南抚夷越，外结好孙权，内修政理"，等待时机成熟，兵分两路，"将荆州之军以向宛洛"，"率益州之众出于秦川"，这样就可以成就霸业。诸葛亮这一策略，为刘备和日后的蜀国奠定了总的战略方针。刘备从四处奔走、寄人篱下，发展到割据一方，与曹操、孙权鼎足而立，基本上就是按照诸葛亮的"隆中对"进行的。

刘备极为赞同诸葛亮提出的谋略，恳请他出来辅佐自己。诸葛亮一到刘备军中，便立刻帮助他扩大军队。他建议刘备清查无籍游户，登记户籍，在短期内，把军队由数千人扩大到数万人，成为以后转战各地的基本力量。诸葛亮和刘备一样，也很注意争取地方豪强和士大夫的支持，注意提拔有才能的人。

孙权，富春（今浙江富阳）人，父孙坚，官至长沙太守。孙坚死时，正值中原战乱，孙权之兄孙策转向江东发展。孙策本是袁术集团的人，当时的江东即今江苏、安徽东南部的长江以南地区及浙江北部地区，由朝廷任命的扬州刺史刘繇控制。

孙策说动袁术让他去攻取江东地区。刘繇及当地的官员都闻讯逃走，孙策任命官员，然后与袁术断绝关系。孙策占据了丹阳、吴郡、会稽以及江东以西的豫章、庐陵、庐江等郡，平定了泾西六县，俘虏并收用了刘繇的勇将太史慈。太史慈奉命带领原属刘繇的一万多兵马，在西面防御荆州的刘表势力，又打败了庐江太守刘勋势力。在西面大破黄祖军，获战船六千艘，黄祖士兵死亡几万。孙策又打败了吴郡的地方势力许昭、邹佗、钱铜、王盛、严白虎等。这样，孙策就占据了长江中下游沿江的一些地区及江南的吴郡、会稽。后来，孙策遇袭身亡，孙权继承父兄遗业，致力经营江东。

日后吴国的重要人物如张昭、周瑜、吕范、程普、韩当、黄盖等，

都是在孙策经营江东时网罗到的。孙策的打算就是依靠这些地方的人力物力，在长江南北一带建立势力范围。孙策被袭身死后，孙权继承兄志，继续招揽人才，得到了周瑜和鲁肃这两个重要人物。

周瑜是庐江（今安徽潜山）人，出身士族。十四岁时，周瑜结识了孙策，二十岁时孙策邀他共赴江东发展，周瑜率领部曲几千人及大批船只粮草前往，二人在江东发展了力量。后来，周瑜奉袁术命前往寿春（今安徽寿县）。周瑜见袁术目光短浅，于是到居巢为官，在那里结识了鲁肃。鲁肃是临淮人（今属安徽），颇有家产，早年见天下将乱，他把土地出卖，用于资助宗族亲友并结交豪杰，也发展了自己的部曲。周、鲁二人一同脱离袁术前往江东。

周瑜向孙权推荐鲁肃，孙权十分欣赏鲁肃，二人同榻饮酒，谈论天下大事。鲁肃说，曹操已挟天子令诸侯，势力强大，汉朝统治已不可能恢复，所以孙权要效仿齐桓公、晋文公称霸天下是不现实的；可行的是割据江东，乘曹操一时无力南下的时机，攻占荆州，取代刘表，再建立政权，然后等待时机徐图天下。鲁肃受到孙权重用，以后孙吴政权大体上是按照鲁肃这一思路发展的。

公元208年，曹操扬言将率八十万大军与孙权决战。此时刘表已病死，其子刘琮不战而降。刘备得知刘琮降曹，率部众由樊城（今湖北襄樊）向南退却，同时，派关羽带水军乘船由汉水南下，准备在江陵会合。曹军到达襄阳，刘备已经撤离，曹操唯恐刘备抢占江陵贮存的粮食和武器，亲率五千精锐骑兵，日夜兼程三百余里，在当阳长坂（今湖北当阳东北）追上刘备。刘备的部将张飞带领二十名骑兵断后，见有曹军追来，张飞在河边瞪着眼睛，把长矛横端，大喊："身是张益德也，可来共决死！"曹军无人敢接近，这样才使刘备得以逃脱。刘备丢掉了人马辎重，仅与诸葛亮、张飞、赵云等数十骑逃至汉津（今湖北汉阳），会合了关羽的水军

一起撤往夏口（今湖北汉口）。这就与已在长江流域经营多年的孙权发生了联系。

曹军还没有到达荆州时，正值刘表病死，鲁肃向孙权建议让他以赴吊的名义前往荆州，联络在荆州的刘备共同抗曹，孙权观望未决。不久，曹军先头部队快速进军，迫使刘琮投降，刘备仓皇出逃。这时鲁肃才见到刘备。鲁肃建议孙刘联合抗曹，诸葛亮也持此议，刘备同意，派诸葛亮随同鲁肃去见孙权，经过一番劝说，孙权有了抗曹的意向。

曹操这时向孙权发出了战书，声称：今治水军八十万，方与将军会猎于吴。孙权把这封信给属下看，多数惊恐失色，产生了强烈的投降倾向。长史张昭等人认为，曹操动辄以朝廷的名义发号施令，现在抗拒，属于不顺。将军可以凭借抗拒曹操的是长江，而曹操吞并刘表后，拥有大批水军，仅战舰就有上千艘，若水陆俱下，江东无险可守，不如迎接曹操。鲁肃坚决反对投降，他对孙权说，自己如果投降，还可获得一定的官位，要是孙权投降则曹操无法安置，希望他不要听从众人的意见。孙权犹豫不决，把周瑜从外地召回商议。周瑜说：北方现在尚未平定，马超、韩遂在西，是曹操的后患，且舍鞍马与吴越争锋，非其所长。正值隆冬，马无饲草，北方士兵不习水土，必生疾病。这些是用兵之患。周瑜认为可与曹军一战。孙权终于下定决心抗曹。

周瑜又向孙权分析，曹操从北方南下的军队不过十五六万，且久已疲惫。荆州投降的军队最多七八万人，尚怀狐疑之心。故曹军人数虽多，却不足惧怕，自己的五万精兵，足以制之。孙权于是任命周瑜与程普为左右督，鲁肃为赞军校尉，出动水军与曹操对抗。

曹操亲自率领战舰从江陵顺江而下。孙权派周瑜率军与刘备会师，由樊口（在今湖北武昌）逆江而上，双方相遇于赤壁（今湖北武昌西南）。从数量对比上说，曹军不下二十万，孙刘联军只有五万多，曹军远远超过

孙刘联军。但从战斗力方面来看，吴军是老练的水师，战斗力很强；曹军长途跋涉，士兵疲惫，加上时疫流行，战斗力较差。因此，初次交锋曹军就打了败仗，被迫撤退到长江北岸的乌林（在今湖北洪湖东北）。

曹军士兵主要是北方人，不习水战。当时江面风大，战船波动不稳，为使战船不过分颠簸，曹军用铁链将船只首尾相连。这样船只就不易分散。吴将黄盖利用曹操轻敌的情绪，向曹军诈降，以轻舟载薪草膏油，直抵曹军，燃火烧草，火随风势蔓延，烧毁曹军战船，延及岸上营垒。周瑜、刘备率军水陆并进，曹军人马伤亡惨重，曹操不敢再战，率残部逃归北方。

赤壁之战是决定三国分立形势的关键性战役。此战的结局表明，曹操还未能战胜南方的政治力量而统一全国。战后，曹操守住襄樊、合肥等战略要地，集中力量整顿内部，并积极经营西北；孙权进一步巩固了江东根据地，并向荆州发展势力；刘备取得了荆州的江南四郡，有了稳定的地盘。公元210年，刘备又向孙权借得荆州的南郡和江夏郡，孙权也向岭南扩展势力。公元211年至公元214年，曹操又占据了关中和凉州，刘备也占有了益州。随后，孙权和刘备为争夺荆州，矛盾日益激化。公元219年，孙权取得荆州。至此，三国鼎立之势形成。

在三国鼎立时期，有一个家族值得我们注意，那就是西晋开国皇帝司马炎所属的司马氏一族，下文中将进行详细介绍。

武将之家

在三国鼎立时期，有一个重要的人物，虽然他不是晋朝的开国皇帝，但是，他就像魏之曹操、清之努尔哈赤一样，对于晋的建立起到决定性作用。他就是晋朝开国皇帝司马炎的祖父——司马懿。

司马懿的祖先可以追溯到黄帝之孙高阳的儿子重黎（《史记·楚世家》则称重黎是高阳的孙子），他是帝高辛的"火正"。在上古时代，人们崇尚火，司火的火正地位也比较高。因为重黎有功劳，所以被帝高辛封为"祝融"，意思是像祝融神那样可以光照世界。随后，重黎的后代也一直做着这个官职，直到周朝，官职的名称由"祝融"改为"司马"。

《尚友录》说，在周宣王的时候（公元前827年—公元前781年），程伯林父担任司马，攻克了许方，因功被允许以官职为姓，因而得姓"司马"。

楚汉争霸的时候，司马昂作为赵将与诸侯一起进攻秦国。秦国灭亡以后，他被封为殷王，都城在河内（今河南省焦作市）。汉朝建立以后，司马家就定居在河内郡了。

又过了八代，司马家出了一个代理征西将军司马钧。东汉安帝永初二年（公元108年）10月，车骑将军邓骘命令征西校尉任尚与从事中郎司马钧一起讨伐滇零（人名，为先零羌别种），双方在天水郡（治平襄，今甘肃省通渭县）展开激战，结果，汉军大败；到东汉安帝元初二年（公元

115年），此时的司马钧已升任左冯翊（汉代将京师附近地区分别设置京兆尹、左冯翊、右扶风，分别由三位地方官管理），朝廷以其为代理征西将军，都督关中诸郡兵八千余人，与护羌校尉庞参所领的七千余名羌胡兵，分道进攻滇零的儿子零昌。庞参先败，司马钧率部独进，攻下了零昌的老巢丁奚城（宁夏灵武县境），他命令同僚右扶风仲光收割羌人的庄稼，但是，仲光不听司马钧指挥，散兵深入，结果被围。司马钧因赌气而驻军丁奚城内见死不救，致使仲光兵败战死，汉军被杀三千多人，司马钧也率余众逃回，事后，司马钧因此入狱，自杀。

司马钧的儿子司马量，字公度，做到豫章太守（今治所江西省南昌市）。

司马量生了司马儁，字元异，为颍川太守（今河南禹州）。《三国志·魏志·司马朗传》裴注引司马彪《序传》记载：司马儁"博学好古"。由此可知，从司马儁开始，司马家基本上完成了从武将世家到士大夫世家的转型。

司马儁生了司马防，字建公，为京兆尹，他就是司马懿的父亲。同上记载：司马防家教很严，平日里，即便是父子之间也十分严肃，"父子之间肃如也"。儿子们虽然已经成年，但在家里，父亲不让进屋，儿子们都不敢进；进屋以后，不让坐下，不敢擅自坐下；父亲不问话，也都不敢主动说话。这也是司马懿家"服膺儒教"（即遵行名教，遵守君臣父子规范等）的一个突出表现。

东汉灵帝光和元年（公元179年），司马懿就出生于河内郡温县孝敬里（今安乐寨村）这样一个世家望族里。司马懿是家中的老二，上面还有一个大哥叫司马朗，字伯达，他和董卓的一个儿子同岁，《三国志》上有传。司马朗九岁时，有客人直接称呼其父的字，司马朗便对那人说："轻慢他人的长辈，就等于是不尊敬自己的长辈。"

司马懿像

司马懿，字仲达，在他下面还有六个弟弟，分别是：老三司马孚，字叔达；老四司马馗，字季达；老五司马恂，字显达；老六司马进，字惠达；老七司马通，字雅达；老八司马敏，字幼达。司马防的这八个儿子，在当地很出名，由于他们的字都有一个"达"，因此，附近的人们称他们八兄弟为"司马八达"。

当时，司马朗很有名气，但司马懿的同族哥哥司马芝却一直默默无闻。河内的老乡杨俊，素来以知人闻名，却说："司马芝虽然名气没司马朗大，但他却有原则，有韧性，这是司马朗比不过的。"后来，司马朗官至曹魏兖州刺史，病死在伐吴前线，死时四十七岁；而司马芝则历任曹魏河南尹、大理正、大司农，正直无私，果如杨俊所言。这位杨俊后来官至南阳太守，在他见到司马懿的时候，司马懿才十五六岁的样子，杨俊一见之下，就说："你可是一个非同寻常的人啊！"还有一位叫崔琰的人，后来官至曹魏尚书，与司马朗私交很好，也曾对司马朗说："你弟弟司马懿不仅聪明过人，而且刚毅果断，他可是一代英雄人物啊，不是你所能比的！"

建安六年（公元201年），司马懿二十三岁。也就是在这一年，他被河内郡推荐为本郡的上计掾（会计官）。当举荐信送到司空府时，司空曹操听说过"司马八达"的事情，当即征召司马懿到自己的司空府为官。曹操选中司马懿，当然有笼络人才的意思，不过，除此之外，在曹操的内心深处，还有另外一层鲜为人知的情愫。曹操年少无赖，举孝廉为郎，当时任京兆尹的司马懿之父司马防，举荐曹操任北部尉，这是曹操一生中担任

的第一个官职，据《三国志·武帝本纪》注引《曹瞒传》的记载，很多年以后，已身为魏王的曹操，还专门把司马防召到邺城饮宴，当时，曹操开玩笑问司马防："孤今日还能当那个小小的尉吗？"司马防回答："过去我举荐大王之时，大王正适合那个职务。"曹操听后，哈哈大笑，两人回顾过去，一直谈得很开心。由此看来，重感情的曹操对司马防是一直心存感激的，因此，此次征召司马懿，曹操自然也有报恩的意思。

然而，当曹操的使者来到河内郡并传达了曹操的意思以后，司马懿却做出了一个既在情理之中又出乎意料之外的决定——他拒绝了。

司马懿的家人对司马府来的人说，司马懿突然之间得了风痹之疾，病情十分严重。只见他肌肉疼痛难忍，双腿无法行走，本人已经卧床不起了。所谓的"风痹之疾"，大约相当于现在的风湿病或者中风之类的疾病。

司空府的使者亲眼看到僵卧在床的司马懿后，只好回去复命。

曹操是何等人也？要真想瞒过曹操，司马懿就这装病的伎俩也太拙劣了。刚才还被郡中举荐，怎么我来征召，你就突然病了？

对于装病，尤其是装中风，曹操本人可是行家里手。据《曹瞒传》记载，曹操年少行为不端，叔父多次到曹操父亲曹嵩处告状，一次曹操看见叔父，突然假装嘴眼歪斜，叔父大惊，询问原由。曹操说自己是中风了。等曹嵩闻讯叫来曹操的时候，曹操却一切如常。曹嵩说："你叔父说你中风了，是不是现在好了？"曹操说："我压根就没中什么风，只是叔父不喜欢我，才骗你呢。"从此，曹操的叔父再给曹嵩汇报曹操的不端行为，曹嵩再也不相信了。因此，装病这把戏，是曹操年幼之时玩剩下的，司马懿今天这样，曹操岂不生疑？听了汇报以后，曹操还是派人前往河内，偷偷对司马懿家进行监视：如果你司马懿装得不像那回事，就直接刺死你。

而司马懿倒也十分警觉，整天是大门不出，二门不迈，俨然一副病人的模样。

也许曹操相信了，也许曹操压根就不信。然而，司马懿和曹操之间这场严肃认真的戏，却是以一个生命的代价换取的。

一天，司马懿看天色很好，就命人把书本拿出来晒晒，而司马懿则半躺在屋檐下，边看书边晒太阳，十分惬意。谁料天有不测风云，刚才还是阳光灿烂，突然之间，就是阴云密布，眼看就要大雨倾盆。

而此时，夫人张春华和婢女又都不在身边。不大一会儿，雨点噼噼啪啪地就落了下来。

躺在床上的司马懿，眼看心爱的书籍就要遭受灭顶之灾，他看看四周无人，就匆忙从床上站起来，跑到院子里去收书。这一情景，正巧被慌忙赶来收书的婢女碰见。不明真相的小婢女惊讶得捂着嘴，"啊"地叫了一声。

听到婢女的叫声，司马懿恍然若失，愣在了那里。此时，司马懿的夫人张春华也来到了现场，她忙把呆若木鸡的司马懿搀回屋，然后，若无其事地与婢女一起把书本收拾完毕。

为了防止走漏风声，引来灭顶之灾，很快地，张春华就把婢女叫到厨房，亲自持刀将她杀死灭口。

到这里，我们自然会问：为什么司马懿当时拒绝了曹操呢？要想理解司马懿的决定，那就让我们看看此前一年，中国大地上都发生了什么吧。

建安五年（公元200年）十月，曹操与袁绍在官渡会战，曹操击败袁绍，袁绍退回河北。这正是前文提到的官渡之战，应该说曹操是挟战胜之威征召司马懿的，可是他为什么还高卧不起呢？他要做隐士吗？以司马懿的性格，肯定不是。

就这样，转眼又过去了整整七年。司马懿还是老实地呆在自己的家乡，过着时病时好、亦官亦民的生活。在这七年间，中国北方的政治格局

已经发生了巨大变化。

建安六年（公元201年），曹操击败汝南（河南平舆县）的刘备，迫使刘备再次向南逃亡。

建安七年（公元202年），曹操再次进军官渡（河南中牟县东北），五月，袁绍病死，少子袁尚继位，袁尚的大哥袁谭自称车骑将军，二哥袁熙为幽州（治所今北京市）刺史，表兄高干为并州（治所今山西太原）刺史。曹操趁袁绍去世，渡过黄河进入河北，袁谭、袁尚连败固守。为挽回败局，袁尚命令高干裹挟着河东太守郭援（钟繇外甥）和匈奴南单于从右翼南下河东郡（今山西省西南部，郡治在今山西省永济市东南），河东郡的郡吏贾逵（贾充之父）城破被捉，被放进土窖，后被侠士祝公道救出。曹操派遣钟繇说动陇西（陇山以西，今甘肃东南部）马腾相助，在平阳（山西临汾）城下，马超的校尉庞德击杀郭援，收降南单于。曹操企图说降孙权，孙权被部将周瑜劝阻。

建安八年（公元203年），曹操再次出兵河北，打败袁谭、袁尚。之后，曹操听从郭嘉之谋，暂时放弃对二袁的进攻，等待他们之间内讧，然后，转兵南下荆州，进攻刘表。果然，在曹操南进以后，袁尚和袁谭发生争斗，袁谭派辛毗向曹操求救，曹操随即与袁谭和解，并为儿子曹整聘袁谭之女为妻。

建安九年（公元204年），袁尚再次出兵平原（山东平原县），攻击大哥袁谭。曹操乘虚攻破袁尚老巢邺县（河北临漳县）。袁尚被迫北上投奔二哥袁熙。高干投降。击败袁尚以后，曹操立马翻脸，指责袁谭背约，并送还了袁谭之女。

建安十年（公元205年），曹操击杀袁谭。袁熙部将焦触、张南叛归曹操，袁熙、袁尚逃奔辽西乌桓。高干唇亡齿寒，叛变曹操。

建安十一年（公元206年），曹操亲上太行，平定高干。开始开凿运河，准备击灭乌桓。

建安十二年（公元207年），曹操长途奔袭，大破乌桓蹋顿，胡人、汉人投降二十余万人。辽东公孙康杀袁熙、袁尚。刘备得诸葛亮。

建安十三年（公元208年），曹操开始训练水军，为南进做准备工作。

也就是在这一年，曹操再次想起了七年前的司马懿。

如今的曹操已经身为汉朝丞相，集朝廷大权于一身，已非往日可比。这次，曹操根本就没理会司马懿中风的茬，他发话说："再推推脱脱，就地逮捕！"这下，可把司马懿给吓住了，心想本来自己也不是什么高士，那就去吧。

建安十三年（公元208年），司马懿就做了曹操的幕僚，官职是丞相府文学掾，即丞相府的文牍官。随后，又被任命为黄门侍郎（皇帝的值班卫士），转为议郎（与黄门侍郎均为郎官，但皇帝出巡时，议郎不必扈从侍卫），更升为丞相东曹属（曹操为丞相后，下设东、西曹掌管人事工作。东曹主管二千石官员的任免，西曹主管丞相府官员的任免。其负责人员正者称掾，副者称属），成为主管全国地方官员任免的副职，相当于吏部侍郎，后又升为主簿。

在见到司马懿之前，曹操就听人说司马懿有狼顾之相。一天，他把司马懿叫来，一试验，司马懿的脑袋果然可以像狼一样，能够旋转一百八十度，眼睛向后看。据说，拥有这种相的人，心狠手辣，狡诈善变。从此，曹操就对司马懿心存戒备，他曾经对儿子曹丕说："司马懿绝不是当人臣的主，以后肯定会添麻烦。"

可是，司马懿和曹丕的关系非常好，"每与大谋，辄有奇策，为太子所信重，与陈群、吴质、朱铄号为四友"。后来司马懿为曹丕"篡汉"更是出了大力，所以他才一直为曹丕所"信重"。曹丕代汉称帝后，司马懿的地位渐渐重要起来，由尚书、督军、御史中丞起，官至抚军将军，加

给事中录尚书事。黄初五年，曹丕以尚书令陈群为镇军大将军，尚书仆射司马懿为抚军大将军。当时，军权主要仍在曹氏手中。论地位，曹真、曹休、陈群也略在司马懿之上。太和二年（公元228年）曹休死。太和五年（公元231年），曹真死。公元236年，陈群死。这以后，司马懿的地位逐渐突出，对蜀战事，多由他来主持。

在曹丕一生中曾两次伐吴，每次都以司马懿居守许昌，到曹丕临终时，更令司马懿与曹真、陈群、曹休四人为辅政大臣，共同辅佐魏明帝曹睿。在魏明帝时期，司马懿成为了魏国政治舞台上最为重要的人物之一。他不只是曹睿的谋臣，同时还掌握着军权，成为可以独当一面的军事首领。

司马懿是一个极具军事才能的人，他第一次展示这一才能是在建安二十四年（公元219年）。那时蜀将关羽围攻樊城，水淹七军，虏于禁，斩庞德，威镇华夏。而汉献帝都许昌，离樊城很近，曹操为避关羽的兵锋，曾打算迁都河北。时为曹军司马的司马懿向曹操建议说："禁等为水所没，非战守之所失，于国家大计未有所损，而便迁都，既示敌以弱，又淮沔之人大不安矣。孙权、刘备外亲内疏，羽之得意，权所不愿也。可喻权所，令掎其后，则樊围自解。"曹操听后，采纳了司马懿的建议，暗地里与孙权联系，达成了联合攻蜀军的同盟。结果关羽丢失了荆州，自己最后也身首异处。

魏明帝时，司马懿的军事才能才得到了充分展现。他长期参与领导对吴作战，有一天，魏明帝向司马懿询问对吴作战的方略，司马懿回答说："吴以中国不习水战，故敢散居东关。凡攻敌，必扼其喉而捣其心。夏口、东关，贼之心喉。若为陆军以向皖城，引权东下，为水战军向夏口，乘其虚而击之，此神兵从天而堕，破之必矣。"公元231年和公元234年，司马懿曾两度领兵于祁山和五丈原抗击蜀丞相诸葛亮。虽然魏军在当时有

二十万左右，而蜀军为十万，在数量上占优势，但诸葛亮善于治军，蜀军又经过长期北伐准备，训练有素，故在战斗力上胜魏一筹。当时魏明帝向司马懿下令："坚壁拒守，以挫其锋，彼进不得志，退无与战，久停则粮尽，掳掠无所获，则必走矣。走而追之，以逸待劳，全胜之道也。"司马懿则对此进行了有效的执行。尽管被他的将领讽刺为"畏蜀如虎"，司马懿仍轻易不与诸葛亮交锋。在司马懿这种坚壁不战的策略下，诸葛亮竟一筹莫展，不能越雷池一步，结果他的北伐最后以失败告终。

曹丕死后，原蜀汉降将孟达在诸葛亮的策动下，欲叛魏归蜀。司马懿时领兵驻宛，听到这一消息后，他一面写信给孟达假意安抚，一面立即潜军进讨，八天行军一千二百里，赶到上庸城。当时"孟达众少而食支一年"，魏军"四倍于达而粮不淹月"。在这种情况下，司马懿果断地采取速决战，他一面派兵分拒蜀、吴对孟达的援军，一面亲率主力分八道猛攻上庸城，仅用十六天的时间，司马懿就破上庸，斩孟达，结束了战争。

自东汉末年军阀混战开始，公孙度就割据辽东。公孙度对曹魏政权虚与委蛇，时叛时降，保持着半独立的地位。公孙度死后，公孙渊继为辽东太守，对魏则更加不逊。景初元年（237年），魏明帝派毌丘俭率兵伐辽东，结果大败。公孙渊于是自立为燕王，并引诱鲜卑对魏进行侵扰。于是，魏明帝改派司马懿领兵四万继续伐辽东。临行前，司马懿对魏明帝说："睿明者能深度彼己，豫有所弃，此非其所及也。今悬军远征，将谓不能持久，必先距辽水而后守，此中下计也。……往百日，还百日，攻百日，以六十日为休息，一年足矣。"

司马懿率军进入辽东后，公孙渊派步骑数万在辽水东岸的辽隧坚壁拒魏。司马懿则在强渡辽水后，直取公孙渊的老巢襄平，辽东军大惊，只好离开壁垒往堵魏军，司马懿于是纵兵迎击，三战皆捷，辽东军退保襄平，魏军于是开始围城。时逢连日暴雨，平地水深数尺，魏军无法合围，

辽东军利用水势仍可樵采、放牧。有人向司马懿建议，断辽东军樵牧，司马懿说："自发京师，不忧贼攻，但恐贼走。今贼粮垂尽，而围落未合，掠其牛马，抄其樵采，此故驱之走也。夫兵者诡道，善因事变。贼凭众恃雨，故虽饥困，未肯束手，当示无能以安之。取小利以惊之，非计也。"结果，辽东军错过了突围的大好时机。不久雨停水退，魏军将襄平完全包围，并"起土山地道，楯橹钩橦，发矢石雨下"，昼夜发动猛攻。公孙渊这时才开始突围逃跑，结果被魏军击斩，辽东悉平。

司马懿在防吴、拒蜀的过程中，他由抚军大将军升大将军，最后迁为太尉。当他平定了辽东，正准备回朝的时候，洛阳送来了紧急诏书，要他迅速赶回。司马懿回到洛阳时，魏明帝已经病重。在明帝死前，魏宫廷中出现了一次小的纠纷。明帝原拟以燕王曹宇为大将军，与夏侯献、曹爽、曹肇等共同辅助齐王曹芳。中书令刘放、中书监孙资，居中掌权日久，夏侯献、曹肇心内不平。刘放、孙资害怕燕王曹宇等掌权后对自己不利，就向明帝诉说燕王不堪大任，并向明帝推荐曹爽和司马懿。不久，燕王曹宇被免职，曹爽则被任命为大将军，与司马懿共同辅佐齐王曹芳。魏明帝临终时，把司马懿和皇族大臣曹爽叫到床边，嘱咐他们共同辅助太子曹芳，也就是后来的魏少帝。

曹芳继位时，曹爽为大将军，司马懿为太尉。不久，曹爽一是为防止曹氏大权落入司马懿手中，二是为独掌朝纲，开始排挤司马懿。司马懿的军权很快被夺去，由太尉转为没有实权的太傅，而曹爽则引用心腹何晏、邓飏、丁谧、毕轨、李胜、桓范等人，开始专断朝政。但曹爽是一个缺少雄才大略的人，论能力、心机都不及司马懿。面对于己不利的形势，司马懿韬光养晦，伪装生病，表面上不问政事，实际上却在暗中布置，等待消灭曹爽势力的好时机。

曹爽听说司马懿生病了，也多少有些怀疑，就派自己的亲信官员李胜去打探。李胜当时被派去荆州做刺史，就以向司马懿告别为借口去试探。李胜到了司马懿的卧室，只见司马懿躺在床上，两个使唤丫头正伺候他吃粥。司马懿似乎没法用手接碗，只能把嘴凑到碗边去喝，就是这样，没喝上几口，粥又沿着嘴角流了下来。李胜在仔细地观察司马懿，觉得司马懿真是病入膏肓，很是可怜。

李胜不忍多看，他对司马懿说："这次蒙皇上恩典，派我担任荆州刺史，故特地来向太傅告辞。"

司马懿听了，喘着气说："委屈您啦，并州在北方，接近胡人，您要好好防备啊。我病得这样，只怕以后见不到您啦！"

李胜听了，纠正说："太傅听错了，我是去荆州，不是并州。"

司马懿似乎还是听不清，疑惑地看着李胜。李胜于是又大声说了一遍，司马懿这次总算搞清楚了，苦笑着说："老了，耳朵聋，听不清了。您做荆州刺史，这太好啦。"

李胜实在看不下去了，他向司马懿告辞，回到曹爽身边，把情况一五一十地说了一遍，然后叹了口气说："现在太傅只差一口气了，您也就不用再担心了。"曹爽听了，也十分高兴。可他们谁都没想到，司马懿是装病的行家，当年他就是用这招儿蒙骗曹操，不去做官，如今也不过是故伎重施罢了。

正始十年（公元249年）新年，魏少帝曹芳到城外去祭扫祖先的陵墓，曹爽和他的兄弟、亲信大臣全都跟去了。因为司马懿"病重"，也就没有请他同去。可曹爽陪曹芳刚离开洛阳，太傅司马懿的病就全好了。他马上披戴起盔甲，带着两个儿子司马师和司马昭，率领兵马占领了城门与兵库，发动了政变，控制了京都。并假传皇太后的诏令，把曹爽的大将军职务撤了。在城外的曹爽兄弟等人得知消息后，曾有人给他献计，要曹爽挟持少帝退到许都，然后召集人马，对抗司马懿。可曹爽兄弟都是缺少胆

量、养尊处优惯了的人。他们听司马懿派来的人说："只要交出兵权，绝不为难。"就愚蠢地投降了。不久，司马懿稳定了局势，便又以谋反的罪名，杀死了曹爽及其党羽。从此曹魏的军政大权完全掌握在了司马懿的手中，司马氏取代曹魏只是一个时间问题了。

嘉平三年（公元251年），司马懿病死，终年七十二岁。九月，按其生前所嘱，土葬于首阳山，不起坟头，不立碑，不随葬祭品，死后遗孀不得与其合葬。逝后赐谥号"文宣"。晋立，追为宣帝，这是后话。

曹丕时代

再说曹操，他在汉末大显身手，南征北战，为魏国的建立奠定了基础。曹丕继承父业，建立了魏国，但曹丕之后，曹氏家族迅速衰落，大权旁落于司马氏手中，这也就是后来的三国归晋。

东汉延康元年（公元200年）十月二十八日，东汉颍川郡的繁阳亭（今河南省许昌市繁昌）祭坛高筑，牙旗猎猎，禁卫林立，气氛肃穆。东汉王朝的末代皇帝献帝刘协，向一代新君主俯首称臣。在祭告天地的缭缭香烟中，一位黄袍加身、受禅称帝的君王得意地俯视着坛下的臣民，接受他们的朝拜。这位倾祚汉室、开创新朝的中年人，就是曹魏帝国的第一代君主——曹丕。

曹丕，字子恒，中平四年（公元187年）生于沛国谯郡（今安徽亳县），是著名大政治家曹操的次子。曹丕的青少年时代，正是东汉王朝迅

曹丕像

速走向没落，群雄角逐，军阀混战的时期。曹丕四岁就开始学习骑马射箭，自幼跟随父亲南征北战，过着一种戎马生活。建安二年（公元197年），曹操遭到张绣围攻。曹操的勇将典韦战死，长子曹昂和侄子曹安民均被射杀了，而年仅十岁的曹丕竟乘马逃脱了，可见此时的曹丕已经是一个善于骑射的英俊少年了。

曹丕在《典论》自叙中说，他不仅时常驰骋平原，击猎巨兽猛禽，而且也擅长剑术，他曾拜师于河南人史阿，学得精熟。邓展擅长搏击，通晓五兵，能空手夺刀。曹丕曾与邓展在酒席间以甘蔗作为兵器，进行演练，数个回合中，曹丕三次击中邓展的胳臂。邓展仍不服，于是重新交手，曹丕一击正中邓展的额子，如果战场搏击，邓展肯定毙命了，所有在场饮酒观看的人，都为曹丕的高超武艺所惊服。

其实，由于连年征伐的战争环境，人人都必须学习骑射，以便战场搏敌，平时自卫。曹丕的弟弟曹植也娴熟武艺，而武功最出众的，当数绰号叫"黄须儿"的二弟曹彰。曹彰不仅能手格猛兽，而且在战场上也是一员骁勇过人的虎将。和曹彰的勇武相比，曹丕要略逊一筹。曹彰常常领兵出征，曹丕则主要是留守后方。因此，从军事指挥才能来说，曹丕不算是很杰出的。

曹操喜爱文学，当时知名的文人如杨修、陈琳、丁仪、王粲、徐干、应场等都聚集在曹操周围。曹丕和他弟弟曹植正是在这样环境的熏陶下长

大的。曹丕八岁时便能写文章。建安八年（公元203年），年仅十七岁的曹丕随父攻伐据于黎阳的袁谭、袁尚，途中赋诗记叙出征行军的雄壮场面："千骑随风靡，万骑正龙骧。金鼓震上下，千威纷纵横"，写得很有气势。这一时期，正是曹操以汉丞相名义四处征伐，剪灭群雄的时期，曹操在消灭异己过程中，势力迅速发展，成了中原地区事实上的霸主。曹丕兄弟也在这种氛围中成长起来。战争生活不仅使他们增长文韬武略，也培育了他们政治上统驭江山的雄心。

建安十三年（公元208年），赤壁之战以后，曹操和孙权、刘备逐渐形成了三分天下的局面。东汉政权已经名存实亡了。建安十八年（公元213年）曹操被封为魏公、加九锡，又诏曹操位在诸王之上，随后又封曹操为魏王，以丞相领冀州牧。东汉朝廷一切政务，皆出自曹操，汉朝廷的文武官员就是丞相府的官员，魏王与皇帝已经只是名义上的差别。这时，不少文武官吏劝曹操自立为帝，但曹操出于政治上考虑，没有这样做。曹操说："如果天命在吾，吾为周文王。"他把改刘汉为曹魏的使命留给了自己的后代。

在这种情况下，立谁为将来承续基业的王太子，就是十分重要的问题了。曹操有二十五个儿子。长子曹昂在随曹操南征张绣时被射死。曹昂死后，曹丕在诸兄弟中就是长兄了。在曹丕诸兄弟中，除曹丕、曹彰、曹植、曹熊是被立为正室的卞夫人所生，其他的都是庶生。而庶生子一般是没有资格立为太子的。因此，按照嫡长子继承的传统制度，曹丕在争立太子的过程中具有最为优越的条件。同时，曹丕能文能武，在建安十六年（公元211年）时，就被封为王官中郎将、副丞相，按说把曹丕立为太子是自然的。但事实上，却并非如此。曹丕面对着的不仅是一个常常不循旧规，有雄才大略的父亲，而且还有几位才识卓越亦雄心勃勃的兄弟，太子的桂冠是不会轻易落到他头上的。

　　最早对曹丕构成威胁的，是他的同父异母小弟曹冲。曹冲聪敏过人，他在五六岁时，已经有成年人的见识和智慧了。有一次，孙权送给了曹操一头大象。曹操想知道象的重量，于是询问群臣们，如何才能得知，众人都想不出办法。这时年幼的曹冲说，可以把大象放到船上，然后在船上贴水面刻上记号，把象从船上牵出后，将石块等物称过重量放到船上，直到使船上刻的记号下沉到与水面相平，那么船上所载物体的重量就是大象的重量。这就是人们熟知的曹冲称象的故事。曹冲小小年纪就有如此才智，使曹操十分高兴。当时战乱年代，刑法严峻，不少人因犯了小罪过而被处死。曹冲每见到犯罪受刑的人，就前去探询，了解其中是否有冤情。对于那些平时勤勉而因某一过失触犯刑律的将使，曹冲经常替他们向曹操陈述，代为请求宽刑。经曹冲辨明冤情而免遭杀戮的有几十人。因此曹操经常对群臣称赞曹冲，说他既才识明达，又有仁爱之心，并且容貌俊美，一表人才，有让曹冲继承事业之心。不过，这位小兄弟的寿命不长，建安十三年（公元208年），曹冲十三岁，便得病死去。曹操十分悲痛，曹丕劝曹操不要过分悲伤，曹操说："这是我的不幸，却是你们兄弟的大幸。"可见，曹冲若在，曹丕能否继位是很成问题的。曹丕当了皇帝后还经常说："假若仓舒（冲字）在世的话，我也不会有天下。"

　　在立太子的问题上，真正使曹丕提心吊胆的是二弟曹植。同曹丕一样，曹植也是能文能武，胸有大志的人物，并且论才思敏捷，比曹丕有过之而无不及。建安十五年（公元210年），曹操在邺城（河北临漳县）筑铜雀台。曹操率诸子登台，令他们各自作赋。曹植年仅十九岁，援笔立成，文词通达耐读，曹操很是惊异他的才华。曹植平时生活简朴，不尚华丽，每当曹操问以军国大事，都能应声而答，因此特别受到曹操的宠爱。当时杨修、丁仪、丁廙、贾逵、王凌等人都倾向曹植，积极给曹植出谋划策。杨修是当是有名的才士，任曹操的主簿官，他才智过人，善于领会

曹操的心思。有一次，曹操去看正在修建的相国府大门，看完后只在门上写了一个"活"字走了。杨修见后，就令工匠把大门拆了，重新修得小一点。别人问他为什么，他说丞相在门上写一"活"字，门中有"活"，是"阔"字，丞相嫌门修得太大。门改小后，曹操又来看，果然很高兴。丁仪深得曹操器重，曹操曾想以爱女给丁仪为妻。曹丕知丁仪与曹植友善，于是以丁仪眼睛不好而劝曹操罢议，丁仪知道后很恨曹丕。丁仪与曹植过从甚密，在众人面前数次称赞曹植为奇才，积极赞成立曹植为太子。丁仪的兄弟黄门侍郎丁廙也向曹操进言，劝曹操立曹植为太子，曹操感到他说的很有道理。杨修、邯郸淳、杨俊等人，在曹操征询他们有关立太子的问题时，也屡次称赞曹植的才智。

邯郸淳初次见到曹植时，植为之净身傅粉，跳舞击剑，诵俳优小说数千言，又与之评说造化之端，论列古今人物文章、当官为政之要及用武行兵方略。其学识之渊博，见解之卓越，令邯郸淳深为叹服，谓之"天人"。

杨修、贾逵、王凌并且忖度曹操的心思，就有关问题预先给曹植作好十余条答词，每当曹操要曹植答问，曹植都能迅速应对。曹操为了观察曹丕与曹植的能力，令曹丕和曹植各从邺城一城门中出去，同时又密令守门官吏不准放走任何人。曹丕来到城门，没法出去，只得回来了。曹植去请教杨修，杨修告诉他："你奉王命出城，如果门吏阻挡，可将门吏斩了。"曹植依言而言，曹操果然认为曹植比曹丕有能力。

曹丕见曹植及其同党如此活动，不敢懈怠，也与一帮亲信官吏积极谋划。早在建安十六年（公元211年），曹丕被封为五官中郎将时，就开始培植自己的势力，一时五官中郎将，府第前宾客如云。曹植虽然文才优于曹丕，但在政治斗争方面却不是曹丕的对手，论筹谋夺权、治理国家，曹丕是胜曹植一筹的干才，因此朝廷上许多官吏早已有心依附在曹丕门下。

曹丕团结的是些明于政略而在朝掌握实权的官僚人士，这与支持曹植的多是些文人学士是不相同的。支持曹丕为太子的有贾诩、崔琰、毛玠、邢颙、吴质、桓楷、卫臻等。他们根据《春秋》立嫡以长之义，力主立曹丕为魏王太子。当时担任魏国尚书的崔琰，论关系，与曹植较亲近，因为曹植是他的侄婿。但当曹操征询应立谁为太子时，崔琰就以《春秋》之义相对，坚持立曹丕为太子。

为了与曹植争位，曹丕经常派人探听曹植及其同党的活动，并收买曹植府中的下人，让他们到曹操那里告密，使曹操知道了杨修等人为曹植作答词等事情，引起曹操对杨修和曹植的不满。同时曹丕也经常与自己的支持者积极谋划。为了躲避曹植等人的耳目，曹丕在与吴质商量时，就用车载着些废弃的簏子，让吴质藏在簏子中，这样进出官府。但还是被杨修知道了，杨修告诉了曹操。曹丕很害怕，吴质说："明天可继续以车载簏进出，里面放上布匹。"杨修看到后又去告诉曹操，曹操派人查验，发现里面是布匹，并没有藏人，曹操于是怀疑杨修是诬告。曹操出征时，曹丕与曹植都在路边送行，曹植称颂曹操的功德，预祝出师克捷，出口成章，文思高妙，左右的将佐都凝神倾听，曹操也很高兴。曹丕没有曹植这样的才思，在那里默然不答，怅然若失。这时吴质悄悄告诉曹丕："等魏王开始走时，你流涕就是。"等到曹操走时，曹丕一边哭着一边跪拜，祝愿父王与将士平安，曹操及左右将士也都叹息。于是大家都认为曹植只是能说会道，辞语华丽而已，但论心地诚实仁厚却不如曹丕。

面对曹植争立的威胁，曹丕问深有谋略的太中大夫贾诩，如何才能巩固他的地位。贾诩告诉他要宽厚仁德，奉行仁人志士简约勤勉的精神，朝夕兢兢业业，不要违背作为长子应有的规矩。曹丕听了他的话，时时注意修养，深自砥砺，使曹操对他看法越来越好。而曹植却正相反，曹植平时任性而行，饮酒无度，行为不检点，又不注意掩饰，多次犯了曹操

的禁忌。有一次，曹植乘车行驰，私自打开司马门而出，这是违犯禁令的，曹操知道后大为生气，令将赶车的官吏处死，并下令严禁诸侯们违犯制度。曹操说："最初我认为子建（曹植字子建）是诸子中最可以定大事的。""自临淄侯曹植开司马门私出后，使我另眼看待此子了。"有一次曹操登高台，恰好看到曹植妻穿得很华丽，曹操是崇尚简朴的，于是以曹植妻违犯服饰制度，将曹植妻子赐死。

曹植在曹操眼中是越来越失宠了。但曹操仍认为曹植是诸子中最有才华的，作为善于选拔人才，并且深知人才对于事业成败重要性的曹操，在立太子的问题上仍是举棋不定。一天，曹操屏退左右，就立太子事单独征询贾诩，曹操是很看重贾诩的谋略的。贾诩只是微笑，并不回答。曹操说："问你问题，你不回答，这是为什么？"贾诩说："我现在正思考着一件事，因此不能马上回答。"曹操问："你想什么？"贾诩答："我正想着袁本初、刘景升父子的事呢。"曹操大笑，于是立谁为太子的事在曹操心中最后定了下来。袁本初即袁绍，刘景升即刘表，贾诩虽然没有明说，实际上是提醒曹操：如果像袁绍、刘表那样废长立幼，难免日后诸子纷争，内乱不休。这正好触及了曹操的心事。如何使自己开创的基业传续下去，并且长治久安，这才是曹操最关心的。至于《春秋》之义，对于不循常规的曹操来说倒并不重要。

建安二十二年（公元217年），曹丕终于被立为魏王太子，时年三十一岁。曹丕得知立为太子，欢喜异常，情不自禁地抱住丞相长史辛毗的脖子说："辛君知道我有多么高兴吗！"的确，这是他将来成为魏王，最后登上皇帝宝座的关键一步。

建安二十五年（公元220年），曹操的头疼宿疾又犯了，不久便在洛阳病逝。朝中文武百官一面派人向太子曹丕、鄢陵侯曹彰、临淄侯曹植、萧怀侯曹熊等报丧，一面将曹操装殓入椁，连夜扶灵榇向邺郸进发。曹丕率领邯郸大小官员出城，迎接曹操灵榇入城。文武百官哭作一团。这时兵部尚书陈矫大声说："先王驾崩，天下惶恐，太子应当节哀，先即王位，以安民心。否则一旦有变，国家危险。"有人提出，按照规定，诸侯王崩，太子继位，须有皇帝封授的诏书。陈矫厉声说："现在非常时刻，岂能拘泥于常规！"陈矫的意见是对的，当时一听说曹操死，社会上已经有了混乱迹象，军队内部首先开始骚动，曹操赖以起家的青州军先自离散。不赶紧继承王位，使权位虚悬，时间一长，难免不出祸患。恰好这时御史大夫华歆自洛阳赶来。华歆是曹氏集团的积极追随者，也是拥立曹丕为太子的得力人物。他为了向曹丕献殷勤，在洛阳逼着献帝下诏，封曹丕嗣位为丞相、魏王，领冀州牧。有了皇帝诏书，文武百官更加起劲，一天之内就把继位的仪式筹备齐全，扶曹丕继承了王位。正在这时，曹彰自长安率领十万大军赶到。曹操病重时，曾召曹彰回洛阳，大概是担心在自己病危时发生动乱，因而召回统帅重兵的亲子以防不测。曹彰比较赏识他的弟弟曹植，而对他兄长曹丕却不怎么恭敬，他是愿意让曹植嗣位的。因此曹彰见到曹植就说："先王让我回来，是想让你继位的。"曹植说："不能这样做，你没见袁谭、袁尚兄弟吗？难道你也愿意咱们兄弟相残吗？"曹丕听说曹彰率大军赶来，不免着慌。他深知这位黄须老弟的刚烈脾性，弄不好是会动武的，那么他手中的魏王玺绶尚未攥热乎就有可能丢掉。其他官员也很忧惧。这时，谏议大夫贾逵挺身而出说："让我出城说服他。"曹彰将十万大军在城外扎住，见到前来迎接的贾逵，劈头就问："先王的玺绶在哪里？"贾逵沉下脸来严肃地说："国家自有其承续大位的人，现在太子在邺城已经继位，正在料理丧事，先王的玺绶，不是你这样的诸侯应该问的。"曹彰虽威猛，但却很识大节，于是便不再作声，带领亲随跟贾逵进城奔丧。贾逵问："你是来吊丧的，还是来争王位的？"曹彰说："我当然是吊丧的。"贾逵说："那么你带这么多兵将进城干什么？"曹

彰立即让跟在身边的亲兵亲将也一同留在城外军营，自己只身一人进城哭拜父王。曹植、曹熊等兄弟也都赶来，哭拜在父亲的灵堂前。二月，曹丕兄弟与文武百官为曹操隆重出殡，将一代雄才曹操葬于高陵。

得到夙夜以求的魏王宝座，终于如愿以偿，此时的曹丕，其心中之狂喜，自然比册立为世子时有过之而无不及。曹丕立即开始行使魏王兼丞相的权力，为巩固政权采取措施，向更高的目标攀登。

曹丕任魏王兼丞相、领冀州牧后，成了汉王朝的实际主宰。曹丕上任之初，即提拔在拥立自己登上王位的过程中出了力的官吏。他首先提升贾诩为太尉，华歆为相国，王郎为御史大夫，把大权牢牢掌握在自己一党手里。鉴于汉末宦官乱政的教训，决定宦人做官不能超过诸署令，只能做跑腿服侍的杂役小官。

为了广泛培植势力，曹丕听从吏部尚书陈群的建议，创立九品中正制。九品中正制是对汉代实行的州郡察举选官制度的改革，即州设大中正，亦称都中正，郡设小中正，亦只称中正，让有贤能有识鉴的人来担任，即由他们品评本郡的人才，定其高下，分为九品，送入吏部，任命为官。九品中正制本来是要按才能品选人物，最初也确实选拔了一批人才，在当时那种人士流移的时代是起过作用的。但后来却演变成由中正来决定人才的高下，而中正又都是由本州郡的世家名门贵族官僚来担任，因而所定为上品者，无非世族名门。这种选举制度，对于形成后来的门阀政治起了重要作用。

为了建立功名，曹丕在当年六月，兴兵南征，想让臣民们知道新的魏王也是一位抱负恢宏能治国将兵的大才。度支中郎将霍性不识时务，上疏劝阻，说什么兵者凶器，登基之始，不可擅动，竟被曹丕砍了头。

八月份，曹丕率领大军浩浩荡荡来到安徽亳县。孙权闻报，忙派遣使者来向曹丕奉献古玩珍宝，求和结好。这正中曹丕下怀，如果真打，还不

知道什么样子，先王曹操何等谋略，对孙权也无可奈何，他曹丕现在能否打个平手也难说。现在孙权主动求和，使他既不必交战，又在臣民面前树起了威信，何乐而不为。既而，又接到报告说，刘备名将孟达领众来降。曹丕继位不过半年，在与孙、刘对抗中接连占了上风，真使曹丕高兴。于是曹丕在亳县宰牛摆酒，大飨六军和父老百姓。召来许多优伶乐工，演出各种戏曲杂耍，曹丕同众将佐在皎洁月光下开怀畅钦，歌舞升平，着实快活了一番。

权位的巩固，威望的增加，使曹丕取汉而代之的欲望越来越强烈。他一边总揽朝政，裁决万机，一边为代汉作准备。于是，社会上接连传出了象征改朝换代的吉祥之兆。三月，亳县出现黄龙。据说，熹平五年（公元176年），亳县也出现过黄龙，当时光禄大夫桥玄问主管天象历法的太史令单飏"是何兆"，单飏说："当有新君兴起，不到五十年，黄龙会再次出现。"在旁边的殷登把这话记住了。到这次亳县出现黄龙，正好过去了四十五年。殷登说："单飏的话，现在应验了。"曹丕听说此事后，马上召见了殷登，对他备加赞赏，说殷登德高诚实，记识天道，特地赐给殷登三百斛谷，以示嘉奖。四月份，饶安县又报称出现了白色山鸡，这又是一个吉兆。曹丕又赏赐饶安的臣民，减免饶安的租赋，并让祭祀官大祭宗庙。八月，石邑县又云凤凰群集。连续出现吉兆，使朝野上下都知道天意要改朝换代了。凡此种种舆论，都表明曹丕正在紧锣密鼓，准备代汉称帝。

延康元年（公元220年）十月，在改朝换代的汹汹舆论下，当了几十年傀儡，整天担惊受怕忍辱偷生的汉献帝，在皇宫里再也混不下去了。这一天，深谙曹丕心意的左中郎将李伏，太史丞许芒与华歆、贾诩、陈群、王朗等，到皇宫奏请汉献帝禅位于魏王曹丕。李伏奏道："孔子玉版中，已有预言，定天下的人，魏公子桓（曹丕字子桓），正是魏王表字，合于

符谶，因此出现种种祥瑞，陛下当应天顺人，仿效尧舜故事，禅位于魏王。"太史令许芝以天文权威的身份，举出了魏当代汉的种种天象佐证。接着魏王侍中刘廙，辛毗、刘晔、尚书令桓阶、尚书陈矫、陈群，给事黄门侍郎玉毖、董遇等官员也纷纷上奏，要献帝禅位。在众臣威逼下，献帝只得让御史大夫张音持节奉玺绶禅位，并册告魏王曹丕："从前帝尧禅位于虞舜，舜也将帝位禅给了禹，天命无常，惟归有德。汉的治道早已不成样子，传到我后，更是天下大乱，群凶肆虐，幸赖魏武王神武明达，拯救四方灾难，廓清环宇，才延续了汉家宗庙。今王继承前业，光大仁德，恢宏文武，发扬了先考的弘烈。上天降下各种祥瑞，汉朝天禄已终。历数在你，你就顺应天命吧，成大礼，以承天命。"曹丕见到玺绶和册告，自然欣喜，但也不得不假意做作谦让一番。然后才举行了禅让典礼，正式登基称帝，国号为魏，改元黄初。这时，曹丕三十三岁。

曹丕虽然在权力争夺中接连获胜，却没有忘记那些曾对自己带来很大威胁的兄弟。尤其二弟曹植，素有才名，身边又有一帮文人推波助澜，实在是一心腹之患。丁仪、丁廙在帮助曹植争夺太子位时，积极参与谋划，并在曹操和众人面前多次称赞曹植的才干，曹植封临淄侯后，丁仪、丁廙又时常与曹植在一起饮酒赋诗，过从甚密。因此，曹丕一立为魏王，就将丁仪、丁廙收捕入狱。曹植知道中领军夏侯尚与曹丕关系密切，就去托夏侯尚向曹丕说情，希望夏侯尚就像少年救野地里的黄雀那样救出丁仪兄弟，丁仪兄弟也对夏侯尚叩头哀求。但此事犯在曹丕的心病上，尽管夏侯尚再三求情，曹丕还是把丁仪、丁廙杀了，并且尽诛其族中所有男子。

接着，曹丕又分遣诸兄弟们回各自的封地。曹彰自以为先王在世时，他攻城掠地，多受重用，希望能得到曹丕的任用。但曹丕却感到他手握重兵对自己是一大威胁，因此也不例外。曹彰见这位老兄铁面无情，十分不高兴，不等他下令，就交出了自己统领的大军，回到封地中牟县去了。曹植更为惶恐，他自知过去对这位兄长多有冒犯，现在密友被斩，自己恐怕也得成为曹丕泄愤的牺牲品，因此更不敢有任何违逆的表示。曹植要求去祭告一下先王再走，曹丕也不批准，曹植只得悲悲切切地离开京城，去当他的临淄侯了。

曹丕为了显示新朝福祉，提拔了许多功臣元勋，封赏了大量官街爵位，对他的亲兄弟也不能不有所表示。黄初二年（公元221年），曹丕诸弟：鄢陵侯曹彰、宛侯曹据、鲁阳侯曹宇、谯侯曹林、赞侯曹衮、襄邑侯曹峻、弘农侯曹干、寿春侯曹彪、历城侯曹徽、平舆侯曹茂，一律晋爵为公，只有曹植没有晋封。原来曹植在临淄十分郁闷，过去赋诗唱和的朋友没有了，而朝廷派来监管的官吏管制得又十分厉害，使他动辄违犯规定。他心灰意懒，深感忍活苟且也不容易。于是终日饮酒，借酒浇愁。醉后行为自然疏狂。临淄侯封地的监国官灌均就上奏，说他"醉酒悖慢，劫胁使者"。曹丕不禁大怒，派兵火速到临淄把曹植擒拿到京，想治曹植的罪。曹丕的母亲卞太后急忙出来阻止，卞太后召曹丕来哭着说："你兄弟曹植平时就嗜酒疏狂，他自恃胸中有才，行为放纵，但念及你们是同胞兄弟，你就存下他一条命吧。你若宽恕了他的罪过，我死后也就瞑目了。"曹丕说："我也深爱他的才华，只是想惩戒一下他的疏狂脾性，并不杀他。"华歆是曹丕的心腹大臣，他劝曹丕说："子建才智颇高，又有大志，若不早日除掉，必为后患。"曹丕说："母命不可违。"华歆又献策说："人们都说子建出口成章，我不太相信，皇上可召他进来，试试他的才华，如果不能出口成章，就杀他；如果真是如此，就贬他。"曹丕认为可以。一会儿曹植进来拜见，他十分惶恐，见到曹丕后就伏拜于地请罪。曹丕说："我和你情分上是兄弟，但道义上是君臣，你竟敢倚仗有才就蔑视礼仪，以前先王在世时，你常常向别人夸耀显示你的文章，我怀疑你是找人代笔写的。现在我限你七步之内作诗一首，如能做到，就免你一死，否

则从重治罪，决不宽贷。"曹植说："请出题目。"当时殿堂墙上挂着一幅水墨画，画着两只牛相斗于墙下，一牛坠井而死。曹丕指着画说："就以这幅画为题，诗中不许犯着'二牛斗墙下，一牛坠井死'字样。"曹植走了七步，即吟成一首诗："两肉齐道行，头上带凹骨，相遇块山下，歘起相搪突。二敌不俱刚，一肉卧土窟。是力不如彼，盛气不泄毕。"曹丕和群臣都吃一惊。曹丕又说："七步成章我还以为很慢，你能应声作一首诗吗？"曹植说："请命题。"曹丕说："我和你是兄弟，就以此为题，但也不许犯着'兄弟'字样。"曹植连想都没有想一下，即随着曹丕的话音赋诗一首："煮豆燃豆萁，豆在釜中泣。本是同根生，相煎何太急。"曹丕听了，动了骨肉之情，禁不住潸然落泪。他母亲从殿堂后走出来说："你作为兄长的为什么要对弟弟如此相逼呢？"曹丕慌忙说："我们虽是兄弟，但国法不可废弃。"于是贬曹植为安乡侯，随后迁为鄄城侯。曹植在其母的庇护下，以其超群的文才总算逃过了一次危难。

　　曹丕为了削弱诸弟的力量，对他们多方限制，处处防范。黄初三年（公元222年）三月，曹丕立皇子曹叡为平原王，同时也将诸弟进爵为王。四月，总算把曹植也晋爵为鄄城王。然而，他们实际上都是徒有空名而无实地。每个王国只拨给一百余老兵守卫，王国与京都相隔千里，又不准聚会，诸王外出游猎不得超过三十里。又设防辅监国的官对他们进行监视，这些人几乎天天都要向曹丕打小报告，说诸王的坏话。诸王在封地内形同软禁，想当稍微自由些的老百姓也当不成。在这种情况下，曹氏兄弟们人人自危，不敢有少许违逆的举动。北海王曹衮，为人非常谨慎小心，平时专爱研读儒家经典，不参予其他活动。负责监督他的文学、防辅官员们商量说："咱们受诏督察王公的行为，举报他们的错误。他们有过失当然要上奏，但有善行也应让上面知道。于是共同上表称赞北海王行为端正。曹衮知道后，却十分害怕，责备防辅官员说："你们这样做，实在是

帮倒忙，突然联名上表称赞我，对我并没有益处。"连表扬他都害怕，可见当时诸王的处境。

对于曹植，更加严厉。当初曹丕代汉称帝时，曹植曾经怨激而哭。曹丕也记下了一笔账。曹丕曾对左右官员说："人心真是不同，当我登大位的时候，天底下竟有哭的人。"侍从的大臣们都知道曹丕此言指的是曹植。黄初三年（公元222年），曹丕因小过而杀了宛城太守杨俊，与杨俊常在曹操面前称赞曹植有关。在此前已杀了赞成立曹植为太子的孔桂。由于曹丕与曹植关系如此，一些官吏对曹植也颇不恭敬。甚至时常有人为了讨好曹丕而诬告曹植，使曹植的处境更加艰难。黄初三年（公元222年），曹植为东郡太守王机、防辅史全辑等诬告，被辑拿到京都。曹植不得不面陈受的滥谤。事后他写诗说："众口可以铄金，谗言三至，慈母不亲。愤愤欲间，不辨伪真。"表现了他的愤慨。黄初四年（公元223年）五月，曹植与白马王曹彪，任城王曹彰到京都朝拜。曹植自思曾有过错，应当当面向皇帝谢罪。曹丕得知后，使人拦住曹植，不让他朝拜。卞太后担心曹植会自杀，对着曹丕直哭，这时曹植已经光着头背着铁铭（一种刑具）赤着脚来到了阙下。兄弟见面后，曹丕仍板着面孔，神色严峻，不同曹植说话，也不让他戴帽穿鞋。曹植伏在地上哭泣请罪，卞太后见状自然很不高兴，曹丕这才让曹植穿好衣服。满腹才华、傲视一切的曹植，真是到了万般无奈的地步。

任城王曹彰的遭遇就更惨了。曹彰刚毅威猛，武艺过人，并且深谙兵法。连曹操在伐吴蜀时也问曹彰如何行军布阵。当时外地曾献到京都一只猛虎，其虎满身锦斑，异常凶猛，装在铁笼子里，连那些枭傲不羁的人也不敢轻易走近看看。曹彰拽住虎尾缠在臂上，老虎搭拉着耳朵不敢吼一声，众人都佩服曹彰的神勇。南越国献了一头白象，曹彰用手扯住象鼻，象伏在地上连动都不能动。曹丕铸了一口千斤重的大铜钟，十多个壮士都抬不动，曹彰搬起来能小跑。各地听到曹彰巡视，都息兵自保，不敢妄动。曹丕说："以任城王的雄壮威武，吞并巴蜀，如苍鹰衔死鼠那样容易。"正因为曹彰如此骁勇，曹丕才很忌恨，万一这位黄须弟不听号令，起兵谋反，那是很伤脑筋的。因此，曹丕决心除掉他。黄初四年（公元223年）六月，曹彰进京朝见，曹丕与他在卞太后宫中下围棋，边下边吃枣。曹丕事先命人在一部分枣中下了毒，自己挑无毒的吃，曹彰不知，随便拿着吃，当即中毒。卞太后到处找水抢救，可是所有瓶罐早已被曹丕预先命人砸毁，卞太后急得光着脚跑到井边，可仍无法打水。就这样，眼看曹彰被毒死。曹丕本想再害死曹植，卞太后气愤地斥责他："你已经杀了我的任城王，不许你再杀我的东阿王（当时曹植为东阿王）！"也许是太后的话起了一点作用，也许因曹植不掌兵，是个文人，又表现温顺得多，后来总算没有被害。

曹氏诸王的封地和境况如此可怜，但曹丕犹害怕日后不好控制。临终前他又改封诸王为县王，诸王的封地由一郡缩小到一县，这种分封已是虚应故事了。曹丕分封诸王不是为了屏障中央，而是为了防止诸弟争权，这个目的确实达到了。曹魏政权始终没有出现过外藩强盛欺凌中央的局面。但它也造成了皇室孤立无援的弊病，使日后司马懿父子能够较为容易地篡夺曹氏的大权。

曹丕对于治国之术还是颇精通的，而且也知人善任。黄初二年（公元221年），曹丕擢升辽东（今辽宁辽阳）郡守公孙恭为车骑将军，使这一鞭长莫及的地区保持稳定。又命张既为凉州刺史，去平息当地胡人的反抗。张既到金城，不顾兵少道险，渡河击敌。发现胡人大军在要隘鹳阴口屯扎，企图阻住张既军。张既扬言要猛攻鹳阴口，以吸引敌人，暗地里选精兵直出武威，突然来到敌人后面，胡骑以为是天降神兵，不战而走。张既赏赐将士，率军追击。诸将都说："士卒已很疲倦，难以与敌再战。"

张既说："不乘此时敌人大败追击，必为后患。现在我们兵寡将少，正可吸引敌人再战，如果我后续大军都来了，敌人惧怕，逃到深山，再想歼灭他们就不容易了。而我们一退军，他又出来骚扰。正所谓'一日纵敌，患在数世。'"于是引军大进，与数千胡骑相遇。张既趁夜埋伏下三千骑兵。然后令参军成公英率领一千多人前去挑战。交锋后，张既令成公英佯败而退。胡骑见张既兵少，果然争先追击，张既即令伏兵齐出，截击胡骑背后，成公英亦率军回击，前后夹攻，大败胡骑。河西走廊遂平定。曹丕又乘胜设置都护府，重新开通了与西域的联系，密切了与西域少数民族的关系。曹丕通过剿抚并用的手法，使边疆地区稳定下来，巩固了魏王朝的统治。

黄初二年（公元221年），刘备在成都称帝。鼎立三方中已经有两家正式亮出了旗号，只剩孙吴一家了。刘备当了皇帝后，起兵几十万，沿长江东下攻打孙权，要为他死去的盟弟关羽报仇。在刘备大军压境的严峻形势下，孙权派遣使者面见曹丕，向其称臣，奏章恭敬卑微，并送于禁返国。文武百官一齐道贺，曹丕也沾沾自喜。这时，刘晔说："应乘势出大军，渡江击吴，孙权灭亡了，则蜀国势单力孤，势难久存。这是天赐良机，不可错过。"曹丕却不以为然，说："别人投降称臣，我们却乘机翻脸，恐怕会阻塞天下英雄归降之心。"曹丕终于接受了孙权的降表，并派太常邢贞前往武昌（湖北省鄂城市）封孙权为"吴王"，如九锡。孙权亲自前往驿站等候邢贞，他手下的文臣武将都认为这是耻辱，孙权却说："从前刘邦也曾接受项羽封号为汉王。做人做事，要有勇气面对现实，一个虚名，对我有什么损失呢？"如此能屈能伸的气度，真不愧为鼎足而立的雄主。

曹丕听说进攻孙权的蜀军，用树木做栅栏，连营七百多里，于是说蜀军犯了兵家大忌，必败。果然，不久陆逊就在夷陵大败蜀军。曹丕要孙权

把儿子送到洛阳，作为两家和好的保证。孙权虚与委蛇，一味推托。曹丕才发现上了孙权的当，不禁大怒，于是打算起军伐吴。刘晔说："现在讨伐时机已过去了。孙权刚刚获得胜利，上下一心，而且有江河湖川相阻，不可能仓促将他制服。"曹丕不听，遣大军南征。孙权因为扬越一带少数民族没有完全征服，有心腹之忧。加上与蜀大战刚罢，需要休整，于是又谦卑地上书曹丕，请求准许他改过自新，并说"打算代儿子孙登向皇家求婚"，又说，"打算派孙邵、张昭护送孙登同时入洛阳"。曹丕此时倒抓住了要害。回书说："我岂愿劳师动众到长江边去，孙登早晨上道，我晚上便退回大军。"至此孙权已哄骗不下去，于是遂不再使用曹魏年号，自奉年号为"黄武"。这标志着孙权与曹魏再次决裂，正式自主了。

曹丕被孙权耍弄了一番，十分震怒，便御驾亲征。孙权派太中大夫郑泉到蜀国访问，与蜀汉恢复往来。东吴和曹魏双方在长江边互相攻伐，谁也奈何不了谁。尽管曹魏人多势众，却常常吃亏。到黄初四年（公元223年）三月，曹丕只得下令班师。这次南征，劳师糜饷，无功而返，实在是由于曹丕短于将略而盲目行动的缘故。

这年夏天，蜀主刘备在永定（四川省奉节县）逝世，太子刘禅继位，丞相诸葛亮辅政。诸葛亮派尚书邓芝出使吴国，与吴交好。孙权也明白只有两国互相依靠，才能与魏鼎足而立。如果两家不和，势必被曹魏所乘，都不可能生存下去。于是吴蜀恢复了联盟。

曹丕闻听吴蜀复盟，感到不妙，便于黄初五年（公元224年）再次伐吴。侍中辛毗劝阻，他不听，留下尚书仆射司马懿镇守许昌。八月，曹丕登上御舟，顺着蔡河颍水进入淮河，九月抵达广陵（江苏扬州）。东吴将军徐盛率军备战。这时江水正涨，波涛汹涌。曹丕走到江边，长叹道："我们虽然有强大的骑兵，却没有用处，看情形无法攻击。"正好暴风骤起，曹丕乘坐的御舟，锚链刮断，失去控制，随波漂荡，几乎翻覆。曹丕于是下令班师。

黄初六年（公元225年）春，曹丕又命司马懿为抚军大将军，留守许昌，亲率水陆大军，再度伐吴。宫正鲍勋劝阻说："王师屡次出征，始终不能战胜，原因在于东吴跟蜀汉，唇齿相依，依仗山川险阻，我们难以攻下。大军一出，物资消耗很大，不可以兴兵。"曹丕大怒，把鲍勋降为治书执法。此时，蜀汉诸葛亮率军南征，七擒孟获，降服了西南少数民族。

曹丕大军于十月抵达广陵。江岸上，魏国军队十余万，绵延数百里，旌旗招展十分壮观。然而东吴戒备森严，无隙可乘。适逢天气寒冷，水道冰封，船舟不得入江。曹丕只得再次下令班师。东吴将领孙邵，派部将高寿，率敢死队五百人在曹军归途狭路上，突然袭击曹丕御营，曹丕大惊。高寿夺得曹丕的备用御车"羽盖"呼啸而退。数千艘舰船，拥挤在河水中，不能前进。尚书蒋济多方设法，才把舰船一艘艘拖进淮河，返回基地。曹丕生前的最后一次征伐，就这样结束了。

曹丕在位期间，几次对吴用兵，均无功而还，其实也是必然结果。此时鼎立三方经过多年经营，根基均已巩固，吴蜀虽然弱小，但联合起来，足以与曹魏抗衡。曹丕虽然很想建功立业，但当时既不具备灭吴灭蜀的客观条件，曹丕本人也没有曹操那样的雄才大略，在孙权和诸葛亮这样老谋深算的对手面前。他在军事上不可能取得什么大的成就，并不奇怪。

黄初七年（公元226年）正月，南征归来的魏文帝曹丕，拖着疲惫的身子，在文臣武将的簇拥下，返回许昌。这次伐吴，数千战舰，十万铁骑，旗幡帆幔，遮江蔽日，何等气势。可除了对着咆哮的江水示示威外，仍没有动着东吴一根毫毛，反而在班师时遭到几百吴兵突袭，弄得手脚失措，真是气煞人！曹丕脸色阴沉，心情沉重地思考着。眼前就是许昌城，许昌城对曹氏父子来说，总是分外亲切，许多辉煌业绩不都是在许昌这个地方建立的吗？将要进城了，突然，城南门平白无故地崩塌了。曹丕不由

脸色煞白，这可不是吉兆！曹丕怒喝一声，车驾转向洛阳而去。

曹丕在洛阳病倒了，临终立曹叡为皇太子。弥留之际，曹丕为太子选择辅政大臣。也许是神志恍惚的缘故，也许是司马懿平素的干练忠顺给了他良好印象，曹丕在这关键时刻忘了先王曹操的嘱咐："司马懿鹰视狼顾，不可付以兵权，久必为国家大祸。"曹丕选择了中军大将军曹真、镇军大将军陈群，征东大将军曹休，也选择了抚军大将军司马懿为辅政大臣。其实，这时的司马懿并无异志。多年来，曹操对司马懿既使用又限制，时时提防，给司马懿留下了深刻印象。到曹丕掌权，才渐渐付以实权，令司马懿独当一面。曹丕的信任，使司马懿倍加勤奋忠诚，加上才智过人，确实为魏王朝办了许多漂亮事，在这三国争战的多事之秋，的确是个难得的人才，曹丕正是看到了这些才临终托孤的。曹丕并没有错。司马懿毕竟是曹丕死后为曹魏挡住诸葛亮多次攻伐和平定各方叛乱的不二能臣，没有司马懿，魏明帝曹叡的日子会更不好过。问题在于明帝曹叡临终竟又一次像他父样那样托孤于司马懿，而没有看到司马懿此时已权重翼丰，从而为曹氏子孙留下了后来的祸患。

黄初七年（公元226年）五月，曹魏开国皇帝兼一代文豪魏文帝曹丕，在洛阳嘉福殿病逝，终年四十岁，葬于首阳陵。

曹丕是魏国的开国之主，随曹操征战，很有才能，但之后魏国皇帝年少无能，成了司马氏的傀儡。司马氏也逐步巩固自家地位，终于建立晋朝。

曹叡（公元205年—239年），魏文王曹丕之子，曹魏的第二代皇帝。黄初七年（公元226年），曹丕死后，继位为帝。传说在他即位后第七年年初的一天，与郭夫人一起出游摩陂（今河南郏县南），忽然有侍卫报告，摩陂井中有青龙出现。曹叡一听，忙携夫人前往观看，果见井中有鳞甲出现。曹叡极为高兴，认为这是曹魏兴旺的征兆，立即下令将年号由太

和改为青龙，将摩陂改为龙陂。他希望曹魏政权能像龙一样一代一代地传下去。不过，他的美好愿望并没有成为现实。从他死后，曹魏政权便大权旁落，开始了衰亡的过程。

延康元年（公元220年）正月，曹操死，曹丕袭位为魏王。这时的曹叡年方十五，英俊潇洒，颇得父亲曹丕的喜爱。由于宫中的条件比较优越，少年的曹叡聪明好学，能文能武，尤其是骑马射箭的技术极为娴熟。就在这年初春的一天，首都洛阳的天气虽说还有些寒意，但已到了万物复苏的季节，早晨的太阳普照大地，天空一片晴朗。望着屋外明媚的春光，曹丕再也坐不住了，他吩咐下人做好外出打猎的准备，然后带着儿子曹叡直奔山中。不多时，就见山坞中奔出子母二鹿，行在前面的曹丕举箭射死鹿母，回头见小鹿已跑至曹叡马前，曹丕大声喊道："快射死它！"曹叡却在马上抽泣着，轻声说道："陛下已射死鹿母，我怎忍心再将鹿子射死？"曹丕听后，怦然心动，扔下手中的弓箭，动情地说道："我儿真是仁德之主啊！"于是罢猎回宫。这次围猎中曹叡的举动使曹丕大为感动，心想这么小的孩子，竟有如此仁慈之心，长大后，定能宽厚待人，治好国家。于是封曹叡为平原王，并有了立为太子的打算。

曹叡想不到，这次围猎，竟成为他一生的转折点，使他日后登上了皇帝的宝座。因为在此之前，虽然曹丕喜欢他，但因生母的失宠，曹叡在宫中的生活并不十分如意。

曹叡的生母甄氏，原为袁绍的二儿子袁熙之妇，当曹丕随曹操攻破邺城（今河南安阳北）时，见甄氏之美，便娶为妻，随后即生曹叡。曹叡自幼聪明，得到曹丕的喜爱。但是，此后不久，曹丕又纳安平人郭永之女为贵妃，郭贵妃聪明伶俐，深得曹丕爱怜，甄氏逐渐失宠。特别是曹丕继位为魏王后，郭贵妃一心想谋正宫，对甄氏加以排挤，甚至说曹叡不是曹丕的儿子，而是甄氏与袁熙生的，曹丕信以为真，对甄氏常加斥责，使甄氏

的日子极为难过。这时的曹叡虽然年纪还小，但已经开始注意宫廷内的事情了，他感觉到随着母亲的失宠，一些人对他的态度也发生了变化。幸亏与曹丕的这次围猎，才使他的命运出现转机，成为曹丕的继承人。

曹叡生命垂死时握着司马懿的手说："我强忍不死，就是等你。我把后事托付给你，由你跟曹爽辅佐幼儿，能够相见，虽死无恨。"接着，把曹芳、曹询叫到床前，指着曹芳对司马懿说："就是他了，你要看清楚，不要记错。"司马懿上前说道："陛下放心，先帝（曹丕）不是也将陛下托付给我了吗？"曹叡听后，放心地说道："你愿意辅助他就好了。"于是，便让曹芳上去紧抱司马懿的脖子。这一幕动人的托孤场面，使在场的官员都掉下了眼泪。当天，曹叡便离开了人世。

曹叡在位十三年，终年三十五岁，死后被迫谥为烈祖明皇帝，葬于高平陵。

嘉平六年（公元254年）九月十九日，一辆藩王专用的青盖车，载着刚刚被废黜的曹魏皇帝，从宫中缓缓驶出，后面跟着持节的使臣和一支卫队，他们奉命护送，其实是押送这位倒霉的皇帝出宫，迁居别处。再后面，是几十个前来送行的大臣，对于这位曹氏后代的不幸遭遇，他们无能为力，但是还不乏同情和怜悯，因此，不约而同地流下了泪水。所有的人几乎都笼罩在一片哀伤的气氛中。他们确实没有想到，曾几何时，那么轰轰烈烈的曹魏王朝，竟会如此迅速地迎来了衰败。

这位被废黜的皇帝，就是曹魏的第三代皇帝曹芳。

曹芳（公元231年—274年），字兰卿，魏明帝曹叡的养子，生父是谁，已无从得知。青龙三年（公元235年）被立为齐王。景初三年（公元239年）正月，曹叡病危，立曹芳为太子，并嘱曹爽、司马懿共同辅政。曹叡死后，曹芳继位。这时的曹芳年仅八岁，还是一个不懂事的孩子，一切政事均由曹爽和司马懿处理。这时，曹爽、司马懿各率军三千轮流

值班，住宿宫内。司马懿早在曹操任丞相时，即开始做官，协助曹操搞军事。曹操早期的屯田，主要是民屯，司马懿建议实行"且耕且守"的军屯，被曹操采纳，从此，军队屯田垦种，粮食库藏大大增加。曹丕称帝后，司马懿的地位逐渐提高，官至抚军将军、录尚书事，参与了曹魏统治集团大政方针的决定和执行。曹叡继位后，司马懿任骠骑将军兼督荆豫二州诸军事，主要负责与西蜀的战争。青龙三年（公元235年）司马懿被提升为太尉，主管曹魏军事，后又平定公孙渊的叛乱，成为对曹魏政权的元老功臣。随着官位的不断上升，他的势力也在逐渐增大。而曹爽只因是皇族子弟，才被任命辅助幼主，无论年龄、辈分及官位都不如司马懿。所以，曹爽把司马懿当作父辈看待，每件事都向他请示，不敢专断独行。

但是，这种局面不久即烟消云散。曹爽辅政以前，与何晏、邓飏、丁谧、毕轨和李胜就很要好，经常在一起高谈阔论。这帮人性情浮躁，趋炎附势，急于攫取财富和官位。曹叡在位时，厌恶他们浮华不实，排除在政府之外，不予录用。曹爽辅政后，则把他们引为心腹。何晏为东汉何进之孙，其母尹氏再嫁曹操为夫人，使他在宫中长大，又娶曹操的女儿魏公主，少年显贵，以才秀知名，喜欢空谈，平日里涂脂涂粉，连走路都要看看自己的影子，是魏末玄学的主要代表人物之一。他担心司马懿势力的增长危及曹氏统治，于是用"无不为"来解释"无为"，希望曹爽能除掉司马懿。

一天，何晏来见曹爽，对他说道："国家的重权，不能委托给外姓人。如果现在还遵照明帝的委托，你和司马懿共同辅政，最后必然是大祸临头。"曹爽听后，说道："我和司马懿是受先帝之托，辅助幼主，我怎能忍心把他废掉呢？"何晏进一步说道："过去，你父亲和司马懿一起抵御蜀兵时，因多次受他之气而郁郁致死，你怎么不明白呢？"曹爽听后，猛然醒悟。他问何晏说："那该怎么办呢？"何晏回答说："升司马懿为

太傅，以后尚书奏事，先由你来决定，不要受司马懿的牵制。这样，大权就不致旁落了。”

曹爽觉得这个办法很好，于是，入奏幼主曹芳说：“司马懿功高德重，可升为太傅。”曹芳年幼，一切都听曹爽的，升司马懿为太傅。太傅是皇帝的老师，地位尊贵，却是一个闲职。曹爽通过这个办法，削弱了司马懿的实权。接着，曹爽命其弟曹羲为中领军，曹训为武卫将军，曹彦为散骑常侍。三个人各率三千御林军，随便出入禁宫。又用何晏、邓飏、丁谧为尚书，毕轨为司隶校尉，李胜为河南尹。

景初三年（公元239年）七月，曹芳正式临朝，八岁的孩子，自然不会处理国事，大权掌握在曹爽手中。尚书何晏等围绕在曹爽周围，随意更改国家的法令和制度。太尉蒋济上书曹芳，建议“告诫文武百官，各人严守各人的岗位，按部就班做事”。这样，“才可感动上天，祥和之气才可以降临”。曹芳不管政事，不加理会。曹爽只顾自己享受，更是不理，这时的曹爽纵情任性，饮食衣服，跟皇帝一样。他暗中把明帝曹叡的歌女、舞女，带回家中作乐。构筑地下室，四周雕刻上花纹，时常与他的亲信何晏纵酒欢宴。他的弟弟曹羲深感忧虑，劝他说：“你这样每天饮酒作乐，不是长久之计啊！”曹爽这时只顾享乐，哪能听进劝说，对他喝斥道：“兵权在我手里，谁敢造反？”曹羲听他这样说，只好哭着离去，曹爽还经常与兄弟们一起出游，司农桓范劝他说：“你们曹家兄弟总揽中央大权，又手握重兵，不应该一起离开岗位。万一发生变化，有人关闭城门，岂能再进来？”曹爽冷笑着说：“谁敢！”照旧玩乐。

受曹爽的影响，曹芳经常接近性格卑劣的小人物，与他们在深宫后院游宴。何晏建议说：“从今往后，陛下前往式乾殿，或到御花园，最好由大臣侍从左右，一方面答复陛下的询问，一方面可以随时讲解儒家经典，作为万世典范。”散骑常侍孔义上书说：“现在，天下太平，陛下应该舍弃深宫后院的欢乐，不必再学骑马，出宫时一定要乘坐车辆，这是天下之福，也是我们作臣属的盼望。"对这些劝说，曹芳一概不听，仍然出游欢宴，一切政事交曹爽处理。

对曹爽的结党专权，司马懿非常不满，但要清除他们，力量还不够。因此，他暂时忍让，上书给曹芳，说自己年老有病，要求退职闲居。此后，他便推病不出，暗地联络心腹，策划着一场与曹爽的大搏斗。

司马懿告病回家后，曹爽、何晏等更无所顾忌，遂有了篡位之心。但对告老在家的司马懿还是不放心。这时，正好李胜调任荆州刺史，他便让李胜以告别为名进行察看。

司马懿是一个有谋略的人物，辅政以后，崇尚节俭，反对奢华。废除了曹叡时宫殿的兴建，使在京服役的人重返家园，老百姓非常高兴。他支持邓艾在淮河南北大搞军屯。又奏请穿广漕渠，引黄河水入汴，灌入东南诸陂。还在河南开淮阳渠和百尺渠，并修复一些陂塘。深受百姓欢迎，赢得了民心。而与他一起辅政的曹爽，却是只顾自己享乐，不管百姓疾苦，还想篡位当皇帝。曹爽的行动，使得司马懿加紧了政变的步伐。当时，他的儿子司马师担任中护军，掌握一部分军队，他又暗中蓄养三千敢死之士，同时得到元老重臣太尉蒋济等人的暗中支持。做好了一切准备，侍机而动。

嘉平元年（公元249年），曹芳到洛阳城外去拜谒曹叡的陵墓高平陵。曹爽同兄弟曹羲、曹训、曹彦一道前往，洛阳城内空虚。司马懿趁机发动政变，很快控制了洛阳城，令司徒高柔行大将军事，占据曹爽军营；令太仆王观行中领军事，占领曹羲军营，解除曹爽兄弟掌握的武装；同时，用太后的名义关闭洛阳城门，占领武器库，派兵截断洛水浮桥，阻挡曹爽等人入城。接着，司马懿就上书曹芳，指责曹爽背弃先帝遗命，败乱国典，专擅朝政，排斥旧臣，任用亲信，目无君主。因此，他不得不采用

兵谏的办法，为国除害。

司马懿派人把奏书送往城外，曹爽看后，惊慌失措。这时大司农桓范逃出洛阳，来见曹爽，劝他们携皇帝到许昌，调外地的军队和司马懿作战。曹爽迟疑不决。桓范对曹羲说："如今你是同天子在一起，号令天下，谁敢不应？"曹羲一言不发。桓范又说："现在动身去许昌，第二天就可以到达，那里有武器库，可以武装军队，担心的只是粮食，但大司农的印信还在我身上。"曹爽兄弟还是不听。这时，司马懿派人告诉曹爽，只要他罢兵免官，交出兵权，就可以回归府第，保留封爵。

曹爽听了来人的劝告，说道："司马懿只是为了夺我的权，我回归府第，仍旧可以做个富家翁。"桓范知道这样做后果将不堪设想，禁不住哭道："你父亲是个好样的，想不到生了你们兄弟，我为什么竟和他们一起遭受灭族之祸呢？"

曹爽交出兵权，回到洛阳家中。不久，司马懿以更多的罪状，将曹爽兄弟及何晏、邓飏、丁谧、毕轨、李胜、桓范等，全部处死，并诛灭三族。由于曹爽集团的所作所为不得人心，司马懿发动政变时，朝内外的文武大臣多数是袖手旁观，曹爽的军权一被剥夺，曹爽集团也就随之土崩瓦解了，曹魏的军政大权从此归司马懿控制。

但曹爽集团的垮台，并不等于司马氏与曹氏之间的矛盾已经解决。一部分有军事实力的亲曹势力又先后起兵反对司马氏。

嘉平三年（公元251年），太尉王凌在扬州发难，图谋推翻司马懿，废皇帝曹芳，立楚王曹彪为帝，因事机泄露，被司马懿先发制人，率兵南征，王凌措手不及，兵败自杀。

讨灭王凌后不久，司马懿就因病身亡，他的儿子司马师接着专擅朝政。他注意笼络曹魏的旧臣，并维持原有的规章制度。有人请求改易朝政，司马师说："三祖（曹操、曹丕、曹叡）制定的典章制度，应该恪守，除了军事以外，不得任意改变。"这些措施，对于稳定司马氏的统治起了一定的作用。

代魏称帝

曹爽死后，曹魏的统治在形式上又维持了十六七年。这是因为，曹氏已统治了几十年，朝里朝外忠于曹魏的势力还相当强大。在司马懿与曹爽的斗争中，司马懿也是尽量抓曹爽的缺点，把自己打扮成一个受明帝托孤的元老忠臣。所以，在当时有些忠于曹氏的人也是多站在司马氏一边的。在他们眼中，看到的是曹爽的缺点和司马懿的忠贞。而司马氏要想取代曹魏政权，还必须在整个统治阶级人心中培养出自己的威望，并对那些曹魏的忠臣进行彻底的清扫。

司马懿死后，他的长子司马师接替了他的职位，为抚军大将军、录尚书事，代司马懿主政，不久，进位为大将军。嘉平六年（公元254年），司马师杀中书令李丰、太常夏侯玄、光禄大夫张缉。李丰在中书两年，魏少帝常常召见他。司马师问李丰皇帝同他说了些什么，李丰不以实告。于是司马师怒，以刀镮打杀李丰。杀夏侯玄则是因为他与曹爽是姑表兄弟，张缉则是魏少帝皇后的父亲。三人都与曹魏的关系密切。同年，司马师逼皇太后废了魏少帝，另立高贵乡公曹髦为帝。曹髦是曹丕的孙子，东海王曹霖的儿子，当时只有十四岁，改元正元，即公元254年。正元二年（公元255年），镇东将军毌丘俭、扬州刺史文钦于寿春起兵，共讨司马师。

不久，两人战败，毋丘俭被杀，夷三族；文钦则南奔，降吴。平毋丘俭后不久，司马师在许都病死。

司马师死后，司马昭代为大将军，录尚书事。甘露二年（公元257年），征东大将军诸葛诞反。司马昭挟持皇帝曹髦东征，围寿春，寿春破，诸葛诞被杀。自此，忠于曹魏的内外势力大体被司马氏剪除干净。不仅满朝大臣大都是拥护司马氏的人，连宫内近臣和宫中卫士也多半成了司马氏的心腹，曹魏大势已去。

曹髦做了六年的傀儡皇帝，终于忍不下去了，于是在甘露五年（公元260年）四月的一天，曹髦决定与司马昭做最后一拼。他对近臣侍中王沈、尚书王经、散骑常侍王业说："司马昭之心，路人皆知也。吾不能坐受废辱，今日当与卿等自出讨之。"尚书王经听后，赶忙劝道："今权在其门，为日久矣，朝廷四方皆为之致死，不顾逆顺之理，非一日也。且宿卫空阙、兵甲寡弱，陛下何所资用？而一旦如此，无乃欲除疾而更深之邪！祸殆不测，宜见重详。"曹髦也是年轻气盛，从怀里取出讨伐诏书扔在地上说："行之决矣。正使死，何所惧！况不必死耶。"随后曹髦入宫将自己的决定禀告皇太后，可王沈与王业也是司马昭的人，他们赶忙跑去告诉司马昭，要他早作准备。曹髦禀告皇太后后，拔剑登车，率领殿中宿卫，宫中奴隶数百人，鼓噪而出。曹髦先遇着了司马昭的弟弟屯骑校尉司马伷。司马伷的兵士看见是皇帝，不敢犯驾，一哄而散。很快，曹髦又遇到贾充，贾充是司马氏的死党，他的部众看见是皇帝，也想跑。这时候，有个叫成济的人问贾充："事急矣，当云何？"贾充听后说，"司马公畜养汝等，正为今日。今日之事，无所问也。"成济听贾充这么说，赶上去一剑，就把曹髦刺死在了车上。

消息很快传到司马昭那里。司马昭听说成济杀了皇帝，连忙赶到朝堂上，召集大臣们商量。司马昭问老臣陈泰："您说，现在叫我怎么办好呢？"

陈泰回答说："唯有斩了贾充的头，才能多少向天下交代啊。"

司马昭当然不会同意杀贾充，就又问陈泰："还有没有其他办法啊？"陈泰正色说："只有比这更重的办法，没有再轻的了。"司马昭一听，就不吱声了。

起初，司马昭想不了了之，他用太后的名义下了一道诏书，给曹髦加上许多罪状，将其废作平民，企图把曹髦被杀的事轻轻掩盖过去。可群臣依旧议论纷纷，责问司马昭为什么不惩办凶手。司马昭没法，就把罪责全推给了成济，将成济定了一个大逆不道的罪，满门抄斩了。

司马昭立了曹操的孙子，燕王曹宇的儿子，十五岁的曹奂为帝，就是魏元帝，改元景元即公元260年。从此，司马氏改朝换代所缺少的，就剩下对外立威了，于是灭蜀与灭吴也就自动提到日程之上。

景元四年（公元263年），司马昭令邓艾、钟会、诸葛绪率三路大军进攻蜀国。蜀将姜维率兵退至剑阁。邓艾在阴平（今甘肃文县西北）想和诸葛绪联合起来，直取成都，诸葛绪不同意，便与钟会的军队会合。钟会有谋反之意，乘机密告诸葛绪畏惧不前，将他押回洛阳治罪，把他的军队归于自己指挥之下，然后向姜维发起进攻。

剑阁素有"一夫当关，万夫莫开"之称，姜维凭险据守，钟会久攻不下，无计可施。这时，邓艾向他提出建议："我们应该避开剑阁，偷越阴平小道，直攻涪城（今四川绵阳东），冲入蜀国的心腹。"钟会同意了他的意见。于是，邓艾率军偷越阴平。他们在荒无人烟的山区行走七百多里，一路上披荆斩棘，遇水架桥，遇山凿山，非常艰苦。一次，他们攀上一座高山，看到的却是悬崖峭壁，根本没有下山的路。邓艾观察了一番，便用数层毛毯把自己裹起来，翻滚而下。将士们见状，非常感动，便不顾生命危险，攀着树木，沿着悬崖峭壁，从山上下来。他们克服了重重困

难，终于通过了阴平。

偷越阴平后，邓艾率军直奔江油（四川江油县）。江油守将马邈开城投降。邓艾接着攻下涪城，进军成都，蜀国朝野一片混乱，懦弱无能的蜀后主刘禅决定投降。他一面派太仆蒋显带着诏书，命姜维就近向钟会投降；一面派尚书郎李虎，把全国户籍档案，送给邓艾。这时蜀国有户口二十八万，人口九十四万，武装部队十万二千，政府官吏四万。

邓艾占领成都后，自恃功高，专断独行，上书司马昭要乘胜攻吴。对邓艾的自作主张，司马昭很不高兴，他让监军卫瓘转告邓艾："任何事情都应该先行呈报，不可擅作主张，想到就做。"邓艾仍不罢休，继续上书请战，这样一来，司马昭便猜疑他有不忠之心。

钟会嫉妒邓艾的功劳，便借机告邓艾要谋反。司马昭下令逮捕邓艾，押回洛阳。邓艾虽然骄傲专横，其实并无谋反之意。在他被捕时，仰天而叹："我邓艾是个忠臣，想不到竟落得如此下场。"邓艾成为囚犯后，钟会没有了后顾之忧，野心暴露出来。他认为自己功高盖世，又有一些勇猛的将士，谋反必能成功，于是，与姜维密议起兵。景元五年（公元264年）正月十六日，钟会召集全体高级将领，宣称："接到郭太后遗诏，命钟会起兵废黜司马昭。"不料部下不肯作乱，反将钟会、姜维杀死。邓艾手下的将士见钟会谋反被杀，立即追赶邓艾的囚车，准备把邓艾接返成都。卫瓘得到消息，因为自己曾和钟会一起谋害邓艾，害怕邓艾返回成都向他报复。于是，派护军田续等连夜追击邓艾。在绵竹西郊将邓艾、邓忠父子杀死。

灭了蜀国，又除掉了颇有野心的钟会之流，司马氏集团的势力更加强大，威望也进一步提高。以曹奂为首的曹氏势力更加孤单，已经不可能造成多少威胁。于是，争取知识分子的头面人物——那些所谓的名士，便成为司马昭的一件大事。

　　名士们一向依附于曹氏，反对司马氏集团。自从司马氏集团掌握了曹魏的实权后，许多名士仍然采取一种不合作态度，他们由于怕遭杀身之祸，不敢直接反抗。于是，轻蔑礼法、纵酒放达、玩世不恭，企图逃避现实斗争。被称为"竹林七贤"的阮籍、嵇康、山涛、王戎、刘伶、阮咸、向秀即为其代表。在司马昭的分化瓦解和威胁利诱之下，七贤中的阮籍、山涛、向秀等人投靠了司马昭，只有嵇康因与曹魏的宗室联姻，不肯屈从于他。

　　阮籍在司马懿父子执政期间，做过从事中郎、散骑常侍等官，表面上与司马氏集团的关系还不错。但实际上，他对司马氏的专权不满，又不敢公开反对，只好不声不响，有时借酒浇愁，发泄自己的愤懑。一次，司马昭派人到阮籍的家中说亲，让阮籍的女儿嫁给他儿子司马炎，阮籍不同意，却不敢说。于是，喝得酩酊大醉，一连六十多天不省人事，那个来说亲的人只好回去交差作罢。但这种办法却不能永远使用。景元二年（公元261年），曹奂再次封司马昭为晋公、相国，司马昭不接受，于是其亲信纷纷劝进，他们找阮籍写劝进表，阮籍不能再用老办法了，只好写了一道，这反映了他政治上的软弱。因他没有公开反对司马氏集团，所以未遭杀身之祸。

　　山涛在两种势力之间移动，把官位看得比较重。司马昭投其所好，景元二年（公元261年）任命他为吏部郎。晋时继续做官，保全禄位以终。

　　只有嵇康公开反对司马氏的专权。嵇康因与魏国宗室谯王曹林的女儿结婚，成为曹家的女婿，对司马氏集团的专权极为不满。对司马氏集团的官员表现出极端的轻蔑。一次，司马昭集团的官员钟会，听说嵇康文才出众，前去拜访。当他骑着肥马赶到嵇康家中时，看见嵇康正在打铁。他装出一副高贵的样子，等着嵇康前去迎接。不想，嵇康只是低头打铁，连瞧都不瞧他。钟会非常恼火，正打算走，嵇康忽然开口问道："何所闻而

来，何所见而去？"钟会愤愤地回答说："闻所闻而来，见所见而去。"从此，对嵇康怀恨在心。他还向司马昭进谗言："嵇康好比一条卧龙，千万不能放过他。"

他们寻找一切机会对付嵇康。景元二年（公元261年）山涛被任命为吏部郎，他举荐嵇康代替自己的职务，结果被嵇康拒绝，而且写了一篇有名的《与山巨源绝交书》，文中说："人伦有礼，朝廷有法，自惟至熟，有必不堪者七，甚不可者二。"必不堪者七"是表示蔑视虚伪礼教，"甚不可者二"更是公然对抗朝廷法制。所谓"每非汤武而薄周孔"正是揭穿司马氏争夺政权的阴谋。司马昭知道此事后，起了除掉嵇康的念头，于是，由钟会出面，诬告："嵇康曾经打算帮助毋丘俭谋反，而且言论放荡、败坏名教。"司马昭遂将嵇康押到洛阳东市刑场斩首。反对司马氏集团的名士也不存在了。

司马昭在平蜀和争取了名士的支持后，篡位的条件已经成熟，便于景元五年（公元264年）三月，以皇帝名义给自己进爵为晋王。当了晋王以后，自然就要立世子，也就是法定的王位继承人。按照常规，应当立长子司马炎，但司马昭却特别喜欢次子司马攸。司马攸为人孝顺，多才多艺，平易近人，名望超过司马炎。因而，司马昭想立他为太子，并且经常公开地对大臣说："我死之后，大业应当归于攸。"司马炎当然不愿意。这位长子有一副奇特的相貌，头发长得拖到地上，两手垂下来可以过膝。有些人相信他这副相貌，认为必是大福大贵，便有意投靠他，帮他出谋划策，留心政事得失，商议好对策，以便司马昭问到时，能够对答如流。他们当然竭力反对立司马攸。于是山涛说："废长立少，违背礼制，是不吉利的。"贾充说："中抚军（司马炎）有为人君的品德，不可改立他人。"何曾、裴秀说："中抚军众望所归，又有天生异相，不是当人臣的样子。"太尉王祥说："前代立少子，造成国家混乱。"听了这些劝谏后，司马昭决定立司马炎为世子。

司马昭为了尽快代魏称帝，又让魏帝给予特殊待遇，他的王妃称后，世子则称为太子，和皇帝的待遇一样。就在他积极筹措篡位之际，咸熙二年（公元265年）八月，忽然中风，病情迅速恶化。不久，便一命呜呼了，终于没过上皇帝瘾。司马昭死后，司马炎继为相国、晋王。贾充等人劝他仿效曹丕，代魏称帝。

这年十二月，经过精心准备之后，司马炎仿效曹丕代汉的故事，接受了魏帝曹奂的禅让，封曹奂为陈留王，改国号为晋，魏国遂亡。

曹奂退位时，年仅二十岁，司马炎对他还算宽大，使他安度天年，一直在到五十六岁，即西晋大安元年（公元302年）才寿终正寝。追谥为元皇帝。

魏国就这样灭亡了，曹氏父子毕生为之奋斗的事业在一片吹呼声中拱手让给了司马氏。也许是历史开了一个玩笑，曹魏以"禅让"开国，又以"禅让"亡国。曹氏父子的努力没有使其家族千世万世而为君，却为司马氏的短暂统一铺平了道路。

早在景元四年（公元263年），司马昭兵发三路攻蜀捷报频传的时候，司马昭就已经加紧了废魏自立的准备工作。这一年的十月，他担任相国职务并晋位为晋公，并接受"九锡"。次年，也就是公元264年的三月，司马昭胁迫魏帝晋升自己为晋王，与此同时命令党羽贾充、裴秀等分别主持制定礼仪、法律和官制，并在封国之内开始设置百官，王室子孙爵命皆如帝者之仪，一个新的王朝已经有了雏形，司马氏代魏的条件已经完全成熟。

但司马昭并没能成为皇帝，他于咸熙二年，即公元265年八月突然病死。司马昭去世后，改朝换代的工作自然就落到了司马昭长子司马炎身上。司马炎，字安世，尽管司马炎在司马昭的诸子中处于嫡长子的地

位，但他的世子权力却并不是轻易得来的。司马昭在诸子中更为喜爱学识渊博、才华横溢的次子司马攸。司马昭最初是打算把王位传给司马攸的。他将司马攸过继给司马师为子，表示天下是司马师打下来的，将来的王位当归司马攸。所以司马炎开始所处的地位并不乐观。司马炎为了能取得继承权，他极力拉拢、巴结司马昭身边的要臣，通过他们为自己说好话。也许当时的司马昭也有了私心，终于在他死前三个月正式确立司马炎为世子。在此之前，司马炎曾在曹魏政府中担任过给事中、奉车都尉、中垒将军加散骑常侍、中护军、假节、中抚军等职务，初封爵为北平亭侯，后改封为新乡侯。在取得世子名位的同时，魏帝又授予他抚军大将军、开府、副贰相国等职。在司马昭去世后，他继为相国和晋王，总揽全国军政大权。

几个月后，司马炎示意家臣逼魏元帝退位，由他称帝，国号为晋，改元泰始，西晋王朝建立。退位的魏帝被司马炎封为陈留王，从洛阳徙至邺城，时年司马炎三十岁。魏王朝从曹丕称帝，到魏元帝退位，历时四十五年，只传了四代，便这样完结了。

摧枯拉朽

魏灭蜀汉的第二年（公元264年）七月，吴主孙休得急病而死。吴国外有曹魏军队的威胁，内有交趾（今两广、越南北部）一带的反叛，国人无不期待一个英明之主即位，以振国威。左典军万彧曾在乌程（今浙江吴兴南）当过县令，与孙权之孙、乌程侯孙皓非常要好，他在丞相濮阳兴、左将军张布面前盛称孙皓之贤明英武，可堪大任，因而在濮阳兴等人的主持下，二十三岁的孙皓继位登基了。

孙皓即位不久，国人就大失所望。他性情残暴，又好酒色，非但不能振兴吴国，而且加速了东吴的分崩离析。濮阳兴后悔选择了这样一个君主，但悔之晚矣，他与张布不久便死在孙皓的屠刀下。

为了灭蜀，曹魏投入了大量人力物力。当蜀汉灭亡后，魏国需要重新积蓄力量，一时还难以迅速灭吴，这使得东吴有了暂时偏安一隅的机会。暴君孙皓也能肆无忌惮地继续自己的统治。

建衡三年（公元271年）正月，因有人投孙皓所好，故意说得到了预测未来的"谶纬之书"。书中称："天帝的黄旗紫盖出现在东南，最终成为天下之主的人，必定是现在统治荆州、扬州的君主。"孙皓听了非常高兴，认为这是"天命"，便在这数九寒天里，率大军从牛渚矶（今安徽当涂北）渡江西行，还带上自己的母亲、皇后、儿女及宫嫔数千人乘车同行，说是要到洛阳去统治天下，以顺应天命。沿途大雪纷飞，道路非常难走，士兵们不仅要穿戴盔甲，携带兵刃，每一百人还要负责拉一辆大车。士兵们又冻又累，不少人死在途中。军中后来竟传开了这样的话："如果前面遇上敌军，我们就倒戈一击了。"晋武帝听说东吴有大的军事行动，急忙命令义阳王司马望率领中央禁军步兵二万、骑兵三千屯驻寿春（今安徽寿县），准备迎击。吴主孙皓得知前方有大军挡道，自己的部众又怨气冲天，怕继续前进不会有好的结局，这才下令撤退。孙皓的行为就是这样莫名其妙，他不顾气候条件，不考虑对方的军事实力强弱及兵力部署状况，便贸然率大军前往晋都洛阳，并让数千后妃作陪，使人捉摸不透他究竟是去打仗，还是去游玩。

当孙皓在建业醉生梦死时，晋武帝则已开始筹划灭吴大计。泰始五年

（公元269年）二月，他任命尚书左仆射羊祜为都督荆州诸军事，出镇襄阳（今湖北襄樊）。荆州是个战略要地，占领了这里，再顺流攻江东则容易得多。

羊祜刚到襄阳时，军中没有百日之粮的积蓄。羊祜从长远利益着想，没有马上投入兵力与吴人争城掠地，而是组织人力大量垦荒种粮，还在五个形势险要的地方建立城堡，防止吴军袭击，尽可能多地控制上等土地，使晋军的粮食积蓄越来越多，足可支付十年之需。

羊祜对吴人主要采取怀柔策略，尽量争取人心。他从不搞欺诈及袭击行为，即使与吴人交战，也是堂堂正正地与对方约定作战时间，届时才开战。对战俘予以优待，对敌方阵亡者为之殡敛。曾有部将抓到两个儿童，羊祜将他们送回他们父母身边。后来这两个儿童的父亲带领自己的部众前来归顺了。吴将邓香攻掠夏口（汉水与长江交汇处），被晋军活捉，羊祜没有处死他，反而放他回去。邓香深为感动，也带自己的人投降了。吴将陈尚、潘景在入晋地侵扰时被杀，羊祜厚加殡敛，并让其家属来迎丧，还以礼相送。晋军攻入吴境，如果收割了吴人的稻谷作军粮，羊祜也命令按收割量的多少计价，用绢匹偿还。诸如此类的事情使羊祜赢得了吴人的敬重，人们提起他，不说名字，而称"羊公"。

坐镇乐乡（今湖北江陵东）的东吴大将陆抗深知羊祜对吴人施以仁德影响的厉害，一再告诫部下："对方专行仁德，我们专行暴虐，则我军最终会不战自败。今后我们不要为锱铢小利而出兵骚扰，只要保住疆土完整无缺即可。"从此，双方战事大大减少，各不相犯，牛马跑入对方境内，只要向对方打个招呼即可取回；狩猎时，如果发现抓获的动物先被对方打伤，也将它送归对方。羊祜与陆抗之间也彼此不猜疑，陆抗曾送酒给羊祜，羊祜毫不怀疑地喝了起来；陆抗有病，羊祜派人送去上等好药，有人劝陆抗要小心谨慎，别上对方的当，陆抗则说："羊祜岂是用毒药害人的小人！"吴主孙皓得知两国在荆州相互友好，大为不满，特派人前去责问陆抗。陆抗答复说："我不这样做，显得我方穷兵黩武，使对方的仁德更加深入人心，于国家有害无益。"

咸宁四年（公元278年）十一月，羊祜带着未能亲眼目睹吴国灭亡的遗憾，抱病而终。临终前，还向晋武帝面陈伐吴之计，并把尽快伐吴的希望寄托在中书令张华身上，说："你一定要完成我的宿愿啊！"另外，他荐举了同样力主出兵吴国的杜预接任自己的职务，去都督荆州。因此，两年后东吴被平定时，晋武帝感慨地说："此羊太傅之功也。"

羊祜死后，朝中为是否出兵伐吴争论不休。以太尉贾充、秘书监荀勖为首的一些人反对伐吴，认为晋军暂时没有足够强的力量吞并吴国。以中书令张华、都督荆州诸军事杜预及龙骧将军王濬等为首的一些大臣则力主迅速攻吴。

晋武帝由此最后下定了尽快伐吴的决心。他任命张华为度支尚书，为诸路大军筹措并运送粮草军资。晋武帝又任命贾充为大都督，督统伐吴各路人马。贾充认为伐吴为时尚早，怕出师不利，不愿受命，并以自己年岁太高相辞。而晋武帝非让他出征不可，说："你要是不肯受命，我就得亲征了。"贾充没办法，只好硬着头皮出征，屯驻襄阳，节度各路人马。

咸宁五年（公元279年）十一月，晋朝发兵二十万，分六路大举攻吴。这六路的布置是：镇军将军琅王牙王司马伷趋涂中（今安徽滁州东南），安东将军王浑趋江西（今长江下游北岸淮水以南），建威将军王戎趋武昌（今湖北鄂城），平南将军胡奋趋夏口（今湖北武汉），镇南大将军杜预趋江陵（今湖北江陵），龙骧将军王濬、日东监军唐彬率水军自巴、蜀顺长江而下。

诸路人马中，王戎、唐彬所率水军是主力。咸宁六年（公元280年）正月，他们从成都出发，直捣丹杨（今湖北秭归东南）。

　　二月，王戎挥师连陷西陵、夷道（今湖北宜都西北）诸城，斩杀东吴将士众多，吴镇南将军留宪、征南将军成璩、宜都太守虞忠、监军陆晏均成了俘虏。吴平西将军施洪等眼看抵抗不住晋军攻势，也缴械投降。

　　当王戎进攻乐乡时，杜预率领的大军也已逼近江陵。杜预先遣精兵八百人趁夜色悄悄渡过长江，在巴山（今湖北松滋北）燃起一堆堆大火，并虚张声势，在那一带插上许多旗帜，像已有千军万马占据了江防要地。吴人非常纳闷，感叹说："晋军简直是飞过长江的，让人不知不觉就占领了我们的要害之地。"吴军由此惶恐不安，斗志大大削弱。杜预又命牙门将周旨等率军埋伏在乐乡城外。乐乡城中的吴都督孙歆出战王戎溶，遭到失败。当他率败兵逃回乐乡时，周旨也带伏兵装扮成吴军士兵，尾随入城。然后在孙歆毫无防备的情况下，将其活捉，悄悄押回杜预营中。晋军将士对杜预的谋略都很赞赏，称他"以计代战一当万"。

　　驻守江陵的吴督将伍延在晋军大兵压境的形势下，假装请降，却把精兵埋伏在城上的矮墙后，准备等晋军入城时，发动突然袭击，以便以少量兵力趁乱取胜。但杜预识破了他的计谋，没有受降，发兵猛攻，很快夺下了江陵城。由于杜预足智多谋，吴人对他既怕又恨，因而在江陵城内外长有结块的大树上削去部分树皮，题上"杜预颈"几个字，又在狗脖子上系着剖开的葫芦瓢。原来杜预脖子上长了一个较大的肉瘤，吴人借此侮辱杜预。江陵城攻破之后，杜预把所有参与这种事的人处死，以泄心头之愤。其中被冤枉而死的人有不少，在这件事上，他是干得过于残忍了。

　　晋武帝在频频得到捷报后，再次下诏，命令："王戎、唐彬继续顺流东下，与已经攻克江安的胡奋及逼近武昌的王戎会师，共同攻克夏口、武昌，然后直扑吴都建业；杜预则挥师南下，平定荆州以南的各州郡；大都督贾充应从襄阳移屯项县（今河南沈丘）。"

　　王戎、唐彬在得到杜预补充的一万七千名士兵后，又与胡奋联兵，攻

破夏口，尔后带着胡奋补充给他们的七千士兵，在王戎部将罗尚、刘乔的配合下，攻克武昌，吴江夏太守刘朗等投降。过了武昌，唐彬又得到王戎补充的六千士兵，这样，王戎、唐彬率领的水师总人数多达八万，战船满江，兵甲耀目，气势极盛。

王戎、王浑、司马伷各自率领的军队离建业越来越近，一向不以国事为重的荒淫皇帝孙皓这才惊慌失措。他命丞相张悌、督统丹杨、太守沈莹、副军师诸葛靓率吴军主力三万人前去迎战。这支队伍到达牛渚（今安徽当涂西北长江边），沈莹提议驻扎于此，他说："晋军在蜀地训练水师，准备船只已有多年，而我们长江沿线各要镇长期没有戒备，加之过去独当一面的名将现在均已故去，必定阻挡不住晋军的进攻。晋军水师迟早会到达牛渚，我们借这里的险要地势与之决一死战，若取得胜利，则长江西岸的晋军都会被镇住，那样的话，还可能趁势夺回长江中上游的控制权。我们如果不守住这里，而是直接渡江西行，一旦失败，国家的覆亡就不可避免了。"张悌不同意他的看法，感慨地说："东吴将亡国，这是老少皆知的事情。我们守住牛渚，一旦晋军到来，我军早已丧失了斗志，根本无法与之抗争。现在只有渡过长江，去与对方进行决战，败了，我们同赴国难而死，值得；胜了，可赶走江北晋军，并趁势回师攻晋军水师，必将打败他们。"于是，张悌率军渡江，先围王浑部将张乔于杨荷桥，继而与晋将张翰、周浚对阵。吴军最初取得小胜，但随后在冲击对方军阵时失利，一处战败引起各部人马依次崩溃，将帅制止不住，加之张乔在后面夹击，吴军最后大败于板桥。当时，诸葛靓率五六百人向外突围，他特意去迎张悌，但张悌不肯离去，坚持要以身殉国。诸葛靓没办法，挥泪而去。才走百余步，他再回头时，张悌已被乱军杀死。

王浑力克三万吴军，兵势极盛，扬州别驾何恽劝他乘胜跨过长江，直捣建业。但王浑却信心不足，不肯奋兵独进，而按兵停留在江北，坐等

王濬的到来。这时，晋武帝又下一道诏令，让王濬到达建业附近后要受王浑的节度。但这道诏令尚未传递到王濬手中，王濬的军队便已到达了三山（今江苏南京板桥镇附近）。王浑派人与王濬联系，让他到江北与自己共商攻城之计，而王濬不予理会，他对来人说："船队现在顺风顺水，不能停住，正应直趋建业。"

王濬率领的八万水师浩浩荡荡直逼吴都，方舟绵延八里，旌旗满江，威势甚盛。吴主孙皓急遣游击将军张象率水军一万余人前去迎敌。但一向惯于水战的东吴水师这时却已军心涣散，节节胜利、步步进逼的晋军的强大攻势，早已使东吴兵卒魂飞天外。张象深知在这种情势下要与晋军抗衡是不会有好结果的，于是，未作任何抵抗，便率军向王濬缴械投降了。这样，建业城外没有了足可抵抗一阵的吴军，建业城门实际上也就向晋军打开，只等王濬等入城了。

孙皓眼看实在无兵可用，他只好接受大臣薛莹、胡冲等人的意见，分别遣使到王濬、王浑、司马伷军中，表示投降。

吴国灭亡之后，晋武帝改元太康。他赐给被押送到洛阳的孙皓一个带有欺辱性的爵号："归命侯"。又召集文武百官及周边各族各邦使者，举行盛大朝会，连国子监的学生也参加了这一盛会。吴主孙皓当着这么多人的面，被迫前来拜见晋武帝。尽管成了亡国之君，孙皓仍表现出不肯屈服的样子。晋武帝说："我安排好这个座位等待你来拜见已经很久了。"孙皓答道："臣在江南也设了这样一个座位等待陛下去朝拜呢！"贾充曾一再反对迅速攻吴，当他又一次将主张班师、停止攻吴的奏章派人送达朝廷时，王濬夺得建业、俘虏孙皓的捷报也同时到京。贾充为此而深感惭愧，不得不回京请罪。晋武帝因他是开国元勋，仍让他担任太尉。此时，面对俯首称臣的孙皓，贾充也想当众表现一下，揭揭孙皓之短。他问："听说你在南方凿人的眼睛，剥人的面皮，这是对什么人用的刑？"孙皓反唇相讥：“臣子对君主不忠，甚至谋杀君主，就要受这种刑罚！”贾充听了哑口无言。原来昔日司马昭试图篡魏称帝时，贾充曾亲自下令刺死魏帝曹髦，犯有弑君之罪。他最不愿别人提起此事，而孙皓偏要当众出他的丑，使之十分难堪。

孙皓在洛阳再也不能摆帝王威风了，他受到屈辱，精神痛苦不堪。被俘至洛阳的当年十二月，他便一命呜呼了。这个残忍荒淫、祸国殃民的暴君，最终得到了他应有的结局。

太康盛世

第二章

占田兴农

太康元年（公元280年），司马炎在平吴之后，颁布占田课田制。占田课田制是从曹魏的屯田制演化而来的。曹魏的屯田，有用士兵的兵屯，有用屯田客的民屯。屯田客除交屯田租外，不负担其他课役。军士或士家既要作战，在分休时又得屯田。初期屯田，解决了流民与荒地的问题，安定了社会，缓和了阶级矛盾，具有积极意义。但是由于租役繁重，屯田客时有逃亡，为了缓稻屯田客的反抗逃亡，整齐划一编户和屯民的赋役负担，因而用"以均政役"的名义，罢去农官，将其管地一律改为州县，制定出共同的租调交纳数量，从而屯田也转变发展为占田课田了。咸熙元年（公元264年），司马昭掌握大权时，"罢屯田官，以均政役。诸典农皆为太守，都尉皆为令长"。典农即指典表中郎将、典农校尉，他们都改为太守，都尉即典农都尉，都改为县令或县长，不言而喻，他们治下的典农部民、屯田客等也就成了属于州县的编户了。这一变革，不是一次完成。泰始二年（公元266年），又下令："罢农官为郡县。"（《晋书·武帝纪》）经过这样的改变，直到平吴全国统一后，才颁布占田课田和户调式的。所以，屯田制转变为占田课田制，是在缓和当时阶级矛盾，整齐赋役征收办法的要求下，不得不改弦更张的措施。

西晋实行占田课田制，还由于存在许多荒地和逃亡隐匿的人口。经过屯田，农业虽然取得恢复和发展的较好成果，但荒地与浮逃人口的问

题依然存在。如要进一步发展农业生产，安定社会，巩固政权，就必须进一步解决荒地和隐逃户的问题，把劳动力编制到土地上。如泰始四年（公元268年），司马炎下诏，要郡国守相，巡行属县。"敦喻五教，劝务农功"次年，又"申戒郡国计吏，守相令长，务尽地利，禁游食商贩"（《晋书·武帝纪》）。同年又曾下诏说："朕惟人食之急，……夙夜警戒，念在于农。虽诏书屡下，敕厉殷勤，犹恐百姓废惰，以捐生植之功。而敕史2000石，百里长吏，未能尽勤，至使地有遗利，而人有余力。"就在汲郡一郡，王宏为太守时，"督劝垦荒5000余顷"（《晋书·王宏传》），羊祜镇襄阳，"垦田800余顷"（《资治通签·晋纪》），可见晋初荒地还不少。劳动力也是晋初一个严重问题，当太康平吴，统一南北之时，全国户数只有245万多户，为两汉1000多万户的四分之一。户数这样少，也是荒地多的一种表现，同时更表明劳动力的游离于土地，因此当时的傅咸说："今之不农，不可胜计。"西晋统治者为了稳定政权，增加赋税收入，就不得不设法垦荒，争取到更多的劳动人手固着于土地上，使劳动力与土地相结合，恢复和发展农业，达到稳定政权的目的。

由于曹魏以来大土地私有制的继续发展，豪势之家占田无限，因而在占田法令中规定按品位高低占田，企图限制一下占田太多的情况，当然，官品越高占田越多，而且超过规定广占田地者很多。占田制想使地主阶级内部对田地的瓜分维持在一定比例上，以缓和其内部矛盾。但实际上收效不大。

太康元年（公元280年）颁布了这一田制。内容是：一为诸侯的刍藁田："国王公侯，京城得有一宅之处，近郊田大国田15项，次国10项，小国7项。"；二为编户百姓的占田课田，规定为："男子一人占田70亩，女子30亩，其外，丁男课田50亩，丁女20亩，次丁男半之，女则不课。"；三为官吏的按品占田，规定为："其官品第一至于第九，各以贵赋占田。品第一者占50顷，第二品45顷，第三品40顷，……"在颁布占田

课田制的同时，颁行了户调式这一剥削制度。据同书所载："又制户调之式，丁男之户，岁输绢3匹，绵3斤，女及次丁男为户者半输。……男女负担户调的年龄为：男女年16以上至60为正丁；15岁以下至13岁、60岁以上至65岁为次丁；12岁以下，66岁以上为老小，不事。"

司马炎在施行占田课田制时，对豪门世族的占田制也进行了规定。即按官品的高低占田并按品级荫有人户和占有佃客。佃客实际上就是附着于贵族官僚的占、田土从事生活劳动的农奴。因此，土地不是佃客的占有物，恰恰相反，佃客却是土地的附着物。

西晋官吏不仅按品级占田和占有佃客，而且还有菜田或厨田。据《晋书·职官志》记载："太宰，太保等诸公和位为从公官品第一的，"给菜田十顷，驺十人"。特进等品秩第二的，"给菜田八顷，田驺八人。"光禄大夫、尚书令等"给菜田六顷，田驺六人。"如陈骞为大司马，司马炎曾予"厨田十顷，厨园五十亩，厨士十人"。菜田和田驺、厨田和厨士是有一定比例的，田一顷驺一人，田驺、厨士和佃客一样，也是世族豪强的农奴。

〔唐〕阎立本·历代帝王像卷·司马炎图

官吏按品第占田及受赐菜田等，都是合法的占有田地。此外，豪门大族等更非法兼并掠夺农民的土地。如石崇有"水碓30余区，苍头800人，他珍宝货贿田宅称是"。王戎"性好兴利，广收八方园田水碓，周遍天下，积实聚钱，不知纪极"。幽州刺史王浚及其部下将士，"并广占山溪，引水灌田，溃陷塚墓"。豪门大姓不仅侵夺民田，而且侵占官田，如

裴秀"占官稻田"，"立进令刘友、前尚书山涛、中山王睦、故尚书仆射武陔，更占官三更稻田"。李熹提出弹劾时，司马炎下诏只处罚了刘友这个小县令，至于大官僚山涛、司马睦等，认为他们不会重犯已往的过错一概不纠。司马炎作为世族豪门的代言人，尽量维护大贵族大官僚的利益，放任他们兼并土地，因而西晋时的大土地占有制日益发展。

贵族官僚既然广占田地，就必须拥有大量不同称谓的农奴——如荫户、佃客、苍头、衣食客等成为其劳动力。司马炎虽也曾想明令禁止，但是只是徒行文书，难收实效。

部曲，是军事编制的形式，凡是部下的士兵，一般都可以泛称部曲。以后又发展到贵族豪门家的家兵家将，即且耕且战的私属，都可称为部曲。部队可称部曲，私家武装也可以称为部曲。

西晋初年，羊祜镇守襄阳时，吴将邓香"率部曲而降"；这是官家部曲；张光"少为郡吏，家世有部曲，"这是私家的部曲了。

贵族豪门大量占有田地，拥有大量的佃客、部曲等，使得西晋的大土地占有制日益发展，世族豪强的经济力量日益强大，封建割据势力也随之日益增长。司马炎所建立的西晋之所以很快覆灭，形成四分五裂的局面，固然有政治上的原因，而世家豪族盼广占田地和佃客、部曲，地方经济势力的发展，也是一个不可缺少的重要原因。

占田课田是从屯田发展而来的，屯田的土地是封建的国有土地，用"以均政役"的美名改为占田课田，所以，占田课田就是在国有土地上推行的种田制，在占田制下的个体农民，占有小块田地，比电田客或屯民身份较自由些，但封建依附性还颇强，法律不允许他们逃亡，还有人建议"申严此防，令监司精察，一人失课，负及郡县"。《晋书·束皙传》可见占田课田下农民的依附性了。

从屯田制转变发展为占田课田制，有消极的一面，也有积极的一面。

在贵族官僚等地主阶级占田方面，颁行占田课田时，也规定了诸侯应占的刍藁田的限额和官吏按品级占田的数额，这在形式或法令上是企图限制一下贵族官僚地主的占田数量，限制他们不能占田太多，固然收效甚微，总算有个限额。同时，这一田制又是对大土地私有制的一种让步或妥协。在罢去民屯实行占田课田时，并未追收贵族官僚所侵占的屯田土地，并且还规定一品官可占田五十顷，九品也可占到十顷，这就是保证豪门地主的利益，因此，西晋罢屯田而推行占田课田制，一则用"以均政役"的美名，来笼络人心，缓和农民的反抗，缓和阶级矛盾；二则司马氏政权本身就是代表士族豪门的利益，需要他们支持这个政权，所以也是对士族豪门韵让步，从而有利于大土地私有制的发展。

在农民占田方面，一夫一妇之家可以占一百亩，其中课田七十亩，但是农民是否能够占足，那就大有问题了。占田不足的重要原因，就是贵族官僚、强宗大族广占田园和水泽，乃至设置许多牧场。农民占田不足，剥削又重，故"一岁不登，便有菜色"（《晋书·傅咸传》），田数虽不足额，但田租却必须交纳。

从积极作用看，一则占田制鼓励垦荒，要将劳动力和土地结合起来，多少收到一定的效果，王宏为汲郡太守时，这里垦荒五千顷。刘颂为淮南相时，经常要修治芍陂，"年用数万人。豪强兼并，孤贫失业，颂使大小戮力，计功受分，百姓歌其平惠"。（《晋书·刘颂传》）这反映当时地方官注意农耕，故能垦辟不少荒地；能够多少抑制豪强，使力役均平，免致农民的逃亡。二则在推行占田制后，或言这时"天下无事，赋税平均，人咸安其业而乐其事"。（《晋书·食货志》）

从太康时期的繁荣可以窥见一斑。平吴那一年（太康元年，公元280年），西晋有户二百四十余万，但到太康三年（公元282年），已锐增到三百七十七万户。两三年中，增加了一百三十多万户，增加的人口是相当

可观的。

占田制上承曹魏屯田，下启北朝的均田，在我国经济史上占有十分重要的地位。

整顿吏治

西晋政权冗官冗员现象严重，司徒左长史傅咸曾向司马炎上书：国家和百姓资财缺乏，是由于设官太多，户口只有汉代的十分之一，而设置的郡县多于汉代。设立的军府有上百个，还有公、侯、伯、子、男这五等诸侯也设置自己的官吏，官禄及经费都出自百姓，这是百姓贫困的原因，应该省并官府，减少百姓劳役。官员们讨论后，形成了减少一半州、郡、县各级政府官吏的意向。中书监荀勖却认为：省吏不如省官，省官不如省事，省事不如清心。萧何、曹参做汉相，清静无为，民众安宁，这就是清心。抑制浮华的舆论，减少行政文件往来，除去琐碎细微的政务，原谅人们的小过失，对喜欢生出事务以获取功名的人进行处罚，这就是省心。把全部九个中央行政部门合并到尚书省，把中央各素统的监察部门并到太尉、司徒、司空三府，这就是省官。各个部门、各个地区的政务多少不一，要是只按比例将各个政府机构都裁减一半，是行不通的，应根据具体情况而定。

太康元年（公元280年），司马炎下诏说，汉末以来，州刺史既管民政，又掌军队。现天下合一，应止息干戈，州、郡两级政府都撤销军队，

只设武装吏员，大郡一百人，小郡五十人。这一措施的实行，使西晋的军队数量大为减少。曹魏及西晋平吴前，州、郡都有军队，由地方官统领，与敌方及某些少数民族接近的地区设置的军队更多。

西晋的裁军与减少官吏数量特别是减少无意义的政务的做法，客观地说，是有积极意义的，这是对汉代、三国长期存在的官员为了追求政绩而为政苛刻的一个反省。军队及为追求政绩而产生的政务的减少，会大大减少国家开支，减轻农民负担。

公元280年平吴以后至公元290年西北地区发生自然灾害前，十年里西晋既无内战又无外战，皇帝及官员崇尚简易的政治风格，政治事务少，对经济发展及提高农民生活水平起了至关重要的作用。当时也没有兴造大的土木工程，国家开支及农民劳役比以前大为减少，农民有时间从事生产，转嫁给农民的额外负担也相对较少，农民生活出现了安定饱足的情况，是三国以来最好的时期。古代史家描述为：人们都安心并满足于自己的生产，牛马遍野，余粮剩在田里；外出住宿时，大门可以不关；人们相见都有亲切感；谁有了匮乏，在外面就可得到。当时谚语也说：天下无穷人。史家称之为"太康之治"。

但是，中国古代所谓好的时代对一般农民来说，充其量只能是解决温饱，还远远谈不上富庶，更不是解决了封建经济的弊病而取得的发展。如余粮剩在田里的记载，就反映了当时经济不正常的一面，对此我们要有清醒的认识。

对于撤销地方军队，一些人如尚书仆射山涛等表示反对。晋武帝死后，在西北地区发生了流民潮，因地方没有军队镇压，最终发展成大规模的流民武装。应该看到，流民因少数民族事变及饥荒而发生，这是历代政府错误的经济政策及民族政策所导致的，设置地方军队虽可镇压一时，但造成农民负担过重，蕴藏着更大的统治危机。

革新律令

晋武帝登基以后，还对其父司马昭以来就在进行的律令改革做出过贡献。

两汉时期的律令极为烦杂，律令和解说合在一起，有26272条，共700多万字，言数益繁，览者益难。于是在曹魏时代，魏文帝曹丕就曾下诏，"但用郑氏章句，不得杂用余家"。所谓"郑氏章句"是指：对于两汉律令，后人根据自己的理解，各为章句，有诸如叔孙宣、郭令卿、马融、郑玄等人所为的章句十几种。在这十几种当中取郑玄所作的章句。这样，律令虽有所改革，但仍然不失繁难。

司马昭为晋王后，深感前代律令本注烦杂，虽然经由陈群、刘邵等人改革，但由于科纲本来就繁密，加之又在叔孙、郭、马、郑诸家章句中仅取郑氏，难免偏颇，因此未可承用。于是晋王司马昭令贾充定法律，令与太傅郑冲、司徒荀𫖮、中书监荀勖、中军将军羊祜、中护军王业、廷尉杜友、河南尹杜预、散骑侍郎裴楷、颍川太守周雄、齐相郭颀、骑都尉成公绥、尚书郎柳轨及吏部令史荣邵等14人，对既存律令进行大规模的改造，去其繁苛，存其清约。

这是一项浩繁的工作。司马昭去世后晋武帝司马炎登位，继续进行。

泰始三年（公元267年），改律令工作完毕，制定出新律20篇，620条，27600多字；律与令合2926条，126300字；又从令中划分出条例章程，称为"故事"，各归本官府执掌。

晋武帝下诏赏赐："昔萧何以定律令受封，叔孙通制仪为奉常，赐金五百斤，弟子百人皆为郎。夫立功立事，古今之所重，宜加禄赏，其详考差叙。辄如诏简异弟子百人，随才品用，赏帛万余匹。"并亲自临讲，使裴楷执读。

泰始四年（公元268年）正月，又下诏说："律令既就，班之天下，将以简法务本，惠育海内"。下令抄录死罪条目，在公共场所悬挂，以使百姓知所趋避，也使朝廷命官、地方长吏及其他一些社会政治势力受到一定程度的约束。这兴许是中国历史上的第一次"普法教育"。

其后，明法掾张裴又受命注律，其中有云："律始于刑名者，所以定罪制也；终于诸侯者，所以毕其政也。王政布于上，诸侯奉于下，礼乐抚于中，故有三才之义焉，其相须而成。若一体焉。"还真颇有点依法治国的意向。

在当时的社会历史条件下，可以说晋武帝颁布施行的律令的确比较科学、有效。史有记载：晋武帝于太康元年（公元280年）三月平定吴国之后，即"除其苛政，示之简易，吴人大悦"。

说到重新修订律令，这里不妨对几个主要承担者的情况作些简介。贾充、羊祜、杜预等人的情况本书后面还要涉及，此处暂不表。

太傅郑冲，在修订律令的工作中所起的作用十分重要。《晋书·郑冲传》记载：晋王司马昭"命贾充、羊祜等分定礼仪、律令，皆先咨于冲，然后施行"。

郑冲，字文和，荥阳开封（今河南开封）人。他出身寒微，但卓尔立操，清恬寡欲。自幼喜爱攻读经史，广博研究儒家学说及百家之言。行为严谨，处处循守礼仪，只求养身守行，不要乡曲之誉，因此一直没有步入仕途。魏文帝曹丕为太子时，搜扬各类人才，他被命为文学，后又任尚

书郎，陈留太守。郑冲以儒雅为德，在职位上兢兢业业，只念温饱，不营资产，以此得到人们的刮目相看。曹爽辅政时，他被引荐为从事中郎，转任散骑常侍、光禄勋。魏高贵乡公曹芳嘉平三年（公元251年）被拜为司空。他还曾为高贵乡公曹髦讲授《尚书》。不久转任司徒。魏元帝曹奂即位，拜太保，位在三司之上，封寿光侯。他虽居高位，却很少过问世事，司马昭辅政，他受命修订律令，到晋武帝登位，他被拜为太傅，晋爵为公。后因有人进谗言于晋武帝，他上表辞职，晋武帝不许，他交印绶固辞。晋武帝先后两次下诏，表彰他的功绩。他去世后，晋武帝在朝堂上致哀。

司徒苟当时受命定礼仪，他"上请羊祜、任恺、庚峻、应贞、孔颢等人，共同删改旧文，撰定晋礼"。

苟颢，字景倩，颍川颍阴（今河南省许昌市）人。他是魏武帝曹操的重臣苟彧的第六个儿子。幼时即为陈群所赏识，性至孝，得时名。他博学强记，理思周密，司马懿用之，擢拜散骑侍郎，后迁任侍中、骑都尉，赐爵关内侯。司马师辅政时，他因争讨毋丘俭有功，晋爵万岁亭侯。司马昭辅政，他以政绩得功，迁任司空，晋爵乡侯，后又封临淮侯。晋武帝开基，他晋爵为公。晋武帝下诏表彰他，任命他为司徒。后又加侍中，迁任太尉、都督城外牙门诸军事。命他定乐，未竟身死。晋武帝为他举哀，皇太子亲临丧礼。

中书监苟勖受晋武帝之命，与贾充共定律令。

苟勖，字公曾，颍川颍阴（今河南省许昌市）人，是汉代名臣苟爽的曾孙。十余岁即能著文，太傅钟繇曾说："此儿当及其曾祖。"成人后，博学，达于从政。曹爽辅政时，他曾任中书通事郎。曹爽被诛，原门下的人们都不敢再去，他独自临赴。后来他参与司马昭的军事机构，被赐关内侯，转任从事中郎，领记室。他平时处事多从律令考虑，屡谏司马昭应

"刑于四海，以德服远"。司马昭采用了他所作书信聘吴，吴主孙皓遂报命和亲，司马昭由此赞扬他："君前作书，使吴思顺，胜十万之众也。"晋武帝"受禅"登位后，他被拜中书监，加侍中，领著作，并受命理律令。晋武帝时代，他以明谏著称于朝廷，受信于武帝。太康十年（公元289年）卒，武帝遗使节护哀。

散骑侍郎裴楷因钟会之荐事于司马昭，任相国掾，又迁任尚书郎。贾充改定律令，以裴楷为定科郎。律令修订好以后，裴楷受晋武帝之诏执读于御前，让群臣评议。他读得抑扬顿挫，舒卷自如，听的人都忘了疲倦。

裴楷，字叔则，河东闻喜（今山西省闻喜县）人。少年时明悟有识见，弱冠知名。晋武帝时先任吏部郎。晋武帝始登基时，探问他可卜世数多少，他答之得一；武帝不悦，群臣亦失色。只见他正容仪，和声气，从容进言："臣闻天得一以清，地得一以宁，王侯得一以为天下贞。"晋武帝听后转怒为喜，遂拜他为散骑侍郎。他不持俭素，挥金如土，有人讥之，他回答说："损有余以补不足，天之道也。"遂安于毁誉，我行我素。平吴之后，晋武帝方修太平之道，常请各位公卿议论政事。裴楷滔滔不绝，先陈三皇五帝之风，再叙汉魏盛衰之迹，武帝称善，坐者叹服。年迈病笃时，晋武帝诏遣黄门郎王衍前去探望，卒年五十五岁。

西晋对书俑

民族融合

在西晋当时的历史条件下，要使经济繁荣，国家强大，没有一定数量的人口作为基础，是不可能的。可是东汉末年以来的频仍战争和动乱，使当时全国的人口遭受了极为严重的损耗。损耗的原因，主要是死亡。这一是由于各路军阀、诸侯混战，势必有大量的生命战场上消失掉；二是还有数目巨大的平民百姓死于军阀、诸侯军队的烧杀抢掠之中；三是为避战乱，平民百姓经常离乡背井，导致农业生产凋敝，百姓衣食无源，如果再遇天灾，势必大量冻饿而死，如汉献帝永汉元年（公元189年）董卓之乱以后的几年间，就发生过"民人相食，州里萧条"的悲惨事情。

人口在东汉末年大量减少的其次原因，是原先的自耕农为避战乱，干脆逃入深山大泽或者流散到塞外少数民族地区；有的则被迫依附豪强作了私属。于是，在东汉末年，到处是"白骨露于野，千里无鸡鸣"的凄凉景象。在这种情况下，要成就事业，要立国强兵，必须注重人口增加，这成为诸多政治家、军事谋略家的共识。

也就在这一历史时期，中国出现了继春秋战国以后的又一次民族迁徙和民族大融合，而且规模要较春秋战国时期大得多。

魏晋时代的北方各族，除了汉民族以外，主要有匈奴、羯、氐、羌、鲜卑和乌桓等民族。这些民族的人民原来大都散居在我国传统疆域范围内的西北部和东北部边境，过着比较落后的游牧部落生活。之所以出现这次民族大迁徙和民族大融合，当然有其更为深层和远大的历史文化原因和政治背景。但比较直接和显见的原因兴许是东汉末年军阀、诸侯的连年混战，使原来人口比较集中的黄河中下游地区变得人口稀少，各地的军阀、诸侯为了弥补兵源的不足和劳动力的缺乏，采取恩威并用的政策，纷纷招引或胁迫其他民族的人民内迁，其他民族的一些统治者，也趁着中原地区军阀争战不休的机会，主动举族内迁。

魏晋时期的南方各族，除了汉族外，主要有越、蛮、僚、俚，僚等族，其中越族和蛮族最大。孙权称帝之前，百越族中的一支"山越"仍散居于今安徽、浙江、福建、江西等地的深山之中，过着原始的村社生活。吴主孙权为了补充兵源和劳动力，曾多次强迫山越人出山。诸葛恪、吕范、太史慈、韩当、周泰、凌统、吕蒙、贺齐等孙吴将领，都曾先后奉命对山越人进行镇抚或放火烧山，诱逼他们移居山外。当时出山的山越不会少于二三十万，如诸葛恪在丹阳（今安徽省宣城）附近一次就得到山越人四万。这些出山的山越人，或是选入军队当战士，或是被编为屯民、屯田客，或显被送至有军功的世家豪强作为部曲、佃客。

对蛮族也是一样，孙吴统治者也取镇抚并举的政策。时武陵蛮夷反乱，攻下孙吴的城邑拒守，吴主孙权以黄盖为武陵太守，率兵征讨，杀了他们的魁帅，对附从者则予以赦免。于是"寇乱尽平，诸幽邃巴、醴、由、诞邑候君长，皆改操易节，奉礼请见，郡境遂清"。

作为一代枭雄的司马氏，当然也十分明了发展人口对于成就霸业的重要性。

魏明帝曹叡景初二年（公元238年）春夏期间，司马懿率兵征伐辽东自立为燕王、署置百官的公孙渊。大败公孙渊后，司马懿除血腥杀戮以示威慑之外，亦下令"中国人（指中原地区的人）欲还旧乡者，恣听之"，地方官吏、豪强不得阻止。于是收户四万，人口三十余万。

如果说司马懿当时收纳人口，还是心在事魏，那么其子司马昭揽定曹魏朝廷大权之后的收纳人口，就是他为晋王朝的建立，"以雄才成务"的具体作为之一了。魏元帝曹奂景元四年（公元263年）司马昭平蜀后，遂劝募原蜀国百姓内徒中原，应徒者给粮食两年，免徭役20年。据《晋书·文帝纪》载，这时内迁人口的数量已高达870多万。不管这个数字是否过于夸大，但从中可体会到当时内迁中原地区的人口数量应该不是个小数目。

晋武帝司马炎登位后，继续奉行恩威并用，发展人口的政策。

泰始五年（公元269年）二月，晋武帝任命胡烈为泰州刺史。因为在此之前，邓艾为谋伐蜀，曾收纳鲜卑族的投降者数万人，把他们迁居在雍州和凉州之间的地带，与当地的百姓杂居。待邓艾被诛，晋武帝担心这数万人久无人理治而生成祸患，因此派胡烈任由雍、凉、梁三州分置而成的秦州为刺史，以镇抚这些鲜卑族人。这也是因为胡烈当初为将伐蜀，在西域一带颇有威名的缘故。

泰始六年（公元270年）六月，鲜卑人首领树机能起兵反晋。秦州刺史胡烈率兵讨伐，与树机能战于万斛堆。胡烈当时兵少将寡，虽经力战，却兵败，被树机能诛杀。

胡烈，字武玄，安定临泾人。其兄胡奋是曹魏旧臣，曾随司马懿讨伐辽东公孙渊，归迁任校尉、徐州刺史等，又因征匈怒刘猛之叛闻名，累迁征南将军、假节都督荆州诸军事，护军、加散骑常侍，在边境一带特有威惠。晋武帝之用胡烈镇泰州，兴许也取胡烈依兄威惠之意。胡列伐蜀时亦以战功名。钟会反叛时，他和手下诸将皆被禁闭。胡烈的儿子胡世元，时年才十八岁，他勇猛异常，身先士卒，攻杀钟会。

胡烈与树机能浴血搏杀之时，都督雍、凉二州诸军事的扶风王司马亮曾遣将军刘旉率援兵前往。可是刘旉观望不进，致使胡烈无援身死。晋武帝因此下令贬司马亮为平西将军，并要斩首刘旆。司马亮上疏说："节度之咎，由亮而出，乞丐其死。"晋武帝下诏说："若罪不在旆，当有所在。"于是罢免司马亮官职。

晋武帝司马炎再遣尚书石鉴任安西将军，都督秦州诸军事，讨伐树机能。

树机能兵力强盛，石鉴派遣新任秦州刺史杜预出兵击之。杜预认为树机能军正于获胜之后，士气高涨，而且草黄马正肥，而官军处于新败之时，士气有损，军粮后勤也难得到保障，因此应当先并力运筹军粮，待明年春天进讨。

石鉴却不以为然，他上奏晋武帝说杜预有怠军心，请求将其拘捕，以槛车送往司法部门，论其以赎罪。继而自己率军前往讨伐树机能，但最终未能克之。

平服鲜卑人树机能的反叛，自此成了晋武帝的一块心病。

西部狼烟未消，北部烽火又起。

当初，曹魏把久居塞内的南匈奴人分为五部：左、右、前、后、中，各立其贵人为帅，分居并州诸郡，选汉人为司马监督他们。因为有汉高祖刘邦的女儿给匈奴单于为妻的故事，这些南匈奴人自称他们的祖先是汉氏的外孙，于是改姓刘氏。晋武帝泰始七年（公元271年）正月，匈奴右贤王刘猛反叛出塞。

不久，北地郡居住的胡人侵犯金城，凉州刺史牵弘率军讨伐，没想到四处胡人都加入叛乱，和树机能一起共围牵弘军于青山，牵弘军败而死。

早些时候，大司马陈骞曾言于晋武帝说：胡烈和牵弘之辈都是有勇无谋的人，对于边境其他民族，只会采用强硬政策，所以他们不是绥边之才，将来要成为国家之耻。

晋武帝知道牵弘为扬州刺史时，经常不服从当时以大司马都督扬州诸

军的陈骞的命令，认为陈骞因此而诋毁牵弘，就没有听信陈骞的话，派牵弘再次出任凉州刺史。陈骞暗自叹息，知道必败。两人果然失却了与羌戎之间的和睦，先后兵败身死。以后连年征讨，结果也仅能维持现状，晋武帝才有所后悔。

好在北境还有战绩。晋武帝泰始七年（公元271年）十一月，反出塞外的刘猛侵犯并州，并州刺史让钦击而破之。

第二年春天，监军何桢讨伐刘猛，屡次破之。何桢在进攻的同时，暗地里以利诱得刘猛的左部帅李恪，李恪杀了刘猛以后率军投降。"于是匈奴震服，积年不敢复反。"

时隔不长，汶山郡的白马胡又掀起骚乱。益州刺史皇甫晏打算出兵讨伐。属下何旅等人劝谏说：胡夷之间相互残杀，本来就是他们的常性，不足为大患。现在时值盛夏出军，大雨将到，必会引发疾疫，应当在秋、冬季节出军讨伐。皇甫晏不听。有一个名叫康木子烧香的胡人说军出必败。皇甫晏认为是扰乱士气，杀了这个胡人。

皇甫晏遂率军出征，到达观阪。牙门张弘等人认为汶山道路艰险，而畏惧叛胡兵多士众，就在夜间作乱，杀了皇甫晏，军中惊扰，兵曹从事杨仓等拼死搏杀，不敌而死。张弘反诬皇甫晏谋反所以杀了他，把他的首级带到京都。皇甫晏的属下何攀为皇甫晏道冤。张弘等人却在防地纵兵抢掠。主簿李毅对太守王濬分析了皇甫晏的情况，也认为他不可能作乱。李毅接着说：现在益州有乱，这是此郡的忧患。张弘这个小人是人人都难以相处的，应当即时赴兵征讨，不可坐失机会。王濬还想先上奏，李毅劝道：对于张弘这种杀主之贼，罪恶深重，应当不拘常规先讨伐他，还要上奏什么？王濬依言，遂发兵讨伐张弘。晋武帝得知此事，下诏任命王濬为益州刺史。王濬进击张弘，斩之，并夷其三族。

这场内外应合的骚乱总算平息，晋武帝十分高兴，封王濬关内侯。

泰始九年（公元273年）七月，鲜卑人又侵犯广宁，杀五千人。而这时的晋武帝正忙于诏选公卿以下子女以备六宫，所以未予鲜卑人作乱以关注。

次年八月，凉州一带胡人再犯金城诸郡，镇西将军，汝阴王司马骏出兵讨伐，斩敌兵统帅乞文泥等人。

咸宁元年（公元275年）二月，鲜卑叛军首领送来人质请求归降。

六月，鲜卑人力微遣儿子来献贡品，将要回去的时候，幽州刺史卫瓘上表晋武帝请求将力微的儿子留下作人质，又秘密派人以重金贿赂他的各部首领归去在力微跟前挑拨离间。

校尉马循也于此月讨伐叛乱的鲜卑人破之，斩其渠帅。

咸宁二年（公元276年）二月，并州胡人犯塞，并州诸军事胡奋击破之。

五月，镇南大将军、汝阳王司马骏讨伐北方胡人，斩其渠帅吐敦。

七月，鲜卑阿罗多军犯边，西城戊己校尉马循出兵讨伐，斩首四千多人，生擒九千多人，阿罗多无计投降。

咸宁三年（公元277年）三月，送人质到洛阳求归降的树机能仅一年再度反叛，平虏护军文淑督凉、秦、雍三州诸军讨伐，破之。各地胡人二百万口来降。

也就在这一年，卫瓘遣返两年前留下的人质力微可汗的儿子沙漠汗归国。自从沙漠汗入晋为质以来，力微可汗在身边的其他儿子多受到恩宠。待沙漠汗归鲜卑，那些受到卫瓘贿赂的各部首领一起向力微可汗潜言，沙漠汗被杀。不久力微病重，乌桓王库贤秉政；时下他已受卫瓘的贿赂，想扰乱各部，于是在庭殿磨"斧"霍霍，对各部首领说：可汗恨你们这班人进谗而杀了太子，打算尽收你们的长子杀掉。各位首领害怕了，顿时作鸟兽散。力微见状，忧愤而死，其国由此衰落。

当初，晋的幽、并二州都同鲜卑接壤，东是务桓，西是力微，于是多有边患。卫瓘秘密使用计谋进行离间，结果务桓投降，力微忧卒。晋武帝为嘉奖卫瓘之功，封其弟为亭侯。

卫瓘，字伯玉，河东安邑（今山西省夏县北）人。其父为魏国尚书。卫瓘十岁丧父，至孝过人，以明识清允知名于人，袭父爵阌乡侯，二十岁左右任尚书郎。权臣专政时期，他优游于各种政治派别之间无所亲疏，被当时的重臣傅嘏所器重。后迁任散骑常侍，陈留王曹奂时期拜侍中，持节慰劳河北。邓艾、钟会伐蜀时，他任廷尉卿，监邓、钟二人军事。钟会反叛，他处危急不惊慌，以装病懈怠钟会防范之心，遂纠集诸将杀钟会，平息钟会之反。他同样以计谋擒得手握重兵的邓艾；他以为自己与钟会一起陷害邓艾，担心兵变，又想独揽诛钟会之功，就派人夜袭刚被本营将士救出的邓艾，杀邓艾及其子邓忠。但回朝后受封，他又因辞不受。晋武帝泰始初年，他任征东将军，晋爵为公，都督青州诸军事、青州刺史，加征东大将军、青州牧，所在职位都有政绩。咸宁初年，他被晋武帝征拜尚书令，加侍中，他以法御下，严整平允。他认为魏时的九品官人之法是权时之制，不是经通之道，曾上疏晋武帝要求忧复古时的乡举里选，晋武帝善之，却最终没有改变。卫瓘学问深博，工于草书，时人把他与索靖并称"二妙"，在书法史上颇有影响。晋惠帝司马衷即位，他任太保。不久，纠葛于宫廷的斗争中，被贾后所杀。

咸宁四年（公元278年），司马督马隆上疏晋武帝说，凉州刺史杨欣失却与羌戎之间的和睦，必定要事败。是年六月，杨欣与树机能的党羽若罗拔能等战于武威，兵败身死。

在诸多外族战争中，最让晋武帝劳神忧心的是鲜卑人树机能的屡屡作乱。他虽派兵遣将，多次施威，但总是收效不佳，而且常常是战将兵败身死。

　　杨欣战败被杀后刚刚半年，树机能再次起兵，并攻陷了凉州。从泰始六年（公元270年）树机能开始作乱，至咸宁五年（公元279年）正月的这次兵破凉州，前后已有9年时间了。

　　这天，晋武帝临朝不由感叹道："谁能为我讨此虏者？"

　　话音刚落，宝座下群臣中走出司马督马隆。马隆上前拜言："陛下能任臣，臣能平之。"

　　晋武帝思忖，前些时候就是这个马隆上疏说杨欣失和于羌戎之间，必然兵败；后来不仅果如其言，而且被树机能破陷了凉州，想来此人虽官职卑微，却也是个有谋略的人，于是说："必能平贼，何为不任，顾方略何如耳？"

　　马隆答道："臣愿募勇士三千人，无问所从来，帅之以西，虏不足平也。"

　　好个"无问所从来"！只要能英勇善战，哪管他是出于农亩，出于营伍，抑或出于奴隶？哪怕是逋逃的罪犯，只要他能带罪立功，解国事于危难，也可不咎既往的。晋武帝再思，觉得马隆所言有理，于是当场允诺任用。

　　旋即，晋武帝下诏，拜马隆为讨虏护军、武威太守。

　　公卿群臣见况，都劝谏晋武帝说，现在兵将已经够多了，不应当再让马隆重去招募了。而且马隆年纪轻轻，任职卑微，恐是口出妄言，不值得这么信赖于他。

　　晋武帝却决心已定，不再动摇。

　　马隆去后，悬榜招募四方勇士，条件是能力开四钧之弓，挽九石之弩的人，应招者当场检视。从早上到中午，已招募合条件的三千五百人。马隆说："足矣。"又请求自己到武库里面选用兵器。

　　管武库的官员心中不快，和马隆争执起来。御史中丞则表奏晋武帝，弹劾马隆。

马隆面见晋武帝说："臣当毕命战场，武库令乃给以魏时朽杖，非陛下所以使臣之意也。"

晋武帝当即下令，任马隆自己挑选、取用，他人不得干涉。并拨给马隆足用三年的军资，遣其踏上征途。

晋武帝启用马隆，不是一时无将可选的窘迫所致，更不是寄于侥幸的轻率所为，他是经由了考虑和选择的。

当时归附的匈奴人刘渊臂长善射，勇力过人，而且姿貌魁伟，深得王浑等朝廷重臣的器重；王浑等多次向晋武帝荐用，武帝也召见了刘渊，与他交谈后很喜欢他。王浑的儿子王济甚至对晋武帝说刘渊有文武长才，陛下如果任命刘渊以东南之事，扫平吴国易如反掌。

此时也有人提出相反意见。孔恂、杨珧说刘渊不是汉族，其内心必然存在异己之念。他的才气的确少有人能比，可是不得委以重任。

待树机能攻陷凉州，晋武帝忧虑，曾问李熹何将可任，李熹回答说："陛下诚能发匈奴五部之众，假刘渊一将军之号，使将之而西，树机能之首可指日而枭也。"

孔恂却说："渊果枭树机能，则凉州之患方更深耳。"

晋武帝斟酌后，才取消了任用刘渊平复树机能的打算，起用了马隆。

刘渊以后果然成为覆晋的元戎。这当然又是中国历史之改朝换代的必然，勿需多加贬责。

马隆承晋武帝之命兵发洛阳，日夜兼程，西进凉州。不消几日，抵达武威之东，渡过温水，树机能等探知晋军已到，就率兵数万占据险要，以拒晋军。马隆看见山路崎岖狭窄，就设计制造了一种扁箱车。扁箱车车身窄，可以通过狭道。又制造木屋，置于车上；兵将藏身木屋当中，既可避风雨，又可防矢石。就这样，马隆率军，边行进，边战斗。由于树机能军

都身披铁甲，马隆遂命令士兵夹道垒起带有磁性的石头，使得身披铁甲的敌军难以行进。敌军看见马隆将士们于石头间畅行无阻，以为他们是神兵降临，敌军哪里知道马隆的将士们身披的是不受磁性吸引的犀皮铠甲，于是军心已经不稳。马隆军行千余里，杀伤敌军甚多。

洛阳这边，自马隆率军西进之后，音讯全无。晋武帝和朝臣们都深为担忧。有人甚至说马隆早已全军覆没，弄得晋武帝心如揣兔。

这天夜里，尽管六宫粉黛个个照样玉骨冰肌，艳丽魅人，笙歌漫舞、益曲仍旧赏心悦目，靡靡醉人，可是晋武帝怎么也难像以往那样兴致勃勃，他心里到底还在惦念着西线的战事。

忽报马隆使节到，晋武帝当然明白这意味着什么，不由地转忧为喜，抚掌欢笑。他立即命人备车上朝，召见使者。待问过使者详细情况之后，他不无揶揄地对有些大臣说："若从诸卿言，无凉州矣。"

于是晋武帝下诏，命马隆假节督兵，拜为宣威将军。称赞他："以偏师寡众，奋不顾难，冒险能济。"

这时，马隆已率三千精锐抵达武威。敌虏首领猝拔韩和且万能等见马隆兵精将勇，料不能拒，遂率数万余落归降。至此，马隆等已先后诛杀及受降敌众数以万计。

泰始中年，晋武帝将兴伐吴之役，下诏说："吴会未平，宜得猛士以济武功。虽旧有荐举之法，未足以尽殊才。其普告州郡，有壮勇秀异才力杰出者，皆以名闻，将简其尤异，擢而用之。苟有其人，勿限所取。"兖州遂举荐马隆才堪良将，晋武帝擢马隆为司马督。

马隆之"才堪良将"，最突出地表现在他受命于危难的平定树机能这一最大边患的战役中。他知兵在精不在多，选三千五百名壮士出击拥兵数万且据险而守以逸待劳的敌军。这三千五百名精选之士果然以一当十，"弓矢所及，应弦而倒"，他精通战术，且能具体情况具体处置。道

狭窄，他做扁箱车以载兵；地平旷，就联车为营。四面排设鹿角；遇伏兵，他车载木屋避矢石；总是避敌锋芒，攻其不备，又以磁石乱敌队。这样，尽管敌军"或乘险以遏"，"或设伏以截"，均难以奏效。而且马隆采取的运动战，在转战千里之中，对敌军进行各个击破，使敌军的数量优势不再存在。

晋武帝太康初年，马隆以平虏护军、西平太守率军与南虏成奚交战，他命军士皆负农具，装作耕田农民，待敌军懈怠后进兵破之。以后，在他任政期间，胡虏不敢再为寇。

晋武帝力排众议，起用马隆，充分显示了他知人善用的一面。这在史籍中已留作典型事例。

以后，在晋武帝执政期间，虽还有些外患，但基本已不成气候，无大威胁。据《晋书·武帝纪》记载，还有以下几次：

太康元年（公元280年）七月，轲成泥寇西平、浩亹，杀督将以下三百余人。

太康二年（公元281年）冬十月，鲜卑人慕容廆寇昌黎。

十一月，鲜卑寇辽西，平州刺史鲜于婴讨破之。

太康三年（公元282年）三月，安北将军严询败鲜卑慕容廆于昌黎，杀伤数万人。

太康七年（公元286年）五月，鲜卑慕容廆寇辽东。

对边境或内部的其他民族进行武力征服和威慑，只是问题的一个方面，对这些民族同时进行安抚，使其归附于晋王朝，是问题的另一个方面；而且，从产生的结果来看，武力征服和威慑只是手段，使其归附，才是目的。

《晋书·四夷传》写道："武帝受终衰魏，廓境全吴，威略既申，招携斯广，迷乱华之议，矜来远之名，抚旧怀新，岁时无怠"。可见晋武帝自登基以来，对四方其他民族，主要是采取怀柔、招抚政策的。再加上政令统一，经济发展，民生安定，原先因战乱流亡其他民族栖息地的中原人纷纷思归，由此也带动了其他民族的内依晋朝。所以在晋武帝时代，形成了一个其他民族内迁或归依的潮流；在武帝执政期间，几乎年年都有大批的四方民族内迁或归依。这时的晋王朝广开容纳之怀，从而使国内人口得到很大发展。

晋武帝称帝之后，匈奴大水塞泥黑难等即举领二万余部落归依，散居在平阳、西河、太原等六郡。

咸宁二年（公元276年）二月，在并州诸军事胡奋大破犯塞胡人的同时，东夷则有八国人举国归依。

七月，在戊己校尉己循大败犯境鲜卑阿罗多等部的同时，东夷有十七国内依于晋。

咸宁三年（公元277年），先后有"西北杂虏及鲜卑、匈奴、五溪蛮恋、东夷三国前后十余辈。各帅种人部落内附"。

咸宁四年（公元278年），又有东夷的九国之众内迁中原地区。

咸宁五年（公元279年）三月和十月，匈奴都督拔弈虚、余渠都督独雍等，先后各带领部落归依。

太康二年（公元281年）六月，再有东夷五国内附。

太康三年（公元282年）九月，东夷有二十九国归依晋王朝，并贡献其地方宝物。

太康四年（公元283年）六月，牂柯獠两千余部落内附。

太康五年（公元284年）匈奴胡太阿厚率部落两万九千人来降，晋武帝在塞内西河划地接纳居住。

太康六年（公元285年）四月，参离四千余部落内归。

太康七年（公元286年）八月，东夷十一国内附。是年，还有匈奴胡都

大博及蒌莎胡（匈奴十九种之一，按范文澜先生注）等各率部落共十万余人内附，居雍州。

太康八年（公元287年）八月，东夷两国内附。是年亦有匈奴都督大豆得一育鞠等再率种落一万一千五百人前来归附。

太康九年（公元288年）九月，"东夷七国诣校尉内附"。

太康十年（公元289年）五月，屡犯晋境的鲜卑人慕容廆来降。这一年，还有奚柯种族的男女十万人内附于晋。

慕容廆的曾祖父在魏国初期率领他的各个鲜卑部落入居辽西，曾从司马懿讨伐公孙渊而立功，被拜为率义王，始建其国于棘城之北。慕容廆的父亲慕容涉归后为鲜卑单于，迁邑于辽东北面。慕容廆自幼身材伟岸且容貌娴丽，胸有大志，受当时安北将军张华的器重，张华还将服簪帻巾等相赠，与其结殷勤而别。而该时的慕容鲜卑，亦是臣服于晋王朝的。由于宇文鲜卑与慕容廆的父亲有隙，慕容廆继父位后要平父怨，曾上表晋武帝要讨伐宇文鲜卑，晋武帝没有准许，慕容廆发怒，遂入寇辽西，杀人很多。晋武帝派军击败慕容廆。自此慕容廆再掠昌黎，每年不断，并夺扶余国而占之。晋武帝再调兵遣将击败慕容廆，重立扶余之国。慕容廆到底是个识时务的俊杰，遂与其众谋商说：我自先公以后世代事奉中国，况且华裔所依事理不同，我们本来就与他们强弱有别，我们怎能与晋抗争呢？为什么不与晋媾和以不再祸害我们的百姓呢？于是慕容廆派来使节，请求投降。

晋武帝不仅不念旧恶，反而嘉许慕容廆，拜他为鲜卑都督。

可是晋武帝的属下就不如晋武帝做得潇洒。东夷校尉何龛曾败慕容廆兵。慕容廆请降后谒见何龛，以士大夫的礼节巾衣到门。何龛以胜利者的模样，严兵以见之。慕容廆随即改服戎装入见。人问其故，他回答说：主人不以礼待客，客为什么还讲求礼节？何龛听说以后，深觉惭愧，对慕容廆更加敬佩。

太康十年（公元289年），晋武帝使慕容廆率其鲜卑人迁居于徒河的青山。

恩威并用的政策使四方其他民族大量归附或内迁，是晋武帝时代人口发展的一个方面。另一方面，晋武帝也十分重视国家内部自身人口的发展。如泰始九年（公元273年）冬十月辛巳，他命人定制，规定民间女子年至十七岁而父母不让出嫁的，由政府代选配偶。

晋武帝还发官奴婢屯田，奴婢配为夫妇，每一百人成立一屯。官奴婢是罪人，其中许多人是司马氏政敌的子女。他们被允许成家繁衍，可见晋武帝对人口增长的重视。

晋武帝在位时曾对王公官员的占田进行了限制，公候所占的京师近郊田是依爵位高低而递减的。对下级官员来说，限制作用更为明显。与限田制一起颁行的有荫佃客和荫衣食客制。荫佃客制对各个品位的官员私蓄农户的数量进行了依次递减的规定，荫衣食客制则对官府内的门人，仆役的数量作了不同规定。这样就在一定程度上减少了"黑人黑户"的存在，使国家对人口数量的把握有了更大的明晰度和准确性。

晋统一全国之前，魏、蜀、吴共有户一百四十六万多，人口七百六十七万多。在太康元年（公元280年）平吴后，晋已有户二百四十多万户，人口一千六百多万人，比三国时期，户增一百万，人口增一倍以上。到了太康三年（公元282年），国家已经有户三百七十万，几乎增加了二分之一以上。

人口的大量增加，是"太康之治"的标志之一，也是太康年间晋王朝经济繁荣的动因之一。晋武帝在其执政期间，为汉民族与其他民族的和睦相处以及中华民族的进一步融合，为当时的人口发展做出了贡献。

贤臣良将

第三章

名将羊祜

蜀汉灭亡以后，新建的西晋王朝肩负着一统天下的历史使命。在后面的灭东吴的战役中，一代名将羊祜是必须要提及的人。羊祜，字叔子，今山东费县西南人，出身于汉魏名门士族之家，是西晋时期著名的军事家。

从羊祜起上溯九世，羊氏各代皆有人出仕二千石以上的官职。羊祜的祖父羊续，为汉末南阳太守，父亲羊衜为曹魏时期的上党太守，母亲是汉代名儒、左中郎将蔡邕的女儿。另外羊祜的姐姐嫁与了司马懿之子司马师为妻，而羊祜本人的妻子则是曹魏皇室成员夏侯霸的女儿。因此，羊祜在魏晋两朝都有着特殊的身份和地位。正因为羊祜的特殊处境，青年时期的羊祜虽然因博学多才、善于写文、长于论辩而盛名于世，却多次回绝州郡政府的征辟，有意回避了曹氏集团与司马氏集团之间为争夺最高权力而进行的斗争。

尽管羊祜基本上游离于两大集团争斗之外，可从思想感情上说，他对司马氏集团显得更为亲近一些。正始十年（公元249年），司马懿发动高平陵之变，夺得曹魏的军政大权。政变后，司马懿大举剪除曹氏势力，与曹爽有关的很多人都遭到株连。当时，羊祜的岳父夏侯霸为逃避杀戮，投降了蜀国，而羊祜却并未因岳父而受到牵连，这大概和他较为亲近司马氏的政治态度有一定关系。

羊祜第一次接受征辟是在司马昭执政时期。不久羊祜就加入司马氏

集团，并逐渐上升为该集团中的重要人物。曹髦统治时期，他先后出任中书侍郎、给事中、黄门郎等职。到魏元帝时期，羊祜调任为秘书监。到司马炎建五等爵制的时候，羊祜以功被封为巨平子爵，食邑六百户，不久，又被拜为相国从事中郎，与司马炎的另一心腹荀勖共掌机密。司马炎代魏前夕，羊祜被调为中领军，统领御林军，掌管京城内外戍卫。司马炎受禅后，以羊祜佐命之功，羊祜进号为中军将军，加散骑常侍，晋爵为郡公，食邑三千户。羊祜担心引起贾充等权臣的妒嫉，于是固让封公，只授侯爵。泰始初年，晋武帝曾改任羊祜为尚书右仆射、卫将军等职。

　　西晋建立以后，晋武帝积极筹划消灭孙吴政权的战争，以实现统一大业。泰始五年（公元269年），晋武帝除任命大将军卫瓘、司马伷分镇临淄、下邳，加强对孙吴的军事布置以外，又特地调任羊祜为荆州诸军都督，镇守襄阳，进行战前准备。当时，西晋与孙吴于荆州形成南北对峙的局面，西晋所辖荆州包括今天的陕西、河南的一小部分和湖北北部地区，而孙吴所辖的荆州则有今天的湖北和湖南的大部分地区。这里是晋吴间边界线最长的地区，也自然成为西晋灭吴战争的关键地区。

　　羊祜到任时，荆州的形势并不稳固。荆州地区的老百姓的生活很不安定，戍兵的军粮也不充足，所以羊祜首先把精力放在了对荆州的开发方面。羊祜禁止辖下的镇将以建造府第的名义扰民，开始大量开办学校，允许晋吴两国间的边民自由往来，尽最大能力改善老百姓的生活。不久，羊祜设法使孙吴撤掉了对襄阳地区威胁最大的石城驻军，这样便抽出一部分军队进行生产活动。他把军队分作两半，一半执行巡逻戍守的军事任务，一半垦田，只当年羊祜所统率的军队就垦田八百余顷，年底收获的时候，打下的粮食足够十年的军需。经过羊祜的这些措施，荆州的社会秩序迅速地安定了，军队的战斗力也得到了增强。羊祜的成就得到了晋武帝的肯定，为表彰他的功绩，下令取消江北所有的都督建置，授予羊祜南中郎将的职务，指挥汉东江夏地区的全部军队。不久，羊祜又被加封为车骑将军，并受到开府如三司之仪的特殊待遇。

泰始六年（公元270年），江东著名的军事家陆抗到达荆州，担任孙吴在荆州的都督。陆抗注意到西晋的动向，他上书给吴主孙皓，把自己的想法归纳为十七条建议，提醒孙皓。陆抗的到来，使得羊祜感到不安。他一面加紧在荆州进行军事布置，一面向晋武帝密呈奏表。密表建议，伐吴战争必须利用长江上游的便利条件，在益州大办水军，并向晋武帝推荐了益州刺史王浚。羊祜认为，王浚是治理水军的最佳人选，后来的史实也证明了羊祜做法的正确性。

泰始八年（公元272年），发生了一件事情，使羊祜认识到孙吴的国势虽已衰退，但仍有一定的实力，而且只要有陆抗这样的优秀将领主持军事，平吴战争不宜操之过急。事情是这样的，泰始八年（公元272年）八月，吴主孙皓解除西陵督步阐的职务。步阐害怕被杀，于当年九月，献城降晋。陆抗闻讯，立即派兵围攻西陵。晋武帝命令羊祜和巴西监军徐胤各率军分别攻打江陵和建平，从东西两面分散陆抗的兵力，以实现由荆州刺史杨肇直接去西陵救援步阐的计划。但陆抗破坏了江陵以北的道路，晋军粮秣的运输发生困难，再加上江陵城防坚固，不易攻打，羊祜屯兵于城下，不能前进。杨肇兵少粮悬，被陆抗击败，步阐城陷族诛。战争结束后，羊祜受到处罚，被贬为平南将军。

咸宁二年（公元276年）十月，晋武帝改封羊祜为征南大将军，恢复他贬降前的一切职权。而经过七年的练兵和各项物质准备，荆州边界的晋军实力已远远超过了吴军。这时候，陆抗已经病死，孙吴在荆州前线没有人再能和羊祜抗衡。孙皓的残暴统治更使得吴国政治昏暗不堪，将疑于朝，士困于野，民怨鼎沸，孙吴内部危机四伏，灭吴的条件已经成熟。于是羊祜不失时机地上书给晋武帝请求伐吴。但羊祜的建议遭到了朝内许多

大臣的反对，以权臣贾充、荀勖等人的态度最为激烈。他们认为西北地区有鲜卑人的骚乱问题，所以不应该同时进行灭吴战争。晋武帝的态度犹豫，当时除尚书杜预、中书令张华等少数人外，羊祜的意见没有为众臣所接受，灭吴建议被搁置了。羊祜对此十分痛心。

咸宁四年（公元278年）八月，羊祜身染重病。返回洛阳后，他抱病中对晋武帝一再一次陈述了伐吴主张。后来，因病势沉重，羊祜自知不能长久了，他对前来探病的张华说："孙皓昏庸暴虐，现在灭吴可以不战而克。如果一旦孙皓不在了，吴国另立有为的新君。我们虽然有雄兵百万，也不容易灭掉它了。吴国终将成为我们的后患！"他的主张得到了张华的赞同，于是羊祜高兴地说："你是能使我志向得到实现的人。"这时候，晋武帝也意识到了机不可失，他要求羊祜带病指挥灭吴的战争。羊祜回答说："灭吴，不一定非要靠我指挥。功名的事，我并不挂在心上。如果有合适的人选，我会推荐他的。"这年的十一月，羊祜病故，终年五十八岁。临终前，他向晋武帝举荐杜预接替自己的职务。

西晋灭亡孙吴的战争是中国历史上一次重要的战争，其标志着自东汉末年以来分裂割据状态的结束，使中国重归一统。羊祜虽没能亲自指挥这场战争，但他为规划、准备这场战争做出了不可磨灭的贡献。晋武帝在灭吴后曾流着眼泪，追忆羊祜的功绩，他说："这都是羊太傅的功劳啊！"

羊祜的死讯传到荆州，人们闻讯莫不痛哭流涕，襄阳城罢市，街头巷尾一片哭泣之声。就是孙吴的守边将士知道消息后，也忍不住流下了眼泪。襄阳老百姓为纪念他，在羊祜生前喜欢游憩的岘山，刻下石碑，因人们一看见石碑就想起羊祜落泪，所以这块碑又名"堕泪碑"。

贤臣张华

　　张华（公元231—300年），字茂先，范阳方城（今河北涿县）人，西晋时期著名文学家、政治家。父张平，曹魏渔阳郡太守。张华年幼丧父，家境清寒，孤贫无以自立，不得不为人牧羊为生。他并未因此自甘暴弃，向逆境屈服，而是注意自我修谨，博览群书，故"学业优博，辞藻温丽，朗赡多通，图纬方伎之书莫不详览"。他恪守封建道德礼法，为人豁达，"勇于赴义，笃于周急"，"造次必以礼度"。他气质深沉，"器识弘旷，时人罕能测之"。彭城刘讷有"人伦鉴识"，曾见张华而感叹说："张茂先我所不解。"

　　曹魏后期，张华仍居乡未仕。当时门阀世族势力方兴，标榜门第阀阅的风气日强。张华因家族势力单薄，自幼孤贫，虽才华横溢，德行严谨，却一时未能见知于世。同时，他目睹了在曹马斗争中荣辱不定、诛黜无常的政治现状，又受到广为流传的玄学思想的影响，难免产生出愤世嫉俗的情绪。

　　名士阮籍看过张华的《鹪鹩赋》之后，赞扬张华可谓"王佐之才也！"张华由此声名鹊起。同郡大族名士曹魏吏部尚书卢钦见到张华后，十分器重他。同乡大族曹魏左光禄大夫、方城县侯刘放"亦夸其才"，将自己的女儿嫁给张华。

　　张华在二十五岁左右时，被范阳郡太守鲜于嗣推荐为太常博士。更

部尚书卢钦在辅政的司马昭面前对张华备加推崇，张华又转为佐著作郎，参与编撰国史。不久，张华迁长史，兼中书郎。他才识过人，思维敏捷，"朝议表奏，多见施用"，深得司马昭赏识，遂正式任命他为中书郎。

晋武帝禅代曹魏，转张华为黄门侍郎，封关内侯。张华接近皇帝，位居要冲，具有相当大的实权。他习于吏事，"强记默识，四海之内，若指诸掌"；他史识渊博，"善谈史汉"，谙通封建典章制度。晋武帝曾问他汉代宫室制度和建章宫的千门万户，张华"应对如流，听者忘返。画地如图，左右属目"，使人大有亲临其境之感；他博通礼乐制度，亦具有很高的文学素养。泰始五年（公元269年），晋武帝修定礼乐，命张华与太仆傅玄、中书监荀勖等人创作正旦行礼、王公上寿酒、食举乐歌，共十三篇，张华一人即写了《冬至初岁大会歌》《宴会歌》《命将出征歌》《劳还师歌》《宗亲会歌》《正德舞歌》《大豫舞歌》等八篇。诗歌采用四言或五言诗的形式，内容主要是盛誉司马氏功德、粉饰西晋太平盛世，宣扬皇道德教，虽音韵逗留曲折，诗句庄重曲雅，但与《鹪鹩赋》相比，在思想内容和社会意义方面均不可同日而语。

但张华也创作出一些脍炙人口的传世之作。他著《博物志》十篇。《博物志》闻见甚广，取材宏富，是张华渊博的知识、剪裁取舍材料的技巧和雄厚坚实的文学功底的集大成。只是《博物志》中因多载怪异，而在某些方面不那么切实可信。他还创作了一些四言和五言诗，流传至今的虽寥寥可数，但从中仍可窥见他的丰富的情感世界和宏大的政治抱负。在《杂诗》一首中，他慨叹"暑度随天运，四时互相承"，遂"伏枕终遥昔"，回顾了历代兴衰隆替的历史，不由得"永思虑崇替，慨然独抚膺"。一个胸怀大志，希望建功立业，憧憬清明稳定的政治局面的政治家的形象，跃然纸上。在《情诗》二首中，张华用苍凉苦楚的伤感笔调，表达了与佳人离别后的闲愁哀怨的心情。"佳人处遐远，兰室无容光"，

"不曾远离别，安知慕俦侣"等佳句，虽只是个人悲欢离合的抒发，却反映了他对爱情忠贞不贰的信念和情操。

张华所著的四言诗《励志诗》气宇不凡，颇具教益，是一篇不可多得的佳作。诗文带有一定的老庄思想色彩，同时又仍以儒家思想作为最高的行动准则。它对仗工整，又不枯燥无味；它引经据典，却不流于晦涩。诗文一开头的"大仪斡天，天回地游，四气鳞次，寒暑环同，星火既夕，忽焉素秋"几句，即让人感到"逝者如斯，曾无日夜"的时不我待的紧迫感。在这种"日与月与，荏苒代谢"的形势下该如何立身处世呢？他的回答是："嗟尔庶士，胡宁自舍"，应以儒家经典作为座右铭，即"先民有作，贻我高矩"；用玄学思想安身立命，即"安心恬荡，栖志浮云"。他告诫人们不要"放心纵逸"，而是要像耕耘南亩一样去修身修德，"力、来既勤，……必有丰殷"。他用"水积成渊""土积成山""高以下基，洪由纤起，川广自源，成人在始，累微以著，事物之理，墨牵之长，实累千里"等形象的比喻，说明了只有矢志不渝，才能达到理想境界的辩证关系。他勉励人们要戒骄戒躁，做到"山不让尘，川不辞盈"，用"若金受砺"和水滴石穿的精神，去"进德修业"，"以隆德声"，实现"复礼终朝，天下归仁"的政治抱负。《励志诗》是张华政治思想和哲学观完全成熟的标志。儒玄并用，以儒为主，是张华世界观的基础和核心。

在这种十分适应当时封建统治需要的世界观的指导下，张华在从政过程中披肝沥胆，政绩突出，不仅深受晋武帝赏识，而且亦博得朝野上下的好评，时人比之为子产。不久，四十岁左右的张华就被擢为中书令，后加散骑常侍，成为西晋最高统治集团的成员。

张华在任中书令期间的最大贡献就在于促成并制定了伐吴大计，从而加快了南北统一的步伐。

咸宁初年（公元275年），距西晋代魏已有十年，距灭蜀也已过十二年。时西晋统治阶级内部矛盾缓和，边境战事不多，经多年休养生息，国力强盛，"大晋兵众，多于前世；资储器械，盛于往时"。而割据江南一隅之地的孙吴，则在暴君孙皓的统治下，各种矛盾急剧激化。在孙皓毫无限制的横征暴敛下，"民力困穷，鬻卖儿子，调赋相仍，日以疲极"，"老幼饥寒，家户菜色"，可谓"将疑于朝，士困于野，无有保世之计，一定之心"（《晋书·羊祜传》）。西晋攻伐孙吴，取乱侮亡，统一全国的时机业已成熟。当时，镇守江汉地区的征南大将军、都督荆州诸军事、荆州刺史羊祜上疏晋武帝，陈"宜当时定，以一四海"。晋武帝召集群臣朝议。司空、尚书令贾充、中书监荀勖和左卫将军冯紞等人"同共苦谏不可"，群臣亦多附合，以当时关陇地区氐羌少数族屡叛，官军屡败为由，多不赞成羊祜的建议。只有张华据理力争，与羊祜、杜预共同主张立即伐吴。晋武帝虽"密有灭吴之计"，却因"朝议多违"而未做出伐吴的决断。

魏晋鎏金马鞍复原图

咸宁四年（公元278年）六月，羊祜因病回朝。他在拜见晋武帝时，又面陈伐吴之计，晋武帝为之心动。因羊祜有病，不宜经常召入宫内咨询，晋武帝遂派张华去羊祜住处问其筹策。羊祜与张华推心置腹，陈述自己对局势的看法和伐吴的战略方针。张华十分赞同羊祜的见解和伐吴之计。羊祜对张华说："成吾志者，子也！"

同年十一月，羊祜病逝。但伐吴大业并未因此而中止。羊祜临终前，推荐了志同道合的杜预接任自己的职务。张华也不负羊祜所望，为完成羊祜遗愿而力排众议。咸宁五年（公元279年），益州刺史王戎上疏，主张

"无失事机"，迅速征伐孙吴，贾充等人再次反对，贾充上表，以为"西有昆夷之患，北有幽并之戎。天下劳扰，五谷不登，兴军议讨，惧非其时"。张华与之针锋相对，固劝伐吴。不久后，杜预在"缮甲兵，耀威武"，充分做好伐吴准备工作后，表陈晋武帝，主张立即开始军事行动。杜预表至时，晋武帝正与张华下围棋。张华趁势打铁，劝说武帝采纳杜预的建议。他说："陛下圣明神武，朝野清晏，国富兵强，号令如一。吴主荒淫骄虐，诛杀贤能，当今讨之，可不劳而定"。武帝遂因此做出最后决断，发诏讨吴。任命张华为度支尚书，主持朝廷财政，"量计运漕，决定庙算"。

太康元年（公元280年）春正月，伐吴正式开始。贾充任大都督，总统六师，负责整个伐吴战役。开始时，"众军既进，而未有克获"，一直反对伐吴的贾充因而上表晋武帝，认为"吴未可悉定。方夏，江淮下湿，疾病必起，宜召诸军，以为后图"。同时因张华筹谋平吴之策，与中书监荀勖建议腰斩张华以谢天下。对此晋武帝回答说："伐吴是我的决策，张华只是赞同我的意见而已。"给予张华以授任和支持。尽管如此，当时朝廷大臣仍多附合贾充、荀勖的主张，认为不可轻举妄动。张华为了使统一大业不致功亏一篑，置个人生死于度外，不顾贾充等人以腰斩相威胁，"独坚执，以为必克"。

通过著名将领杜预、王戎、王浑等人的努力，伐吴战役终于排除各种阻力和干扰，取得了最后的胜利。它的胜利，充分证明张华确实是目光远大、意志坚强、运筹于帷幄之中、决胜于千里之外的政治家。平吴后，晋武帝特下诏令，对张华所建立的殊勋大功予以恰如其分的评价和奖赏。诏书说："尚书、关内侯张华，前与故太傅羊祜共创大计，遂典掌军事，部分诸方，算定权略，运筹决胜，有谋谟之勋。其进封为广武县侯，增邑万户，封子一人为亭侯，千五百户，赐绢万匹。"

　　平吴后，张华"名重一世，众所推服，晋史及仪礼宪章并属于华，多所损益，当时诏诰皆所草定，声誉益盛，有台辅之望焉"。但皎皎者易污，他的功勋和才能，也招来忌妒和谗言。张华虽襟怀坦白，洁身自好，不搞浮华交游，不介入朋党之争，可是，处于政争纷纭的漩涡中心，想要避免是非，又谈何容易！西晋统治集团从咸宁年间开始，在围绕齐王司马攸之国、伐吴以及太子（即惠帝）废立的问题，逐步形成两大对立势力。尚书令贾充、中书监荀勖、左卫将军冯紞等人为一方，他们为人鄙薄，好观察上旨，承颜悦色，专以曲意逢迎为事；他们主张剥夺齐王攸实权；反对出师伐吴；反对废黜"不堪政事"的痴呆太子。侍中任恺、中书令和峤、庾纯、向秀等人为另一方。他们以名士自居，刚直守正，素轻视贾充等人的为人；他们反对齐王攸之国；主张废昏立贤，更择太子。两派矛盾逐渐激化，由政争发展到人身攻击，互相倾轧，闹得不可开交。张华与任恺、和峤等人关系虽很好，政见基本一致，但他却避免卷入两派的人事争端中。可是，他在伐吴问题上与贾充等人形成的尖锐对立，却使他在平吴前后成为贾充一党的主要攻击目标，屡遭谗言中伤。

　　平吴后，"自以大族，恃帝恩深"的荀勖，对张华"憎恶之，每伺间隙，欲出华外镇"。晋武帝起初并未听信荀勖谗言。有一次，晋武帝问张华谁可成为辅政大臣的合适人选，张华回答说："明德至亲，莫如齐王攸，宜留以为社稷之镇。"而晋武帝一直猜忌其弟齐王攸，不欲他权势过重，而想出齐王攸之国。张华的意见当然不合圣意，故"微为忤旨，间言遂行"，遂于太康三年（公元282年）春正月，出任使持节、都督幽州诸军事，领护乌桓校尉、安北将军。

　　张华到镇前，鲜卑慕容涉归大肆侵掠辽西，占领昌黎。张华一到镇，即于三月派安北将军严询征伐慕容涉归，在昌黎附近大败之，杀伤数万人。张华在军事胜利后，并未继续穷兵黩武，以武力征服作为调整民族关

系的杠杆，而是以安抚来使慕容氏款服。慕容涉归子慕容廆进谒张华，张华以礼相待，"以所服簪帻遗廆，结殷勤而别"。正由于张华"抚纳新旧，戎夏怀之，东夷马韩、新弥诸国依山带海，去州四千余里，历世未附者二十余国，并遣使朝献。于是远夷宾服，四境无虞，频岁丰稔，士马强盛"。

张华在外藩取得的出色政绩，得到朝野人士的赞赏。时朝议欲征召张华入朝，任为尚书令，进号开府仪同三司，这一动议使贾充党羽侍中冯𬘬不安。冯𬘬曾反对伐吴，"吴平，𬘬内怀惭惧，疾张华如仇"。加之张华曾对晋武帝非议过冯𬘬的哥哥冯恢的品行才能，所以冯𬘬利用"深有宠于帝"的地位，对张华竭尽中伤之能事。冯𬘬曾侍从晋武帝，借议论钟会叛乱说："臣以为钟会之所以叛乱，颇与太祖（司马昭）有关。"晋武帝听后大为不解，问冯𬘬缘由。冯𬘬回答说："锺会才浅识薄，而太祖却夸奖太过，称赞他有谋略，授以高官显爵，使他处于要帅重地，掌握精兵强将，因此使钟会自以为谋略万无一失，却功名不符，未受重赏，遂心怀不满，飞扬跋扈，起兵反叛。"晋武帝听后表示赞同。冯𬘬又进一步说："既然陛下已经同意我的看法，那么就应以冰冻三尺，非一日之寒为诫，不要让像钟会那样的人再重蹈覆辙。"晋武帝问："现在还有像钟会那样的人吗？"冯𬘬让武帝屏退左右后，遂以隐喻的方式诋毁张华说："过去曾为陛下出谋献策，为国家建立了大功的大臣，可谓人人皆知。现在出据方镇、掌握军队的人，陛下都应对其严加防范。"于是晋武帝遂"纳冯𬘬之间，废张华之功"，非但未采纳朝议征召张华为尚书令，反而剥夺了张华的方镇统兵权，以重儒教为由，任命他为有职无权，形同虚设的太常卿。不久后，又以太庙屋栋折为由，免张华官。而后一直到晋武帝死，张华始终郁郁不得志，未任职官，仅"以列侯朝见"，尽管这样，他仍能做到宠辱不惊，既不为自己申理称冤，又不以牙还牙，以眼还眼，与佞幸小

人争一日短长。

晋武帝死后，晋惠帝即位。张华的处境稍有好转。永熙元年（公元290年）秋八月，晋惠帝立其子广陵王司马通为皇太子，是为愍怀太子。晋惠帝"盛选德望以为师傅"，张华因而被任为太子少傅。当时杨太后的哥哥杨骏操持朝政，他"自知素无美望"，所以对张华等德高望重的大臣，猜忌而"皆不与朝政"。张华心胸豁达，没有为此而耿耿于怀。永平元年（公元291年）三月，贾后与汝南王亮、楚王玮合谋诛杀杨骏，又欲废杨太后为庶人。在朝议时，群臣"皆承望风旨"，赞成废黜太后。张华则既不以贾后旨意为己见，又不计多年来官场失意之恩怨而对晋武帝遗孀杨氏落井下石，他认为"夫妇之道，父不能得之于子，子不能待之于父。皇太后非得罪于先帝（武帝）者也。今党其所亲，为不母于圣世。宜依汉废赵太后为孝成后故事，贬太后之号，还称武皇后，居异宫，以全贵终之恩"。尽管他的意见未被采纳，其为人之坦荡正直却由此可见一斑。

杨骏被诛后，统治阶级内部再次出现权力再分配的矛盾。当时政出多门，权柄不一。大司马汝南王亮和太保卫瓘二公辅政，权倾朝野。野心勃勃的贾后虽挟持昏主惠帝，有皇权这张王牌，却因二公执政而不能专恣。元康元年（公元291年）六月，贾后让晋惠帝手写密诏，指使卫将军楚王玮诛杀了汝南王亮和太保卫瓘等人。但局势却一发而难以控制，时"内外兵扰，朝廷大恐，计无所出"。为了维护至高无上的皇权和统治秩序的稳定，张华明知楚王玮并非矫诏而杀二公，仍参与了贾后在诏书问题上大作文章的密谋。他派人对贾后说"楚王既诛二公，则天下威权尽归之矣，人主何以自安！宜以专杀之罪诛之"，又亲自劝说晋惠帝："玮矫诏擅害二公，将士仓卒，谓是国家意，故从之耳。今可遣驺虞幡使外军解严，理必风靡。"贾后遂用张华计，"遣殿中将军王宫说玮矫诏，乃收玮诛之"。事后，张华以首谋有功，拜右光禄大夫、侍中、中书监、金章紫绶。

张华受皇权至上观念的支配，主观上为了巩固和加强皇权而参与了诛杀楚王玮的密谋，这从封建道德观念的角度看，是无可非议的。但在客观上，他的这一行为却有助纣为虐之嫌，在一定程度上玷污了他的洁身自好的史誉。献计诛杀，不仅背离了他所奉行的"委命顺理，与物无患"的处世准则，而且也使他再次卷入朋党之争中，不得不与贾后一党相沉浮。贾后则出于扩大自己政治势力的考虑，认为像张华这样出身庶族，宗族势力薄弱，"儒雅有筹略，进无逼上之嫌，退为众望所依"的人，是辅政大臣的最佳人选，而对张华"依以朝纲，访以政事"，从而使张华在政争中愈陷越深，难以自拔。为了宠络和控制张华，贾后不顾张华十余次推让，进封他为壮武郡公。元康六年（公元296年），又晋升他为司空，领著作。

元康年间，皇权衰落，"政出群下，纲纪大坏，货赂公行，势位之家，以贵陵物，忠贤路绝，谗邪得志，更相荐举，天下谓之互市也"。在这种政治形势下，张华的亲朋好友都为他的处境而忧心忡忡。他的少子张韪曾以灾兆劝张华逊位。"志不在功名"的张华，身处政治斗争的波峰浪谷之间，亦曾有过告老还乡的想法。他在《答何劭诗二首》中，自叹年老体衰，"恭荷既过任，白日已西倾。道长苦智短，责重困才轻"，无力应付复杂的明争暗斗，难以改变奢靡腐化的时代风尚，故时时感到"恬旷苦不足，烦促每脊余"，常常"负乘为我戒，夕惕坐自惊"，唯恐因力不胜任和出现失误而被政敌暗算中伤。他希望有朝一日能够"散发重阳下，抱杖归清渠，属耳听鹦鸣，流目瞩鱼，从容养余日，取乐于桑植"。但是，由于时代和阶级的局限，尽管张华对"吏道何其迫，窘然坐自拘"的处境极为反感，但在上有帝后相制，左右政敌瞩目的形势下，他却无法解决自己的矛盾苦闷，脱离骚乱动荡的政界，实现他憧憬的超脱世俗的田园生活，只能继续自己"缨绶为徽墨，文宪岂可逾"的从政生涯。既然他找不到一条更有意义的出路，遂不得不安于现状，用"天道玄远，惟修德以应

之耳，不如静以待之，以俟天命"去答复好心的亲友，聊以自慰。

但是，张华在辅政期间，并没有仅仅局限于自我修德和无为而治。为了封建王朝的根本利益，他亦以"修德"作为辅政的主要方针，希望通过封建礼教来改变时弊，实现比较清明稳定的政治局面。

贾后为人凶险，擅权专政，是造成朝纲不振的主要根源。张华并不为一己之私利去逢迎贾后，以承风望旨、仰人鼻息的方式苟且偷安。他"惧后族之盛，作《女史箴》以讽"。《女史箴》以封建伦理道德和纲常名教为宗旨，隐喻贾后要以"妇德尚柔，含章贞法"当作行为的准则。他列举了樊姬不食禽兽肉三年以劝谏楚庄王狩猎，齐恒公夫人因齐恒公好听淫乐而不听郑卫之音，冯昭仪以身挡熊以保护汉元帝，班婕妤为正名位而不与汉成帝同辇的典故，劝诫贾后应恪守妇道，行仁义礼教以辅佐惠帝。他辩证地指出"宠不可以专，专实生慢，爱极则迁，致盈必损"的利害关系，规谏贾后不要因君宠而得意忘形，利欲熏心。他认为"美者自美，翙以取尤，治容求好，君子所仇"，希冀贾后摈弃佞幸小人，杜绝文过饰非。贾后看了《女史箴》之后，虽未有什么痛改前非的变化，但碍于张华的正言规谏，在元康九年（公元299年）以前，一直未敢有太严重的僭越之举。

尽管"贾后虽凶妒，而知敬重华"，但她执政的本身却使得乱政隐患越来越表面化。为此，当时辅政的侍中裴頠深感不安，遂与侍中贾模和张华共议废贾后而立愍怀太子的生母谢淑妃为皇后。张华对此表示异议，他说："惠帝自己并无废黜贾后的意思，如果我们擅自废立，惠帝会认为是僭越之举。况且宗室王势力强盛，朝廷内又有持异议的朋党，恐怕一旦进行废立就会出现动乱，招致杀身之祸，引起政治危机，这对国家是没有好处的。"裴頠说："情况确实与你的担忧相符，但贾后这样昏庸残暴的人，做事毫无顾忌，不考虑后果，肯定会在不久的将来发生动乱，那又该如何办呢？"张华说："我们二人现在还能被贾后所信任，只要经常在她身边进行规谏，申明祸福利弊，估计她不会做出什么大的僭越行为。幸好现在天下局势还比较安定，我们照此行事，可能会一直维持平安无事的局面的。"谋废贾后遂未能进行。

张华辅政期间，统治阶级内部蕴藏着深刻的矛盾和危机。朝野百官大臣，非司马氏宗室，即贾后亲族，或豪门望族。他们不仅各有朋党，相互倾轧，而且亦各有短长，良莠不齐。面对如此错综复杂的政治势力，张华亦能坚持修德的方式去息事宁人，维持了数年相对稳定的局面，确实是很不容易的。

司马氏宗室诸王，或于中央任职，或出镇方面。他们仗"雍容贵戚，进不贪功，退不惧罪"，多成事不足，败事有余。张华虽无力改变自晋武帝以来形成的诸王强盛的局面，但他尽可能做到对诸王敬而远之，虚授职官，不委重任。如关中氐羌少数族爆发起义，梁、赵诸王"士卒虽众，不为之用"，张华即及时调离二王，委任虽出身低下却有"文武材用"的孟观率宿卫兵赴关中。结果孟观"大战十余，皆破之"，镇压了起义。赵王伦调回京师后，任有职无权的车骑将军、太子少傅，伦"深交贾、郭，谄事中宫，大为贾后所亲信"，遂"求录尚书"，张华"固执不可"，又求尚书令，张华复不许。

与张华共同辅政的大臣，多是贾后亲族。如侍中贾模，是贾充族子，他"潜执权势"，"至于素有嫌忿，多有中陷，朝廷甚惮之"，此外又"贪冒聚敛，富拟王公"。侍中裴𫖯，出自河东裴氏，亦是贾充妻之从子，为人"欲而无厌"。琅王牙大族王戎，是裴𫖯的岳父，与"贾郭通亲"，时任尚书左仆射，领吏部，他"苟媚取容"，"驱动浮华，亏败风俗"，"性好兴利，广收八方园田水碓，周遍天下"。庶族出身的张华，对这些地位与自己相当的权臣的丑恶行为，自然无可奈何。他一方面超脱世俗，不与之随波逐流，尽可能做到出污泥而不染，严于律己，不营资

财，惟"雅爱书籍，身死之日，家无余财，惟有文史溢于机箧"。另一方面又能够善于找出与这些权臣之间的共同点，与之通力合作。如贾模为了本宗族的私利，对贾后擅权心怀忧惧，尚能"尽心匡弼"；裴頠"虽后之亲属，然雅望素隆，四海不谓之以亲戚进也"，多次上书进表，陈述"多任后亲，以致不静"之弊，主张"当先其疏者，以明至公"。这与张华的思想是基本一致的，故张华尽可能与贾、裴二人保持比较密切的政治关系，利用他们的力量规谏贾后，以推行和实施自己的政见，达到稳定封建统治秩序的目的。

张华在辅政期间的最突出的政绩就在于选官任人方面。当时门阀世族极力垄断和控制选官权，拒寒素于政权之外。尚书左仆射王戎领吏部典选，"未尝进寒素，退虚名，但与时浮沈，户调门选而已"。张华出身庶族，对没有门阀背景的人进仕之路的坎坷不平，颇有切身感受，他之所以能跻身政界，主要是凭借自己"世无与比"的博物洽闻和卓越的政治才能。因此，他重视知识，雅爱书籍，"天下奇秘，世所希有者，悉在华所"，搬家时，曾"载书三十乘"，以至于"秘书监挚虞撰定官书，皆资华之本以取正焉"。正由于此，张华亦重视人才，敢于打破"户调门选"的用人标准。他"性好人物，诱进不倦，至于穷贱侯门之士有一介之善者，便咨嗟称咏，为之延誉"。许多两晋之际著名的政治家、文学家和史学家，都或是经他延誉称咏，或是由他荐举征辟而成名的。这方面的例子是很多的。

他重视南士，不因他们是孙吴亡国之余而怀有偏见。太康末年，陆机、陆云入洛。"陆机兄弟志气高爽，自以吴之名家，初入洛，不推中国人士"。这种清高，实际上是南士与北士之间存有芥蒂的反映。当时北方士人亦自恃征服者而对南士有所轻侮。张华则不然，他素重二陆兄弟，见之如旧相识，说："伐吴之役，利获二俊。"他称赞陆机"天才秀逸，辞

藻宏丽", "人之为文，常恨才少，而子更患其多"。陆云为人不拘小节，而张华"多姿制"，喜欢用帛绳缠束胡须，陆云"见而大笑，不能自已"，但张华对此毫不介意，仍将二陆荐之于诸公，为其延誉（同上）二陆遂对张华倍加钦佩，待之以师资之礼。又薛兼、纪瞻、闵鸿、顾荣、贺循号为南土"五俊"，入洛，张华见而奇之，称其为"皆南金也"。他常常用"龙跃云津""凤鸣朝阳""东南之宝"这样的话语品价南士，并随才授职。

他举人荐士公允，不囿于门第出身，唯以吏翰文义为准。陶侃早孤贫，为县吏，举孝廉入洛，张华与之交谈，"异之，除郎中"。名士牵秀，"博辨有文才，性豪侠"，帝舅王恺诬陷他有秽行而被免官，但"司空张华请为长史"。成公简虽家世二千石，但他"性朴素，不求荣利，潜心味道，有干其志者"。张华对成公简十分赞赏，经常对人说："简清静比杨子云，默识拟张安世"。刘弘"有翰略政事之才……张华甚重之"，因而出镇幽州，"甚有威惠，寇盗屏迹，为幽朔所称"。张轨"明敏好学，有器望，姿仪典则"，却未受高品，"张华与轨论经义及政事损益，甚器之，谓安定中正为蔽善抑才，乃美为之谈，以为二品之精"。成公绥"博涉经传，性寡欲，不营资产，家贫岁饥，常晏如也。少有俊才，词赋甚丽……张华雅重绥，每见其文，叹伏以为绝伦，荐之太常，徵为博士"。陈寿有"良史之才"，张华对陈寿说："当以晋书相付耳"，欲举陈寿为中书郎，为荀勖所阻而未遂。左思出身于地位卑微、世业儒学的家庭，他博学多识，文赋情采富丽，著《三都赋》，通过对蜀、吴、魏自然风光的描写，抒发了自己渴望四海为一的政治抱负和理想。张华读赋而叹曰："班张之流也，使读之者尽而有余，久而更新。"一时间豪贵人家竞相传写，遂有"洛阳为之纸贵"的美谈。

正由于张华能够像何劭赠诗中所说的那样："既贵不忘俭，处有能存

无，镇俗在简约"，故他"尽忠匡辅，弥缝补阙"的努力在一段时间内取得了较好的效果。《晋书·张华传》曰："虽当暗主虐后之朝，而海内晏然，华之功也。"

但是，张华的种种主观努力，只能暂时地缓和社会各种矛盾的激化，却没有也不可能消除造成这些矛盾的根源：即宗室王势力强盛，后族外戚擅权乱政，门阀世族奢侈纵欲，恣意聚敛。就在所谓"海内晏然"时，关中地区少数族就频繁起义，极大地动摇了西晋王朝在这一地区的统治。而且统治阶级内部亦危机四伏，大有一触即发之势。张华对此是深有认识的。他之所以反对废黜贾后，就是担心因此而造成危机的总爆发。但贾后权欲无穷，她时时欲废非已所生的愍怀太子，打算长期操执朝政。幸赖张华、裴頠等人极力反对，这一阴谋才迟迟未能实现。而诸王因不满贾后擅政，也时刻虎视眈眈，觊觎皇位，寻找时机，以求一逞。元康五年（公元295年），武库发生火灾，张华就因怀疑是诸王叛乱，而"先命固守，然后救火"，致使累代异宝及二百万人器械一时荡尽。事后张华说："武库火而氏羌反，太子见废，则四海可知。"预见到太子废黜将会成为统治阶级内乱的总导火索。事实证明他的预见是正确的。

元康末年，辅政大臣之一贾模失宠于贾后，忧愤而卒，制约贾后的力量遂大为减弱。随着贾模的失势，一向与贾后沆瀣一气的贾谧（贾充的外孙）操持权柄，"迁侍中，专掌禁内，遂与后成谋，诬陷太子"。在这种情况下，张华原来的"勤为左右陈祸福之戒，冀无大悖"的方针已难以奏效，所以，愍怀太子的亲信，太子左卫率刘卞去找张华，打算与张华合作，发动武装政变以制止这一阴谋。但张华却推说不知贾后欲废太子事。刘卞说："我原是寒悴之人，受到您的赏识，才由须昌小吏到今天的地位。我因感恩戴德，才向你谈论此事，您为什么却对我有所怀疑呢？"张华说："假如有这件事，你打算怎么办？"刘卞答道："太子东宫内人才济济，有精兵万余人。您身为宰辅，又是太子少傅，如果您下令召太子入朝，让他录尚书事，废黜贾后于金墉城，这不过是两个黄门侍郎即可完成的事情，肯定会万无一失。"张华拒绝了刘卞的建议，他回答说："现在惠帝仍在位，太子是他的儿子。我又没有受命辅助太子执政，忽然立太子而废贾后，这是无君无父，以不孝示天下。即使能够成事，我也难免要身负不忠不孝的罪名。况且权臣贵戚当朝，威柄不一，我以此举授人以口实，怎么可能安然无恙呢？"废黜贾后之事再度成为泡影。

元康九年（公元299年）十二月，贾后设计，将太子灌醉，因使太子书写犯上谋乱之书，然后当惠帝于式乾殿会群臣时，出太子手书遍示之，群臣看后，未敢有异议，均附合贾后赐太子死的建议。只有张华坚决反对，他说："废黜太子并赐死，这是国家的大祸。自汉武帝以来，每次废黜太子，往往导致丧乱。在大晋据有天下不长时间的今天，废太子事更应慎重考虑。"尚书左仆射裴頠也认为应核对笔迹，以防诈妄。贾后遂将手书与太子过去奏事笔迹相对照，果然是太子所书。张华等人无言相对，但却仍坚持自己的意见。贾后知道难以让张华等人改变主意，遂上表把赐太子死改为废为庶人，惠帝下诏同意。

太子被废后，引起东宫将士和诸王的强烈不满。东宫左卫督司马雅，常从督许超等人，谋废贾后，复太子。他们"以张华、裴頠安常保位，难与行权"而赵王伦"执兵之要，性贪冒，可假以济事"，遂与赵王伦密谋此事。赵王伦与其佞幸谋臣孙秀，一向朋比为奸，皆是野心勃勃之徒，当然不会放弃这一良机。他们先劝贾后在永康元年（公元300年）三月杀了太子，借贾后之手除掉了夺权的障碍，接着又策划政变，以废贾后。在起兵之前，四月二日夜晚，赵王伦和孙秀为了使叛乱得到更广泛的支持，派司马雅去张华处，说："现在国家处于危难之机，赵王想与您共匡朝政，成霸王大业。"张华知道赵王伦、孙秀等人得手后一定会有僭越篡权的逆

行，义正辞严地予以拒绝。司马雅恼羞成怒，说："刀都架在脖子上了，还敢如此说话。"遂看也不看张华就扬长而去。四月三日整整一天，张华亦未发赵王伦之谋。可见他还是赞成废黜贾后，只是不愿与赵王伦共事并直接卷入这种不忠的活动中而已。

当天夜晚，赵王伦发动兵变，矫诏废贾后为庶人。他亦因对张华的宿怨新恨，以党附贾后的罪名，将张华和裴頠等人收执于殿前马道南。张华责问主事的（中书）通事令史张林说："你想要害忠臣吗？"张林称诏诘责张华说："你身为宰相，太子被废，为什么不能守节廷争！"张华说："式乾殿朝议废太子事，我是力谏的，这有文字记载为证。"张林问："既然劝谏未被采纳，为什么不辞职去位！"张华无言以对。过了一会儿，使者至，下达了斩张华、裴頠并夷三族的命令。张华临刑前慨叹道："我是武帝时的老臣，一片丹心。我并不惜命，只是担心今后国家将有不测之祸难。"遂被杀害，时年六十九岁。

张华被害，"朝野莫不悲痛之"。闾缵抚张华尸体痛哭道："早语君逊位而不肯，今果不免，命也夫。"刘颂哭之甚恸，他得知张华子孙有逃脱免难者的消息后，又转悲为喜，说："茂先，卿尚有种也！"陆机、陆云兄弟，都为张华作诔文，又写了《咏德赋》来怀念他。

永宁元年（公元301年）五月，齐王同、成都王颖、长沙王义等三王起兵，诛杀赵王伦、孙秀，齐王同执掌朝政。齐王同上奏晋惠帝，请求给张华昭雪。太安二年（公元303年），朝廷正式下诏，恢复张华盼宫职和爵位以及所没财产，为张华洗刷了冤案。

名将王濬

在灭亡孙吴的战斗中，攻破石头城，俘虏孙皓的是西晋大将王濬。王濬是一个性格两极化的人，但他确实是一名难得的将领。王濬，字士治，今河南阌乡县东人。他出身官僚家庭，博览群书，深得羊祜器重。

王濬在担任益州刺史时，卓有成绩，晋武帝就决定授予他右卫将军，升为大司农。羊祜知道后，向晋武帝上了一个密折，告诉晋武帝，如果要决心平吴，就应让王濬待在益州，他将来足可担任平吴的重任。晋武帝采纳了羊祜的建议，于是撤掉了调王濬入京的旨意，仍留他为益州刺史，并密令他作好伐吴的准备。

王濬接到旨意后，开始秘密地大造船舰。他把几条船并连起来，上面铺上木板，长宽都是一百二十步，可以载两千多人，上面可以骑马奔跑，船上又用木头建造起数层楼阁，四边都有门，可以远射，这种大船称为"连舫"。王濬制造船舰的规模，自古以来还没有过，木屑刨花，满江漂流。吴国建平太守吾彦看到上游不断地漂下木屑刨花，心存疑虑，连忙捞起一些，带着去见吴主孙皓。他对吴主孙皓说："晋国很可能正修造船舰，作伐我东吴的准备。最好增加建平的兵力。建平守住了，晋人就不敢渡江。"可孙皓当时正喝得大醉，完全没有把吾彦的话当成一回事。

咸宁五年（公元279年）十一月，晋武帝下达了伐吴的诏令：命镇军将军琅琊王司马伷出涂中，安东将军王浑出江西，建威将军王戎出武昌，

平南将军胡奋出夏口，镇南大将军杜预出江陵，龙镶将军王浚、广武将军唐彬率巴蜀兵沿江而下，东西并进，共20万人。

太康元年（公元280年）正月，王濬与唐彬率领八万巴、益州水军从成都出发，开始东征。晋军水兵久经训练，士气旺盛，乘舟东下，势不可挡，首战就攻克丹杨，俘获丹杨监盛纪。随后王濬率军乘楼船继续顺流前进，却不料被吴人设在长江江面的铁索挡住。当时吴人不仅在江面上设有铁索，在江心还抛下许多丈把长的铁锥。晋军的战船，一碰到铁锥就被撞沉了。于是王濬乘小船到前面探看，只见晋军先遣队的船舰已经停泊在一起，江面上，迷雾已经散去，一条条粗大的铁索横亘在眼前，沙洲上，又露出铁锥尖锐的棱角，任何坚固的船只如果碰上这样的棱角，也会顷刻间被穿透！

王濬看后，立即返回楼船，召集军中长史、参谋等将领共同商议。众将你一言我一语，绞尽脑汁，也没有想出个办法。历史有时候会因一个小人物的言行而改变。在这时候，王濬一个贴身侍卫献出了计策，而历史上甚至没有留下他的名字。这名侍卫说："将军，卑职斗胆说一句，卑职觉得，铁索可用火烧，铁锥可作木筏带走，管保可以通过！"王濬听了这名侍卫的话，眼前一亮，立即指挥士兵抢做竹筏，每只筏方百余步，又扎起许多草人，一个个披甲执杖。然后挑选了一批水性好的高手，在水中牵筏先行。果然，竹筏遇到铁锥，就把铁锥挂走了。随后，王濬又做了许多个长十余丈的大火炬，灌满麻油，点着后火炬燃起，在战船之前运行，遇着铁索，经烈火猛烈炙烤一段时间后，铁索就被烧熔，哗啦哗啦地断了。这样，战船就又可以顺利前进了。

接下来，王濬率晋水军可说是所向披靡，先克西陵、乐乡，俘吴水军都督陆景，跟着顺流而下，所到之处，吴军不战而降。一路上，经夏口、武昌，直抵三山，逼近建业。等残暴的孙皓登上石头城放眼望去时，晋军楼船已排满江面。

太康元年（公元280年）二月十五日，王浚军进入吴都石头城。孙皓赤裸着上身，双手反绑，口里衔着玉璧，牵着羊，同穿着丧服的大夫，抬着棺材的士兵一起，跟在素车白马后面，向王濬投降了。王濬接受了孙皓的投降，并赶忙替孙皓解开绳索，接下他口衔的璧，把棺材烧了。后来，王濬将孙皓送往洛阳。他率晋军进入石头城后，收缴印信文书，封锁仓库，对百姓秋毫无犯，表现出一代名将的风采。

尽管濬浚为平吴立下了汗马功劳，但在灭吴后，他并没有得到应得的奖赏。因为晋武帝下平吴令时，起初要王濬受杜预节度，到进军建业时则受王浑节度。当王濬将到建业时，王浑却要王濬暂缓攻城，要过江去与他会面。原因当然是王浑不愿王濬占首功。但王濬将在外，不受节制，他看形势对作战有利，便借言"风利，不得泊"，没有去与王浑会面。结果，战后王浑向晋武帝递上一表，告王濬不受节制，应照例论罪。晋武帝虽没有采纳王浑等人意见，可为了不得罪门阀势力在论功时，仍把王浑评为了首功，晋爵为公，增食邑八千户。而王濬则为辅国大将军，封为县侯。王濬因此，心中抑郁不平。后来，王濬开始放纵享乐，锦衣玉食，生活十分奢华。太康六年（公元286年），王濬去世，享年八十岁。

杜预、王祥

杜预（公元222—285年），字元凯，京兆杜陵（今陕西西安东南）

人，西晋时期著名的政治家和学者、灭吴统一战争的统帅之一。

杜预出身在曹魏政府的高级官僚家庭。祖父杜畿有大功于曹操，曾先后出任护羌校尉、河东太守、司隶校尉和尚书仆射等职，受封为丰乐亭侯。父亲杜恕官至幽州刺史，并以建武将军领护乌丸校慰的职务。

杜预虽然生长在官宦人家，但不是那种只知享乐的纨绔子弟。他从小博览群书，勤于著述，对经济、政治、历法、法律、数学、史学和工程等学科都有研究。当时的人曾给他起个"杜武库"的绰号，称赞他博学多通，就像武器库一样，无所不有。他特别爱读《左传》，自称有《左传》癖。

在杜预的青少年时期，曹魏政府的内部逐渐形成互相对立的两大政治集团——曹氏集团和司马氏集团。杜预的父亲杜恕是忠于曹魏政府的人。早在太和六年（公元232年），杜恕曾上书提醒魏明帝注意司马懿连朋结党的动向。杜恕因此触犯司马懿，屡遭排挤，被出为外任。嘉平元年（公元249年），司马懿发动高平陵之变，彻底击溃以曹爽为首的曹氏集团，完全掌握了曹魏政府的实际权力。当年，征北将军程喜秉承司马懿的意旨，劾奏杜恕，几乎将他置于死地。受到父亲的牵连，杜预一直到三十多岁也未能出仕。

司马懿、司马师父子相继病死后，正元二年（公元255年），司马昭接替父兄职务执政。这时，统治阶级内部力量的对比已发生根本变化，有政治军事实力的曹氏余党陆续被蓟除于净，司马氏代魏只是个时间问题。司马昭为扩大统治基础，对某些政敌的子弟进行笼络收买。司马昭素闻杜预的才能，极力争取他，亲自把妹妹嫁与杜预为妻。又在甘露二年（公元257年）恢复了杜预袭爵的权力，征辟为尚书郎。司马昭任相国后，杜预改任为参相府军事。

景元四年（公元263年）五月，魏军兵分三路大举伐蜀。杜预被委任为主力军统帅钟会的镇西将军府长史。魏军攻灭蜀国，钟会联合蜀将姜维谋反，准备杀害同来的魏军将领，以割据益州。次年正月，钟会在实施计划时，被乱兵杀死。魏军监军卫瓘又乘机杀死了解这一阴谋的邓艾。在这场变乱中，钟会的许多僚属丧生。杜预凭借智慧幸免于难。事后，他冒着被卫瓘构陷的危险，当众对卫瓘杀人灭口的卑鄙行径进行指责，认为卫瓘对这场动乱也是有责任的。

咸熙元年（公元264年）七月，司马昭委托苟勖、贾充、裴秀、郑冲等人改制礼仪、法律、官制，为上台作最后的准备。杜预时任守河南尹，受命参与法律的制定。这部法律即是晋武帝泰始四年（公元268年）颁布的晋律，它上承汉律，下启唐律，对后世的封建法律有很大的影响。名义上主持修律的官员是贾充，而实际上杜预担负了最繁重的劳动，全部晋律的注解都是由他完成的。杜预在《律序》中指出："律以正罪名，令以存事制"。这是我国法律史上明确区分律（刑法制度）、令（规章制度）最早的定义，晋律的制定正是依据的这一原则，它使晋律较之汉魏旧律的界限更加分明、体系更加完备。杜预还提出，法律是官吏量刑的标准，不是讲道理的书，所以法律应该条目省减、文字简明通俗，以便使老百姓容易理解，不敢触犯。晋律以前的汉律，特点是刑罚苛碎、条目繁密，计七百七十余万字，二万六千余条，内容重复，不好记忆，为官吏提供了上下其手，从中舞弊的机会。曹魏政府虽对此作过改革，但变动有限。晋律依据杜预的主张，对汉魏旧律大刀阔斧地进行剪裁，只有二千九百余条，十二万六千余字，所以唐人称赞它"实曰轻平，称为简易"。

晋武帝代魏称帝后，对其政权支柱世家大族实行放纵的政策。因此社会上异常黑暗腐败，各级官吏蝇营狗苟，公相塞过，互相包庇。泰始四年（公元268年），杜预针对这种情况，向晋武帝建议实行考课制度，按照官吏的实际情况评定优劣，然后区别对待，或迁或黜。但是杜预的建议没

有被朝廷接受。

泰始六年（公元270年）年初，杜预因得罪司隶校尉石鉴，被解除守河南尹的职务。六月，晋武帝启用他出镇边关，先为安西军司，后任秦州刺史领东羌校尉、轻车将军。杜预刚刚在秦州就任，他的对头石鉴也到达了这里。石鉴以安西将军的职务都督秦州诸军事，是杜预的顶头上司。当时，杜预所在的陇右地区很不安定，鲜卑人秃发树机能起兵造反，势力很大，晋武帝派去镇压的将领，不是战败，就是被杀。石鉴公报私仇，命令只有三百士兵，百匹坐骑的杜预出击。杜预识破石鉴的阴谋，不肯去送死。他顶撞石鉴说，草盛马肥的六月根本不适合同鲜卑人作战，另外政府军队的兵源给养问题也必须集中力量预先解决，所以交战的时间只能定在第二年的春天。杜预把他的意见归纳为"五不可，四不须"。杜预拒绝出兵，激怒了石鉴。石鉴找个罪名，将杜预逮捕送交给廷尉治罪。多亏杜预与皇室有婚姻关系，在"八议"的赦免范围，才保住性命，但仍丢掉了爵位。不久，石鉴在一次战斗中，被秃发树机能打得惨败，事实证明杜预的意见是正确的。

泰始七年（公元271年）十一月，居住在山西地区的匈奴人在酋帅刘猛的带领下武装暴动。由于杜预明于筹略，善于规划，朝廷重新使用他参谋军国大谋。很快，他被任命为度支尚书，掌管政府的经济财政事宜。此后一直到咸宁四年（公元278年），杜预一共担任七年的度支尚书。其间，因为石鉴的报复，他一度被免职，但为时很短。在任期间，杜预共向晋武帝提出过五十多项治国治军的建议，其中包括常平仓的兴建、谷价的调整、盐运的管理、课调的制定和边防的建置，等等。此外，他还充分施展自己的聪明才智，积极进行科学发明。杜预成功制造人排新器，并复制出久已失传的欹器。为了解决洛阳的交通问题，他力排众议，主持修建了富乎津大桥。在建桥过程中，从设计到施工杜预都付出了极大的心血。杜预发现当时通行的历法不合暑度，经过计算，纠正了其中的差错，修订出《二元乾度历》。此历经过验证，终于取代时历，通行于世。

咸宁四年（公元278年）秋，兖豫诸州郡连降暴雨，西晋统治区域内大面积涝灾，晋武帝下诏求计。杜预曾前后两次上书陈述救灾计划。这两篇收在《晋书·食货志》中的奏章是后人研究晋代社会经济状况的重要文献材料。由于杜预对当时灾情作过调查研究，所以他对灾情原因的分析和所提出的救灾办法，比较符合实际情况。他指出，粗放滥垦、火耕水耨和水利设施（陂竭）年久失修是造成灾难性后果的根本原因。"陂塌岁决，良田变生蒲苇，人居沮泽之际。水陆失宜，放牧绝种，树木立枯，皆陂之害也。陂多则土薄水浅，潦不下润。故每有水雨，辄复横流，延及陆田。"杜预认为解决的办法只能是坏陂宣泻。"以常理言之，无为多积无用之水，况于今者水涝瓮溢，大为灾害。臣以为与其失当，宁泻之不蓄。"那些建造比较合理的"汉氏旧陂旧竭及山谷私家小陂，皆当修缮以积水"。对"魏氏以来所造立及诸因雨决溢蒲苇、马肠陂之类，皆决沥之"。"宜大坏兖豫东界诸陂，随其所归而宣导之。"至于灾民，除靠政府救济官谷外，还可以让他们借助水产作眼下日给。坏陂的计划如果能实现，"水去之后，填淤之田，亩收数钟。至春大种五谷，五谷必丰，此又明年益也"。杜预还建议把典牧不供耕驾的种牛租借给灾民。在上书中，杜预对西晋政府的办事效率表示忧虑。他谴责某些部门、个别官吏只从自身利害出发，彼此纷争，互相扯皮，使一些地区的救灾工作不能继续下去。

同年十一月，晋武帝改任杜预为镇南大将军。受命之后，杜预南下襄阳（今湖北襄樊市）接替已经去世的原荆州都督羊祜的职务，为即将开始的灭吴战争作战前准备。

当时，全国尚未统一，西晋王朝只有半壁河山，孙吴政权仍控制着

长江中下游以南的地区。不过，孙吴的国力远比西晋要弱，再加上政局动荡，很难同西晋抗衡。晋武帝登位以后一直想发动灭吴战争，可是西晋朝廷内部的意见并不一致。除羊祜、张华等少数大臣支持晋武帝的想法外，大多数人态度暧昧。朝廷中的一些实力派人物，像贾充、荀勖等则持有不同见解，以致错过了一些灭掉孙吴的极好的战机。咸宁四年（公元278年）春天，荆州前线的晋军主帅羊祜突然病重，一直优柔寡断的晋武帝有些后悔，想让羊祜带病出征，但羊祜很快去世了。临终前，羊祜向晋武帝举荐杜预接替自己，认为他完全可以担此重任。羊祜举荐杜预，一方面是因为在朝廷内部的争论中，杜预始终站在羊祜一边，积极支持灭吴战争；另一方面是因为杜预具有卓越的军事才能。

杜预驻守的襄阳是西晋南部边境荆州的首府。当时，西晋和孙吴各有一个荆州，形成南北对峙的局面。战争一开始，杜预的首要任务是夺取孙吴的荆州。

杜预到达荆州后，积极进行军事部署，同时派兵奇袭西陵。西陵（今湖北宜昌东南）是孙吴的西部边镇，战略位置十分重要。只要晋军能突破西陵，益州的水师就可以顺流而下，驰骋荆州。对于西陵的重要性，孙吴也早有注意。大将陆逊曾指出，西陵是孙吴的西大门，丢掉西陵则整个荆州不保。所以，从陆逊到他的儿子陆抗，从没有放松过对西陵的控制。但杜预发现自陆抗死后，吴主孙皓逐渐削减了这里的兵力。驻守在这里的总督是孙吴的名将张政，不除张政，西陵很可能成为未来战争中晋军前进途中的巨大障碍。于是，杜预实施了一条借刀杀人之计。他从军队中挑选了一批精壮的将士，突然偷袭张政。张政虽然对杜预的到来有所警惕，但万万没有想到，他一到任就来偷袭，由于没有准备吃了败仗。张政害怕孙皓惩罚他，没有如实报告情况。杜预早了解孙皓生性多疑，对臣下不太信任，故意把在西陵抓到的俘虏送到孙吴的首都建邺。孙皓果然中计，气急

败坏地召回张政，任命武昌监刘宪接替他的职务。在大战之前，敌人将帅移易，军心动荡，这就为晋军的胜利创造了有利的条件。

咸宁五年（公元279年）八月，杜预准备就绪后，上书晋武帝请求开战。这时，驻守在扬州前线的晋军主帅王浑上表声称孙吴要发倾国之兵攻打晋国。反对派乘机说三道四，弄得晋武帝对杜预的请战迟疑不决，最后竟同意将灭吴的计划推迟到下一年。

杜预得知晋武帝变卦，非常着急，他再一次上书，陈述自己的见解。他说，孙吴的兵力相当紧张，只能集中力量保住夏口以东，连西线也无力增援。杜预婉转地批评晋武帝听信谣言，放弃灭吴大计，实际上是纵敌养患，给敌人喘息的机会。他认为，灭吴战争胜券稳操，即使没有成功，也不会损失什么。对于杜预的上书，晋武帝仍然迟迟不置可否。杜预又急又气，第三次上书请求立即开战。他愤怒地批评反对派既不顾国家利益，又怕别人立功的阴暗心理和可耻行径。杜预还向晋武帝指出，由于我们要攻打吴国的消息已经泄露，吴国可能要采取对策，那必将给我们灭亡吴国的战争带来许多新的困难。当杜预的这次上书被人送到晋武帝那里的时候，大臣张华正在陪晋武帝下棋。张华立即推开棋盘，劝晋武帝不要再优柔寡断了，恳求他采纳杜预的建议。这时候，贾充、荀勖等人又出来大唱反调。大臣山涛竟然强词夺理地说："外宁必有内忧。留下个吴国，可以避免内乱，说不定是件大好事呢！"由于杜预的几次上书，把攻打孙吴的形势剖析得一清二楚，晋武帝终于下定决心，立即发兵攻打孙吴。

这一年十一月，晋武帝调集大军二十多万，兵分六路，水陆齐进，大举进攻吴国。杜预在这次战争中并没有担任主帅，晋武帝只是任命他为西线指挥，具体任务是取江陵、占荆州，并且在荆州地区负责调遣益州刺史王濬的水师。

咸宁六年（公元280年）正月，杜预命令他的军队包围江陵。江陵城

防坚固，易守难攻。杜预不想在这里消耗时间和兵力，对它只是围而不歼。在切断了江陵和外部的联系之后，他立即调动一部分兵力向西进攻，夺取沿江的一些城池。一个漆黑的夜晚，杜预派遣几名得力的将领率领八百名精壮的士卒去偷袭江南的乐乡。这支部队在夜幕的掩护之下，人不知鬼不觉地渡过长江。他们按照主帅的计谋，一方面在山上到处点火，树立旗帜，虚张声势；一方面分兵袭击乐乡附近的各个要害地区。这样一来，把乐乡城里的吴军都督孙歆吓得坐卧不安，各处的吴军也人心惶惶，不敢随意行动。接着，杜预的这支人马就埋伏在乐乡城外，等待时机攻城。正巧，这时候有一支吴军从江岸返回乐乡；杜预的将士就乔装打扮，混杂在吴军的队伍里溜进城里，活捉了吴军都督孙歆。杜预设计巧取乐乡，使部下将士十分钦佩。他们都说："主帅用计谋打仗，真是以一当万啊！"

在扫清江陵的外围之后，杜预很快拿下江陵，占据荆州。接着杜预挥师东进，配合其他地区各路晋军攻打孙吴的都城建邺。有人对连续进军产生了畏难情绪，在一次军事会议上提出，天气转热，雨水增多，北方士兵不服水土容易感染疾疫，应该等到冬天再继续进军。杜预不以为然，分析整个战争形势说："现在我们接连取胜，士气大振，正需要一鼓作气。打仗好比劈竹子，只要劈开几节，底下就会迎刃而解了。"杜预的意见终于被大家所接受，以后战争的形势正像杜预所预言的那样发展着。

在向东进的同时，杜预还分兵南下，攻占了交州、广州地区，也就是现在广西、广东一带。整个灭吴一役，杜预功勋卓著，共斩杀、俘虏孙吴都督、监军一类的高级官吏十四人，牙门、郡

西晋青瓷骑兽烛台

守一类的中级官吏多达一百二十人。

杜预这个人，几乎没有什么武艺。《晋书》本传讲，他连骑马都不会，射箭的技术也很糟糕。但每有军事活动，朝廷都要召他参谋规划。他知彼知己，善于同敌人斗智。在灭吴战争中，吴人最恨杜预，主要是因为他善于用兵，常常给敌人以致命打击。杜预有大脖子病，东吴人就给狗脖子上戴个水瓢，看见长包的树，写上"杜预颈"，然后砍掉，借以发泄对杜预的仇恨。

他心胸宽阔，遇事能够顾全大局。益州刺史王濬是位七十多岁的老将，多年来一直在益州建造战船、培训水军，为战争做准备工作。战争开始以后，他统率水军沿江而下，所向披靡。到达荆州界内，王濬需受杜预指挥调遣。但是，杜预十分尊重他，没有利用自己职务给对方制造任何困难。杜预还向王濬表示，水军可以根据战争的需要，自行指挥，并建议他尽量减少耽搁，直下建邺，建立旷世之功。杜预的态度与益州水军率先攻占建邺有着重要的关系。这也同王濬在长江下游的遭遇，成了鲜明的对比。在那里，指挥调遣水军的王浑，怕王濬夺得头功，对他百般刁难。就在王濬排除种种干扰占领建邺、俘获吴主孙皓之后，王浑还在攻击陷害他。和王浑相比，杜预的人品受到了人们的推崇。

西晋灭亡孙吴的战争是中国历史上一次重要的战争。它结束了汉末、三国以来分裂割据的状态，使中国重归一统。它也是魏晋南北朝四百年间惟一成功的一次统一战争。杜预在这次战争中显示了卓越的军事才能，功绩是非常突出的。

西晋灭吴、统一全国后，杜预继续镇守襄阳。他反对天下安定了就要废弃军备的观点，在任职期间，始终没有放松部队的训练。杜预把荆州军队的防卫重点集中到了对付当地少数民族方面。

在荆州，杜预兴建了一些水利工程。其中，在整修前代河渠的基础

上，他引水、滴水两江之水入田，使一万余顷农田受益。为了使屯田和普通民田均能得到灌溉，杜预又把水渠按照地段标上界石。杜预开凿了从扬口到巴陵的运河一万余里，使夏水和沅、湘两水直接勾通，既解决了长江的排洪问题，又改善了荆州南北间的漕运。杜预的政绩，受到了当地人民的赞扬，老百姓称他为"杜父"，并歌颂说："后世无叛由杜翁，孰识智名与勇功。"但是，杜预却不得不提防京城中的权贵对他的陷害。每年杜预都要大量送礼贿赂他们。他曾对别人说，这样作不是企图通过他们得到什么好处，只是希望权贵不要加害于他。

太康五年闰十二月（公元285年），杜预被征调到中央政府任司隶校尉，途中行至邓县，突然病故，终年六十三岁。

杜预生前的著述很多。他所撰写的《春秋左氏经传集解》三十卷，是《左传》注解流传至今最早的一种。据《隋书·经籍志》记载，杜预的书保留到唐世，还有《春秋左氏传音》三卷，《春秋左氏传评》二卷，《春秋释例》十五卷，《律本》二十卷，《杂律》七卷，《丧服要集》二卷，《女记》十卷以及他的文集十八卷。

王祥，字休徵，琅王牙临沂（今属山东）人，是汉代谏议大夫王吉的后代。祖父王仁，官拜青州刺史。父亲王融，公府举荐他都不去应召。

王祥非常孝顺。母亲早死，继母朱氏不慈，多次说他坏话，因此父亲也不喜欢他，常常让他去打扫牛粪，王祥却更加恭敬谨慎。父母亲有病，他衣不解带，煎汤熬药都先亲口尝过。母亲曾想吃鲜鱼，当时天寒地冻，王祥解衣将要去破冰捉鱼，冰忽然自行破裂，两条鲤鱼从中跃出，王祥捉鱼回家。母亲又想吃炙黄雀，就有几十只黄雀飞到他幕帐中，供他母亲食用。同乡的人都惊叹，认为这是孝心感应。他家有丹李树，结果实时，母亲命他看守，每次风雨来时，王祥就抱树大哭。他就是这样忠厚孝顺。

汉代末年，遭逢战乱，王祥扶持母亲带着弟弟王览逃难到庐江（治今安徽庐江西南），隐居三十年，州郡征召他都不应命。母死后，居丧哀伤过度，形容枯槁，靠拐杖才能站立。徐州刺史吕虔召他为别驾，他已近六十岁，极力推辞。王览规劝他，为他准备好车和牛，王祥才应召而去，吕虔把徐州政务都委托给他。那时候，盗贼遍地，王祥率领士兵，多次征伐，打败盗寇。徐州境内清肃安宁，政治教化得以推行。当时人歌颂他说："海沂之康，实赖王祥；邦国不空，别驾之功。"

待到司马炎做了晋王时，王祥和一位同僚同拜谒司马炎。同僚对王祥说："丞相晋王，位尊势重，何曾都已经向他归心致敬，现在我们应当跪拜才对。"王祥说："丞相的确尊贵，但他是魏国宰相，我们是魏国三公，三公和王侯，相去只有一级罢了，上朝的礼仪是一样的，哪有朝廷三公却轻易跪拜别人！（这样做，）损害魏国的威望，败坏晋王的明德，有德行的人以礼节去爱护别人，我不做这事。"进去后，这位同僚跪拜，王祥却拱手长揖，司马炎说："现在我才明白你为什么被魏帝如此看重。"

司马炎登上帝位后，拜他为太保，进爵位为公。王祥因为年迈，多次上书请求让位，晋武帝不准。御史中丞侯史光认为王祥长期抱病，朝会的礼节缺而不行，请求免去王祥官职。晋武帝下诏说："太保是国家元老，品行高洁，是我弘扬政道的依靠。他多次让位，我都不准，这不是你们下官随便议论的事。"于是否决了侯史光的启奏。王祥极力请求告老，晋武帝下诏让他以睢陵公身份归还府第，位同保傅，在三公之上，俸禄和从前一样。诏书说："古代告老归政的官员，不必侍奉王侯。现在（王祥）既以国公身份留居京城，就不再强求他行朝会礼节了。赐给他几杖，不必上朝，国家有大事都派人去征询他的意见。"

待到病重时，王祥写了遗令训诫子孙，认为生死是自然规律，他死后一切从简，薄葬。他的儿子都遵照而行。

泰始五年（公元269年），王祥去世。

来奔丧的人，不是朝廷的贤者，就是关系亲近的部下，没有其他的宾客。族孙王戎赞叹说："太保公真是清高通达啊！"

武帝风流

第四章

枕边误国

泰始二年（公元266年）春，二月，即晋武帝"受禅"得国后的两个月，即册立王妃杨氏为皇后。

晋武帝先后册立了两位皇后，都姓杨。泰始二年（公元266年）二月册立的这位史称武元杨皇后。

武元杨皇后名艳，字琼芝，弘农华阴（今属陕西省）人。父亲杨文宗为魏国通事郎，祖先事汉，四世为三公，故杨文宗得袭封荔亭侯，武元杨皇后出生不久，杨文宗即死去。后来因其女封皇后，被追封车骑将军，谥曰穆。

武元杨皇后的母亲是天水人，赵氏，亦早卒，故武元杨皇后自小被寄养在舅舅家。舅母十分仁爱，自己哺乳武元杨皇后，另雇他人为乳母，哺乳自己的子女。长大些，杨皇后又随后母段氏生活。

史载这点有含混之处。史载杨文宗早卒，史亦载赵氏也早卒，这个后母段氏就有些令人费解了。按逻辑推理，大概赵氏卒时更早，赵氏卒后，杨文宗再娶段氏为妻，待杨皇后长大些，杨文宗又卒，杨皇后由此从舅舅家归来，得以与后母段氏生活。

武元杨皇后自小聪慧，擅长书法，精于女工，而且肌肤细腻，有看相的人见其相貌之后言其享极贵。时为晋王的司马昭闻而信之，将杨艳聘为世子司马炎之妻。司马炎对杨艳甚加宠爱，杨艳生有六子。司马炎登位

后，即将杨艳册立为后。杨艳皇后追怀舅母哺育之恩，使晋武帝敕封舅父赵俊为官，并纳赵俊之兄赵虞的女儿赵粲于后宫，做了夫人。

武元杨皇后先生一男，取名司马轨，司马轨二岁即殇。再生仍是男，取名司马衷。第三胎也是男孩，取名为司马柬。之后是平阳、新丰、阳平三位公主。

司马轨，字正则，初拜骑都尉。太康十年（公元289年）被追封为毗陵悼王。

第三子司马柬，字弘度，为人沈厚明敏，有识有量，泰始六年（公元270年）被封为汝南王。咸宁初年（公元约275年）徙封南阳王，拜右将军、领右军将军、散骑常侍。晋武帝曾临宣武场，拿三十六军兵簿令司马柬校之，司马柬一看便找出谬缺，晋武帝深感奇异，在十三个儿子当中尤其宠爱司马柬。后来司马柬以左将军身份居于齐献王故府，甚显贵宠，为天下人瞩目。

司马柬性格仁慈朴讷，没人言其机辩。太康十年（公元289年），徙封于秦为秦献王，邑八万户。当时诸王封者都为五万户，因司马柬和太子司马衷同为武元杨皇后所生，所以晋武帝特意多加三万户。再后司马柬转任镇西将军、西戎校尉、假节，与楚王、淮南王俱受封邑。

及晋惠帝即位，司马柬来朝拜，被封骠骑将军、开府仪同三司，加侍中、录尚书事，晋位大将军。杨骏（武元杨皇后的叔父）被诛，司马柬伤痛舅父，甚有忧危之虑，故屡次向晋惠帝转述当初武帝让之国的诏旨，请求还归封地，可是汝南王司马亮留他辅政，未能行。待司马亮与楚王司马玮被杀，时人有谓司马柬有先见之明。

元康元年（公元291年）司马柬去世，时年仅三十岁。朝野上下痛惜之，晋惠帝以叔父齐献文王的葬礼规格安葬了司马柬。

长子早夭，立嗣之事自然要考虑到次子。可是次子司马衷顽钝如豕，智商极低，晋武帝以为皇太子难以胜任治国大业，遂有废司马衷的想法，并将此想法暗暗倾诉给武元杨皇后。杨皇后大概更喜爱司马衷一些，于是回答说："立以长不以贤，岂可动乎？"枕头风的作用之大，兴许古今一样，晋武帝虽仍心有疑虑，却暂时没有废旧立新。

司马衷是晋武帝泰始三年（公元267年）春正月被立为皇太子的。晋武帝还发了一道诏书，诏书有言："近世每立太子必有赦。今世运将平，当示之以好恶，使百姓绝多幸之望。曲惠小人，朕无取焉！"

司马衷是年九岁。

立司马衷为太子，不仅晋武帝心存疑虑，朝廷大臣也都认为司马衷将来没有能力驾驭朝政，继承帝业。

禺钝的司马衷被立为太子，以至以后晋武帝想废而没有废，可以说是完全由武元杨皇后促成和维持的。

当初，身为车骑将军、散骑常侍、尚书仆射，更封鲁郡公的贾充，为了进一步攀结晋武帝，曾与其妻郭氏使人贿赂武元皇后杨艳，求武元皇后杨艳以他们的女儿为太子妃。待晋武帝与朝中大臣商议太子婚事时，武元皇后杨艳盛称贾家之女贤淑有德。晋武帝原想为太子司马衷聘娶征东大将军卫瓘之女为妃，听了武元皇后杨艳的话后，晋武帝说："卫公女有五可，贾公有五不可。卫家女种贤而多子，美而长白；贾家女种妒而少子，丑而短黑。"

武元皇后固请，又使宦者密请太子太傅荀以及荀勖等进言，并称贾充之女何等贤淑有德，晋武帝只得放弃初衷，纳贾充之女为太子妃。

当这个贾妃听说晋武帝常疑太子司马衷不慧，而且朝臣和峤等也多持此见。当听说要对司马衷进行测试的消息后，非常害怕。这时晋武帝已尽召东宫大小官属，特设晏会以聚；把一些疑难的问题写在纸上密封起来，准备当着众多东宫官属的面，让太子司马衷回答。事情十分明白，倘或太

子司马衷回答不出，那么司马衷的太子位就将被取夺。这不仅意味着她贾妃的地位将一落千丈，而且也与整个贾氏家族与晋武帝的关系疏密相关。

贾妃当然知道太子司马衷的底细，如果测试，司马衷肯定如坠五里云中，搔首踟蹰，难以作答，于是她打算请他人先拟就答案，到时候让司马衷援纸作答晋武帝的测问。被请之人自然为饱学之士，拟就的答应多引述古义为佐论。给使张泓显然有心依附贾氏家族，他看了他人拟就的答案后说："太子不学，而答诏引义，必责作草主，更益谴负。不如直以意对。"

张泓的见解无疑高于贾妃等人。可不是吗，太子司马衷平时愚顽不学乃人所共知的事情，可在答晋武帝诏问时却张口"子曰""诗云"，闭口"春秋"、"左传"，这必然会引起晋武帝和东宫官属们的怀疑，待识破为越俎代庖，不仅司马衷的太子当不成，作弊之人也难免戴上欺君之罪；倘或再顺藤摸瓜追究下去，所有参与者势必难免灭顶之灾。

贾妃听后不得不佩服，大喜，就对张泓说："便为我好答，富贵与汝共之。"

张泓有此见识，自然文思也不至蹩脚，于是当下拟就草稿，再让司马衷抄写一遍，以求字迹上也不显破绽。

这边晏会已酒过三巡，不论是晋武帝还是东宫大小官属，包括太子少傅卫瓘，都醉翁之意不在酒。晋武帝遂命太子司马衷呈上答案，自己看后，非常高兴，因为他看到答案尽管文字文理朴讷粗疏些，却也言中其意，而且这种不饰雕磨，也恰恰显示了答案作者是凭直觉感悟答就的。由此亦证明太子司马衷本身在智商方面并不低，不像人们所认定的那样，起码不至于像太子少傅卫瓘所呈报的那样。

所以，晋武帝省览之后，即先把答案递给卫瓘。卫瓘看后丈二和尚摸不着头脑，他怎么也想不通平时愚钝不堪的太子司马衷怎么陡然明慧起

来，这不可能，他作为太子的少傅，心里太明白了。可是答案白纸黑字地写着，且笔迹也分毫不差，于是，虽然大感蹀躞，却无言以对。

东宫的其他众多官属由此才知道，卫瓘先前曾在晋武帝跟前对太子有所毁言。看来这个老卫是因自己女儿未得成为太子妃而心怀叵测，太子才智虽非盖世，却也不像老卫说得那么低劣，于是乎不约而同起座俯地，向晋武帝高呼万岁，表达选立太子成功的祝贺。何况自己这些人本为太子东宫的官属，想来太子于人于己也无多大坏处，故而恭贺之情越发真切。

晋武帝自此对太子似乎再无疑虑，司马衷由此坐稳了太子宝位。

贾充虚惊一场，喜恨交加。他密传语给贾妃说："卫老奴，几破汝家。"

史书对该事的记载也有含糊或不周密之处。

史书首先记道，对这场测试内容是"密封疑事，使太子决之，停信待反"。可见内容先前只有晋武帝及其他个别人知晓，形式是当场揭封，应试者即时回答。可是实际情形却变成贾妃先请他人作答，而且答案两易其稿。这不是有人泄题，贾妃何以能够先请外人作答？形式也前后矛盾，由当场作答变成事前准备写就而答。

其次，答案先由张泓起草，再令太子自写。这个"自写"固然可以理解为太子司马衷先前将内容死记硬背，临了当场"自写"。可是这种测试法的真实性即便晋武帝可以敷衍不纠，卫瓘岂能不疑？卫瓘先有毁言于司马衷，他如果于此也采取睁只眼闭只眼的态度而认可测试的真实性，那就等于承认自己先前对晋武帝所言的太子的不是之处是诋毁之言了。卫瓘何等博学机警之人，不可能没意识到"毁言"于帝的后果；即便晋武帝深宏有量，不予纠罪，贾充一家，尤其是不日即可登皇位的太子司马衷，岂会等闲对待？何况卫瓘还有以女与贾家争做太子妃的纠葛，自认"毁言"如

实，等于自贱自己的人格口碑。

封建社会为帝者，无不希望自己的江山传至万代，那么择选接班人显然至关重要，虽然有"立嫡以长不以贤"的说法，但纵观晋武帝的作为和见识，他决不会以因本来就众说纷纭、莫衷一是的古训来取代对社稷江山未来的慎重考虑，让一个白痴的儿子嗣任身后。

然而晋武帝身后的继位者司马衷，即使不是一个十足的白痴，也是一个浑浑噩噩的人。包括晋武帝在内的无数清醒以至达观卓识的人尚且难免，浑浑噩噩的司马衷自然完全臣服于贾后的"雌威"之下，成为被贾氏家族玩弄于掌股之间的傀儡。司马氏家族的衰落和西晋王朝的败亡，由司马衷之被确立为太子而埋下了第一个隐患。

使晋武帝坚定了确立司马衷为太子的那场测试显然是被贾氏以至为维护自身既得利益的太子东宫的官属们做了手脚，瞒过了晋武帝不说，也瞒过了无疑曾经进言太子无能的卫瓘；致使晋武帝由"常疑太子不慧"转变态度为"甚悦"，致使卫瓘无可奈何而"大踧踖"。同时，也使得朝廷上下咸无语可说。这场弄虚作假的测试，是埋隐患的首要因素。

当然还有其他方面的原因，诸如晋武帝性格中的寡断和武元皇后杨艳的竭力袒护、坚持，等等。

身为"第一夫人"的杨艳竟然会接受贾充之妻郭氏的贿赂，以私欲取代王朝立太子的大事，可见其品格是低下的。这里我们又不得不佩服史家之笔不乏公正。史家在记杨艳的品貌资质时只言其"少聪慧，善书，姿质美丽，闲于女工"，而对武悼皇后杨芷的记载则有"婉姬有妇德"等语，显然有所区别。以私盖公，尤其是置国家这个"大公"而不顾，想来无论哪个阶级的"妇德"都是不在其内的。

泰始中年，晋武帝即开始步入荒淫。他为博选美女姝丽充备后宫，竟然下诏书禁止天下人男娶女嫁，遣派宦官乘坐着朝廷公使的车辆，以王公

贵族的车侍、马匹相待，让他们驰转州郡，召纳佳人。可是晋武帝又内惮武元皇后杨艳，充选的佳丽们到达以后，他让杨艳为他遴选。

武元皇后杨艳性妒，担心妖娆者占取晋武帝之心，于是只选取那些面容洁白，身材高大的为晋武帝后宫，那些格外端正美丽的反被武元皇后杨艳驱走。

天尚炎热，晋武帝摇扇坐在皇后身边躁动不安，因为他眼见得一个个倾城倾国之色落选。

这时大臣卞藩之女娉婷走来，艳盖群芳。晋武帝一面窃视流眄，一面急不可待地以扇掩口，对杨皇后说："卞氏女佳。"

哪知杨皇后正色答道："藩三世后族，其女不可枉以卑位。"

就这样，晋武帝眼巴巴看着婀娜无比的卞氏女落选后宫。但为了顾全大局，晋武帝强捺心猿意马，没有再作声。

由武元杨皇后择定，报请晋武帝过目，司徒李胤、镇军大将军胡奋、廷尉诸葛冲、太仆臧权、侍中冯荪、秘书郎左思等人及世族的诸多女儿姊妹并充三夫人九嫔妃之列，司、冀、兖、豫四州两千石将吏家，补良人以下。

自此，名门盛族女儿，多身着旧衣且面不擦脂粉，以避免被随时可至的择美宦官们召选。

关于晋武帝倚杨艳皇后择美这一史事，后面的叙述中有详细介绍。在司马光的《资治通鉴》摘记有所不同，时间是泰始九年（公元273年）。晋武帝泰始纪元共十年（公元256年至274年），故而《晋书》的"泰始中"与此有别，这是其一；其二是对杨皇后不选卞氏女，《晋书·武元杨皇后传》所记是"帝乃止"，而《资治通鉴》的记载则是"帝怒，乃自择之，中选者以绛纱系臂"。

但不管晋武帝在选妃这事上对武元皇后杨艳是从是怒，他对杨艳皇后

的感情还是颇为深厚的。

泰始十年（公元274年）秋天，七月丙寅日，初起的凉风已经开始将明光殿前几株梧桐的叶子吹落地下，原先整日聒噪的知了，这时也已显出有气无力。

晋武帝得知武元杨皇后病重后，已在明光殿的病榻前恭侍多时了，他看着夫妻多年的杨皇后已处于弥留之际，心中甚感哀伤。夫妻恩爱的场景一幕幕浮现眼前，他禁不住呜咽起来。束手无策的御医呆呆地站主一旁，宫女、太监们也个个垂首，大气不敢出一口。

不知过了多少时辰，杨皇后陡然苏醒过来，苍白的面颊上泛起红晕，无神的眼睛这时也溢出了光彩。御医们赶紧临榻探视，侍女们急着捧药送水。

晋武帝心下明白杨皇后这是回光返照，知道夫妻诀别在即，就慌忙坐到病榻旁边，将杨皇后的头放在自己膝上，轻轻地抚摸着杨皇后的前额、面额，眼泪像断了线的珠子，淋漓而下。

杨皇后依偎在晋武帝怀中安静如睡，显然是对这诀别时分格外珍惜。

这时只见武元杨皇后紧紧握住晋武帝的手，说："叔父骏女男胤有德色，愿陛下以备六宫。"言罢，悲泣不止。晋武帝早已是泣不成声，只是一个劲儿地点头。

武元杨皇后似乎再无憾事，轻轻地合上了双眼，握着武帝的双手，陡然松开，重重地落在武帝的双膝之上。杨皇后时年三十七岁。

晋武帝悲痛欲绝。御医、侍女们立即跪地，敬送武元杨皇后魂归瑶池。

一个月之后，晋武帝葬武元皇后杨艳于峻阳陵。

两年零三个月之后，也就是咸宁二年（公元276年）十月丁卯日，晋武帝不忘武元皇后杨艳枕膝临终之言，册立其叔父之女杨芷为皇后，史称武悼杨皇后。

武悼杨皇后有妇德，而且美映后宫，甚得晋武帝的宠爱。其父杨骏在女儿杨芷被册立为皇后之后，亦受到晋武帝的宠信。他营构后党，势倾天下。晋武帝病重之际，他奉命辅政。晋武帝死，太子司马衷即位，拜他为太傅、大都督，假黄钺，总揽朝政。他多树亲党，皆领禁兵，搞得公室怨恨，天下愤然。

时太子妃贾氏性凶悍且妒忌心极重，晋武帝本欲废之。武悼皇后杨芷大概出于妇德而示宽宏，对晋武帝说："贾公闾（公闾是贾充的字）有勋社稷，犹当数世宥之。贾妃亲是其女，正复妒忌之间，不足以一眚掩其大德。"

晋武帝采纳，贾妃方安。

就这样，昏顽的司马衷被立为太子，而且地位得到巩固。心怀叵测的杨骏亦官爵日加，权倾朝野。而凶悖妒忌的贾充之女贾氏，被择为太子妃，司马衷即位之后她自然成了皇后，独揽内宫大权，由此导致了骇人听闻的杨、贾争权。西晋王朝之败，自始埋下了几个祸根。而这些祸根的埋设，除了晋武帝本身的原因之外，武元皇后杨艳显然扮演了重要掘埋者的角色。当然，其后果，却不一定是武元皇后杨艳所始料能及的。

司马衷（公元259—306年），字正度，晋武帝泰始三年（公元267年）正月丁卯日被立为皇太子，他的实际年龄刚刚八岁。晋武帝太熙元年（公元290年）四月乙酉，晋武帝去世，司马衷继皇帝位，史称晋惠帝。

女史箴图卷

大赦，改元为永熙。所以晋武帝太熙元年自四月起，又是晋惠帝永熙元年。即皇位后，司马衷尊晋武帝武悼皇后杨芷为皇太后，册立太子妃贾氏为皇后。

一个月后，葬晋武帝于峻阳陵。随后下诏，增天下位一等，预丧事者二等，免除租税调赋一年，享禄两千石以上的人皆封关中侯。又以太尉杨骏为太傅，辅政。

三个月后，也就是是年秋，八月，立广陵王司马通为皇太子，以中书监何劭为太子太师，吏部尚书王戎为太子太傅，卫将军杨济为太子太保。又遣南中郎将石崇、射声校尉胡奕、长水校尉赵俊、扬烈将军赵欢将屯兵四出。又两个月，即是年十月，以司空石鉴为太尉，前镇两将军、陇西王司马泰为司空。

至此，太子司马衷告别东宫，升居太极殿，做起了西晋王朝的第二代皇帝。这是后话。

三次选美

一声"接旨"，把护军并兼任散骑常侍的胡奋吓了一跳。他情知来者不善，他不敢怠慢，赶紧整装束带出迎使节。

前些日子，胡奋已接过晋武帝的一道诏书了。诏书让他把女儿胡芳送往京师洛阳，供当今皇上采择以备六宫。胡奋自从送女儿去后，心中一直忐忑不安。他本有一子一女，但子早已亡故，唯余女儿胡芳，他与夫人将这女儿视为掌上明珠，格外疼爱不说，亦指望她能为自己与夫人百年之后送终守门呢。

早在前几年，也就是泰始年中期，他就得知晋武帝要博选良家女以充后宫，并先下诏书禁止天下人家嫁女娶亲。自那以来，宫中的宦官乘坐着公使的车辆，带着骑马的侍从，分头奔走于州郡之间，不舍昼夜地查访各家女子，一旦发现有姿色者，立即传诏送往京城，以备晋武帝择选。

这个晋武帝也真是，登基数载，大弘俭约，连牵牛缰索的小事都注意到，主张以麻代丝；并罢建七庙，减轻百姓劳役；改革屯田制，推行占田制；劝课农桑，体恤民情，赈济灾祸；又修订律令，颁行天下。这一切颇显示出励精图治的抱负，国家也因此渐渐出现繁盛景象，故朝野上下，对武帝多怀拥戴之心。可是偏偏在后宫生活上，又步商纣、秦皇后尘，弄得家有姝丽的公卿们不得不养女深闺，避人所知，免得被四处查访的宦官们召送京师待选后宫。胡奋更是如此，将膝下唯一的女儿置于高墙深院之中，所以几年来未被查访的宦官们知晓召送。

哪知至泰始九年（公元273年），晋武帝又下诏言公卿以下有女者若蔽匿不让查访宦官知晓选送，就以不敬论罪。"不敬"当然是委婉说法，直言就是欺君，这是谁都不敢担待的。胡奋的女儿胡芳由此为宦官们查访到，并初选入围，送去京师待进一步择选。胡奋夫妇深知女儿虽有姿色，但脾性倔强，口无遮拦，于是总是怀有落选的一丝希望。

诏旨一到，胡奋知道事情不妙，他急忙来到厅堂跪接诏旨，果然使者宣诏说他的女儿胡芳已被晋武帝选入后宫，策拜为贵妃。

胡奋接完诏旨，送走使者之后，再也捺不住悲伤，哭着说："老奴不死，唯有二儿，男儿九地之下，女上九天之上。"

命丧黄泉九地之下，固然再难相见；与皇帝成婚，贵为至尊，但对于为人父母者来说，却与女形同诀别。我们都看过被称为封建社会之百科全

书的《红楼梦》，贾元春入选皇宫为妃后，至死才得一次归家省亲，且与祖母、父母及兄弟姊妹们都须以臣下之礼相见，天伦之乐早已丧失殆尽。这里胡奋谓其女如"上九天之上"，可以说非常贴切。一方面女儿自身处于后宫无数佳丽之中，即便皇帝赋予宠爱，却又能分得几多儿女之情呢？所以"高处不胜寒"的处境在所难免。另一方面，对于父母来说，父女、母女之情也就立刻变得高不可及。女儿的一言一行，一颦一笑都要受严格的皇家之礼的束缚，只能在内心垂顾一下父女、母女之情了，而为父母者也只能以臣下的身份，在仰视中传达一点人伦情意。

晋武帝在这次的"选美"中规定，公卿之女为三夫人、九妃，两千石俸禄的官员及将军、军校等的女子补良人以下。

这次"选美"虽由武元杨皇后"严格"把持，但仍选得数十人备后宫。除了胡奋之女胡芳外，还有司徒李胤之女、廷尉诸葛冲之女、太仆臧权之女和侍中冯荪之女等。

这样先后择选了几十名美女充补后宫，晋武帝仍嫌不足，第二年，也就是泰始十年（公元274年）三月，又下诏选良家及小将吏女五千人入宫选之。

"公卿以下女"不可能有这么多，所以保质还要保量，晋武帝于是降低"选美"的门第，由此，亦可证明本书所认为的其"选美"有两次，兴许不全属妄言。

五千人的"选美"，其规模可想而知有多大。想来不可能再由武元杨皇后一人主断，何况四个月后，武元杨皇后就病逝了，众所周知，这次"选美"，显然须调动"多方面的积极性"来进行。

但不管晋武帝采用何种方式来进行这次"选美"，遭殃的自然是这五千女子及其父母亲人。

早在前几年，各州郡以及京师的名家盛族子女为避免被选入宫，多故

意身穿粗陋衣服、不施脂粉以丑其容，有的甚至节食去药，以显出和保持病容，来避免被四处寻访美女的宫中宦官们选中。而一般的良家子女和小将吏的子女没有想到"选美"能选到她们头上，更没有想到晋武帝的"胃口"有这么大，于是平时没有注意像名家盛族子女那样采取"自戕"式的防范措施，结果被陡然奉诏而来的各路"选美"者选中，大批大批地送往京城。

谁愿把自己的亲生骨肉往皇帝后宫这种金笼子里送，葬送她们的一生一世呢？宫中云集被选者的这些天，母子牵衣顿足的号哭声不断，远在皇宫之外都能听到。

有数千佳丽充塞后宫，供其肆意淫乐，可是淫欲之壑和占有之壑无法填平的晋武帝不足之心，仍然朝思暮想扩大他的后宫队伍。然而又要美姿动人，又要贤淑有德，还要门第光彩，更为重要的是还须年轻处女，这些佳丽再从哪里来呢？在当时的人口当中，具备上述条件的女子恐怕该选的都被选了出来，该送的都会送到宫中，"美人资源"毕竟有限，非采之不竭、用之不完的水土山石。

机会又来了。

太康元年（公元280年）平吴。原吴国的国君孙皓本就是个荒淫透顶的人，他统治吴国十六年，江南的美女佳人亦被他搜罗殆尽，置于后宫，人数亦多达五千人。

晋武帝司马炎这时已尝遍了北国姝丽的滋味，面对着别具风韵的五千江南姝丽，他早已按捺不住心猿意马，于是在平吴的第二年，也就是太康二年（公元281年）春三月，就下诏把原孙晧宫中的五千江南姝丽尽收入自己的后宫当中。这样，晋武帝的后宫美女人数一下子翻了一番，达到近万人了。

后宫美女近万人，这在中国历代君主中是少有的。以荒淫、贪婪女

色著名的隋炀帝杨广恐怕也望尘莫及。风流皇帝唐玄宗李隆基能令天下父母心不重生男重生女，人言他不过"后宫佳丽三千人"。这里的"三千"当然不是实指，但唐玄宗李隆基的后宫绝达不到万人，这确是可信的。因此，即使把晋武帝视作中国历史上最荒淫无耻，对女性最具有一种超强占有欲的帝王之一，兴许也不足为过，兴许也没有冤枉他。

平吴，统一全国，是晋武帝一生所为的顶点，也是他政治上步入平庸的开端。自此他在极端荒淫的生活中耗尽了自己生命的最后十年。

唐代诗人杜牧在他著名的《阿房宫赋》中对秦始皇嬴政的荒淫、奢侈的后宫生活作过形象的描述，他写道："妃嫔媵嫱，王子皇孙，辞楼下殿，辇来于秦，朝歌夜弦，为秦宫人。明星荧荧，开妆镜也；绿云扰扰，梳晓鬟也；渭流涨腻，弃脂水也；烟斜雾横，焚椒兰也。雷霆乍惊，宫车过也；辘辘远听，杳不知其所之也。一肌一容，尽态极妍；缦立远视，而望幸焉。有不见者，三十六年。"

以杜牧的这段文采飞扬而又揶揄明显的描写来看平吴之后晋武帝司马炎的后宫生活，同样十分形象、贴切。

晋武帝到底又是世儒家族出身，懂得要追求风雅，当初秦始皇坐雷霆震动的由高头大马牵引而四出寻芳的巨型宫车不为其所取。他眉头一皱，设计制作了一种由数头强健而又驯顺的公羊牵引的舒适小巧车辆，成日乘坐着这种吱呀如奏乐的羊车，周游于十里后宫。由于群芳簇拥，不知欲采和先采哪朵，他干脆免去劳神，任凭羊车所之，但待羊车驱向哪里、停在哪里，他就就地取"材"，同所遇的佳人姝丽欢乐一番。这样一有顺其自然的自由，二也可避免人为地群芳争宠局面的出现。

总之，就从泰始十年（公元274年）晋武帝又诏取良家及小将吏女五千人入宫算起，再加上平吴之后所纳原吴主孙皓宫中五千宫女；这一万姝丽侍晋武帝则从太康二年（公元281年）算起，晋武帝此后共活了不到十年，就算羊车每天所至之处没有重复，满打满算不过有三千六百多人能够和晋武帝得见一次，剩余的人则终身孤守空房。

贾充专权

贾充与司马氏家族关系非常，在晋武帝当政期间尤其炙手可热。从贾充的所作所为看，他在司马师、司马昭时期还做过一些裨益于司马氏的事情，而在晋武帝时代却似乎什么好事也没干。如果说标志司马氏开始败落的杨骏、贾充争权是武元皇后杨艳促成的，那么贾充则是实际主事者。

可是这么一个人，却能遇过被掩饰，获罪不被纠，始终居高位，手握大权；及死，晋武帝还深表悲哀，予之殊礼。从贾充的身上，我们可以看到晋武帝司马炎品性的另一面：徇私，苟且，卑俗，昏庸。

贾充，字公闾，平阳襄陵（今山西省襄汾东北）人。贾充的父亲贾逵，是魏国的豫州刺史，封阳里亭侯。贾逵生贾充系晚年得子，故而颇寄希望，言后当有充闾之庆，遂以"充""闾"为名字。贾充在少年时期，父便去世，他成为孤儿，却居父丧以孝悌闻名。他承袭了父爵为侯，又被拜尚书郎，典定科令，兼任度支考课；所奏写的辩章节度，都被施用，他得迁任黄门侍郎、汲郡典农中郎将。

司马师任大将军主理朝政，贾充入参大将军军事。魏高贵乡公正元二年（公元255年），贾充跟从司马师讨伐毋丘俭、文钦于乐嘉（今河南省商水东南）。毋丘俭、文钦被讨平后，司马师眼病严重还许昌，留贾充监

督诸军事，贾充归后得增邑三千五百户。

司马师去世司马昭任大将军，贾充为大将军司马，转右长史。司马昭新秉朝权，担心地方镇将有异心，就派贾充去淮南探视守将诸葛诞，打算与之谈论伐吴之事而暗察其内心向背。贾充对司马昭之命心领神会，见到诸葛诞后即同他论说时事，趁机问诸葛诞说："天下皆愿禅代，君以为如何？"诸葛诞厉声回答："卿非贾豫州（指贾逵）子乎？世受魏恩，岂可欲以社稷输人乎！若洛中有难，吾当死之。"贾充见诸葛诞话不投机，未敢再多说什么，默然离淮南回洛阳。

待回到洛阳，贾充即去谒见司马昭，对司马昭说："诞在扬州，威名夙著，能得人死力。观其规略，为反必也。今征之，反速而事小；不征，事迟而祸大。"

司马昭听信贾充之言，旋征诸葛诞为司空，召进京师。

诸葛诞得到诏书，知道司马昭这是在夺他兵权，召入京师受挟制。却不知由贾充所为，诸葛诞还当是扬州刺史乐綝说了自己的坏话，就杀了乐綝，起兵反对司马昭。

司马昭自然要出兵剿灭。贾充跟随司马昭征伐诸葛诞，并献计策说："楚兵轻而锐，若深沟高垒以逼贼城，可不战而克也。"

司马昭采纳了贾充的意见，不久攻克了诸葛诞据守的寿春城（今在安徽省寿县），诸葛诞被司马胡奋率领的兵将所杀。

司马昭登垒犒劳贾充，然后自己先归洛阳，派贾充统理战后事宜。贾充归师后，晋爵宣阳侯，增邑千户。

政敌、外镇均已翦除或归顺，司马昭任命贾充为廷尉。贾充本来工于法理，于是办案有方，量刑有据，得"平反"之称。

之后贾充转任中护军。甘露五年（公元260年），曹髦痛恨司马昭专权，带领殿中宿卫军去攻司马昭的相府。紧急时刻，贾充下令成济等人杀死曹髦。司马昭事后亦祖护贾充，仅将成济兄弟作为弑君的替罪羊，再晋封贾充为安阳乡侯，增邑一千二百户，统领城外诸军，加散骑常侍。

平蜀之后，钟会谋反。司马昭假贾充仗节，以本官身份都督关中、陇右诸军事，西踞汉中。这是贾充平生首次手握重兵，可是贾充兵未到，钟会已被杀死。

这时，司马昭已十分信任贾充，把贾充与裴秀、王沈、羊祜、荀勖等同视为心腹，军国大事，朝廷机密，都与贾充一起筹商；使贾充假金章，赐甲第一区；五等初建，封临沂侯，为晋元勋。总之，贾充深受司马昭宠信，禄赐常常优于群官。

咸熙元年（公元264年）秋七月，贾充受命于司马昭，主持修订汉以来的法律，并于泰始四年（公元268年）春正月修订完毕，成《晋律》，历时三年零六个月。这是贾充一生对晋所做的最主要的工作了。新律颁行以后，百姓便之。晋武帝司马炎特下诏表彰奖励，称赞贾充"奖明圣意，谘询善道"，申言自己"每鉴其用心，常慨然嘉之"。于是赐贾充子弟一人为关内侯，绢五百匹。

晋武帝之深宠贾充，兴许更在于贾充为自己能作为晋王太子之后稳"受禅"登皇位出了力。前文已经谈及，司马昭当初以其兄司马师恢复王业，打算传位给司马师的从子司马攸。贾充等人进言司马昭说司马炎宽仁，且又是长子，有人君之德，宜奉社稷。等到司马昭寝疾，司马炎以太子身份请问后事，司马昭说："知汝者贾公闾也。"司马炎即晋王位后，即拜贾充为晋国卫将军、仪同三司、给事中，改封临颍侯。再待司马炎登基皇位，贾充的建明大命，转任车骑将军、散骑将军、尚书仆射，更封鲁郡公，母亲柳氏亦得封为鲁国太夫人。贾充这时已经是左右逢源，事业、官运都是如日中天。

史书记载贾充有刀笔之才，善于对上峰——当然主要是司马昭和司马

炎——察言观色，投其所好，而且"无公方之操，不能正身率下，专以方媚取容"，等等。综观贾充之为人处事，这些记载显然是可信的。

可是史书又同时记载说，贾充为政职守，注重农桑，节制用度，并且简政并官，深得晋武帝赞许；又记他注意选荐贤达能人，每有荐择，必然大胆启用，委以经纬之职权，因此士多归焉。甚至具体记述他的事迹，晋武帝的舅舅王恂曾经在背地里诋毁贾充，而贾充却不加计较，反而在自己的职权范围内擢晋王恂。有人背着贾充以邀得权贵，贾充却能以开诚公布的心怀对待这些人。

上述相互抵牾的记载，显然难以用人格的多面性和性格的复杂性来理解、概括。史家智者千虑，总有一失，上述记载很难说不属败笔之列。

贾充在朝廷大臣当中人缘并不好，因他专以方媚取容，所以像侍中任恺、中书令庾纯等刚直守正之人，共疾之。

晋武帝则对贾充不懈关照。让贾充代裴秀为尚书令、常侍，车骑将军职位仍然保留。旋即又改常侍为侍中，赐绢七百匹。贾充以母忧去职，晋武帝下诏派遣黄门侍郎前去慰问，又以东南有事之由，遣典军将军杨嚣造贾充府上宣谕，使贾充去职六十天后还职，大有"老九不能走"的热切。

贾充攀结皇室的另一手段是使自己的女儿成为妃子，他先让一女做了齐王司马攸的王妃。任恺、庾纯等人都担心贾家的势力会越来越大。

任恺等人自然想把贾充挤出京都。时值氐、羌反叛，晋武帝为之正深感忧虑，任恺趁机进言，请求让贾充出镇关中。

晋武帝大概这次多从社稷安稳考虑，于是下诏说：

"秦凉二境，比年屡败，胡虏纵暴，百姓荼毒。遂使异类扇动，害及中州。虽复吴蜀之寇，未尝至此。诚由所任不足以内抚夷夏，外匡镇丑逆，轻用其众而不能尽其力。非得腹心之重，推毂委成，大匡其弊，恐为患未已。每虑斯难，忘寝与食。侍中、守尚书令、车骑将军贾充，雅量弘

高，达见明远，武有折冲之威，文怀经国之虑，信结人心，名震域外。使权统方任，绥静西夏，则吾无西顾之念，而远近获安矣。其以充为使持节、都督秦凉二州诸军事，侍中、车骑将军如故，假羽葆、鼓吹，给第一附马。"

这里，晋武帝称这氐、羌反叛"虽吴蜀之寇，未尝至此"，使他"每虑斯难，忘寝与食"，于是决定委派他的"腹心之重"且"武有折冲之威，文怀经国之虑"的贾充去为他剔除心头之患。作为社稷之臣，这本是义不容辞、责无旁贷，乃至诚惶诚恐地要说些诸如"肝脑涂地，在所不辞"之类的话以慰君安的事情，可是贾充是怎么对待和奉行的呢？

贾充接到晋武帝的诏书后，大感失落，自以为这是在朝廷最高权力层中失却了职位与信任。当他得知这次被遣镇外是由向来与自己不和的侍中任恺奏进的，于是深怀恨意于任恺。可是怀恨归怀恨，晋武帝诏书已下，又说得那么恳切，把自己标举得那么高，拒诏显然不能。贾充整日茫茫然，无所适从。

受命出镇关中的日子越来越近，这天与贾充相知的一些僚属、大臣在夕阳亭设宴，为贾充饯行。

金樽美酒，玉盘珍馐；丝竹悦耳，瑞脑飘香。可是贾充毫无兴致，虚迎百僚们的一巡恭祝之后，就停杯投箸，眼望着那夕阳古道、衰柳长堤发呆。

百僚们不知是没有看出贾充的怅惘，还是觉得爱莫能助从而有意避开，开始三五为伴，猜拳行令，大口喝酒，大块吃肉，或和侍女、乐工们调情嬉笑。

贾充面带虚笑，又假意应酬了几个时已微醉的敬酒者，到底心里不甘，就拉住与其私交甚厚的苟勖，告之以忧，求之以计。苟勖不愧为好友，他心中早为贾充盘算好了，只听他说："公为宰相，乃为一夫所制，

不亦鄙乎！然是行也，辞之实难，独有结婚太子，可不辞而自留。"

　　贾充听后，内心叫绝。是呀，古往今来，还没有听说过哪位皇上派太子老丈出京外镇他方的。前段时间晋武帝曾向各位近臣谈及过将为太子司马衷纳妃的事，机不可失，时不再来，自己何不将两个女儿奉上，让晋武帝择选太子妃呢？有幸选就，自己不仅可以不离京师热土去镇外，而且得以进一步攀结皇室；待自己成了尊贵的太子老丈，朝中有隙于己的人岂不成了惊弓之鸟，晋武帝对自己的宠幸自然也会更上一层楼。想到这儿，贾充脸上乌云初开。

　　可是，他有所踌躇，就对荀勖说："然则孰可寄怀？"

　　荀勖似乎早已料到贾充要提此话头，胸脯一拍，回答："勖请言之。"

　　于是荀勖侧首，对身边的冯紞说："贾公远出，吾等失势；太子婚尚未定，何不劝帝纳贾公之女乎！"

　　冯紞当然也慨然应允。

　　贾充虽心中尚无底数，但明白这是今后大家一起努力要做成功的事，不由坦然了许多。他按捺住内心的激动，主动站起，向大家陈词劝酒。已显寂寥的饯行宴会再掀高潮，杯觥叮咣，丝竹又起，侍女重整云鬟，穿梭往来，忙得不亦乐乎。待到酒足饭饱的诸公被扶进车辇时，已经是深夜了。

　　隔不两天，晋武帝赐宴近臣，与近臣们商议太子婚姻事。荀勖首先奏请晋武帝说贾充女才质令淑，宜配储宫。晋武帝原打算纳太子少傅卫瓘之女为太子妃，听了荀勖的奏请，遂言二者的五可五不可，以及卫氏种贤多子，贾氏种妒少子，等等。他哪知武元杨

女官俑

皇后已受贾充之妻郭槐的贿赂，秘他固请纳贾氏女为太子妃。苟颛、苟勖、冯紞等又都异口同声说贾氏女绝美且有才德。晋武帝顶不住压力，终于应允纳贾氏女为太子妃。

这边贾充还装模作样地打点行装，度支调粮，准备出镇。谁想天公作美，纷纷扬扬地下起了鹅毛大雪，不多时间整座洛阳城已变成琼楼玉宇，粉妆世界，等次日早晨出户一看，平地积雪达二尺之厚。这么大，这么深的雪，怎么出军呢？贾充乐不可支，回屋竟不禁笑出声来，侍从们大眼瞪小眼，弄不清主公何以高兴得如此失态。

晋武帝大概也沉浸在钦定太子妃的喜庆氛围当中，寝始安席，食亦甘味，把甚于吴蜀之寇的氐、羌叛乱置之度外，下诏命贾充仍居本职。吵吵了一阵的欲遣腹心之重镇守关中的事，就这样不了了之。其时为泰始七年（公元271年）冬子月。

朝廷中的一些贤良原得知贾充奉诏镇外，都感到欢欣。他们曾想向晋武帝进谏一些治国理政的方法、措施，都因贾充阻隔而未能实现，现在贾充被调离京师，他们希望能够实现抱负。可是贾充最终又没有去镇外，他们的希望又一次落空。

第二年秋七月，吴将孙秀降晋。晋武帝为得吴人之望，拜孙秀为骠骑大将军。晋武帝随之又考虑到贾充为朝廷旧臣，怕他心有不足，就打算改动原先班就，使车骑将军居于骠骑将军之上。贾充固辞，武帝听从，但不久又任命贾充为司空、侍中、尚书令、领兵如故。

贾充职位越来越高，自然难容异己。侍中任恺当初曾奏他出镇外郡，且同是晋武帝所幸之臣，贾充对任恺深为忌恨，总想寻机报复。朝廷大臣由此各有所附，官属朋党较多。晋武帝得知情况后，召贾充、任恺就宴于式乾殿，当着两人的面对他们说："朝廷宜壹，大臣当和。"两人听后均拜谢。可是背过晋武帝，两人都以为晋武帝已知而不责，愈发无所顾忌，

表面上两人相互尊重，内心却积怨越来越深。贾充显然手腕高明，他先荐任恺为吏部尚书，使其不为侍中而侍觐转希，然后伙同荀勖、冯紞等人找机会在晋武帝面前进谗，任恺果然获罪，被废官归家。

搞掉了任恺，贾充又蓄谋除却庾纯。一天贾充和群臣们宴饮，河南尹庾纯平时就看不惯贾充，这时又喝醉了酒，就同贾充争执起来。

贾充以势压人，讽庾纯说："父老不归供养，卿为无天地！"

"高贵乡公何在？"庾纯反唇相讥，意思是说你贾充对人君都敢弑，还奢言什么父老天地呀！"

贾充被揭了疮疤，怒不可遏，却眉头一皱，向晋武帝上表要求解职。其意再清楚不过：我使人杀魏主高贵乡公为了谁？

庾纯也上表自劾。晋武帝遂下诏罢免了庾纯，并将其下到五府诸公那里正臧否。石苞认为庾纯荣官忘亲，应当除名。

齐王司马攸虽妃贾氏女，却秉正认为庾纯没有违背礼律。

晋武帝总算没有依贾充之愿去处理，下诏同意齐王司马攸之议，复以庾纯为国子祭酒。

废任恺，警庾纯，贾充充分显示了他的权谋和能量。

贾充在伐吴平吴中未建寸功，且成事不足，坏事有余，可是吴平收军之后，晋武帝即派遣侍中程咸去犒劳贾充，赏赐贾充帛八千，增邑八千户；分封贾充的从孙贾畅为新城亭侯，贾盖为安阳亭侯；给他的弟弟阳里亭侯贾混和从孙关内侯贾众增户邑。

出师平吴之后，贾充想到自己在伐吴前前后后的所作所为，内心也曾感到渐惧，打算到宫中向晋武帝请罪。晋武帝得知贾充将要到宫中来，特地提前到东堂接待贾充。战事已罢，大都督的兵权及配置的僚佐自然要免去，但是晋武帝仍然让贾充假鼓吹、麾幢。

让反对伐吴的贾充任伐吴大军的统帅，对在伐吴过程中成事不足、坏

事有余的贾充在平吴之后大加赏赐，分封，充分显示了晋武帝的昏聩、妥协和徇私的一面。

后来贾充年老病重，晋武帝派遣侍臣谕旨探病，让殿中太医致汤药，赐给贾充床帐钱帛，皇太子及皇室人员都去亲自省候起居。

国风民气

第五章

分封遗祸

　　司马氏本身为河内（今河南省）士族，司马懿掌握魏国权力之后又改变、利用了九品官人法，使司马氏本身在官品起家上就得到了好处。如司马懿的儿子司马伷起家为四品的宁朔将军，监守邺城。司马炎当初也以贵公子当品，乡里莫敢与为辈。司马炎当上皇帝后，承袭其前辈争取士族的做法——其前辈争取士族是为了夺取曹氏政权，而司马炎这么做则是为了经营政权，促成和巩固士族政治。但这只是他设想经营统治的一个方面，或谓之"一翼"，他同时还营造了另一翼，这就是分封诸王，以形成两翼齐鼓的势态。

　　有的学者认为，晋武帝是接受了臣属的建议才这么做的，如刘颂曾上表说：曹魏"圈闭亲戚，幽囚子弟，是以神器速倾，天命移在陛下"。因而晋应该"裂土分人，以王同姓。使亲疏远近不错其宜，然后可以永安"。甚至举出陆机的话："使万国相维。以成盘石之固，宗庶杂居，而定维城之业。"这就有失恰当了。晋武帝大封诸王是其登基之时就做了的事情。如果说刘颂的话兴许对司马炎其后不断加强宗王们的权限势力还起过作用，那么陆机是在平吴之后十年即太康末年到洛阳的，晋武帝这时已行将去世，怎么还会受陆机的影响呢？陈寿的《三国志》是晋武帝泰始十年（公元274年）以后才开始编著的，因此他有关魏国宗王政策的议论也不大可能对晋武帝的分封诸王产生什么直接的影响。

应当说，蔡东藩在他成就《西晋演义》时的见解和今人范文澜先生的推断较为站得住脚。范文澜先生在他的《中国通史》第2册中写道："晋武帝亲自看到魏国禁锢诸王，帝室孤立，司马懿父子结合士族，夺取曹氏政权的事实，因此，他违反秦汉以来虚封王侯的惯例，恢复周朝的分封制度，大封皇族为国王，希望这些诸王屏藩帝室，对抗士族中的野心家。"蔡东藩的见解与此相类。

关于晋武帝登位旋即大行分封，到底依据什么，史无记载。我们只能推断他主要源于对魏国宗王政策失败的耳濡目染与思考。那么他的做法是否成功，使得江山永固了呢？历史早早做出了回答。

魏元帝曹奂咸熙二年（公元265年）十二月壬戌日。晋王司马炎"受禅"于魏元帝曹奂，于丙寅日登基为帝，史称晋武帝，改元为泰始。

丁卯日，即封皇叔祖司马孚为安平王；皇叔父司马干为平原王；司马亮为扶风王；司马伷为东莞王；司马骏为汝阴王；司马肜为梁王；司马伦为琅玡王；皇弟司马攸为齐王；司马鉴为安乐王；司马机为燕王；皇从伯父司马望为义阳王；皇从叔父司马辅为渤海王；司马晃为下邳王；司马瓌为太原王；司马珪为高阳王；司马衡为常山王；司马文为沛王；司马泰为陇西王；司马权为彭城王；司马绥为范阳王；司马遂为济南王；司马逊为谯王；司马睦为中山王；司马陵为北海王；司马斌为陈王；皇从父兄司马洪为河间王；皇从父弟司马楙为东平王。

从祖父辈一直到自己的从父弟，晋武帝一下子分封了二十七位宗王。

两汉及曹魏都曾分封诸王，但是两汉，尤其是曹魏，对受封之王采取了许多限制措施。受封之王不能进入朝廷的权力中心，参与朝廷的议政和决策，手中更不准掌握军权，因此，受封之王仅仅是受封邑者，享受到的只是较高的经济利益。当初才华盖世的曹植没能争得曹操的嗣位权，被曹丕即位后遣外为侯、王，他只能以一次次地上疏陈述自己的治国之见，曹丕不予采纳，最后他在郁郁不得志中死去。

晋武帝的分封宗王则不然，受封之王往往是爵位同官位并得的。他们或以侍中、诸公、中书监、中书令的身份参与朝廷的议政、决策，或以录尚书事的身份，代表晋武帝行使行政权力，或以将军、刺史、都督军事的身份出镇地方，对州郡行使行政权和军事统率权。而且受封诸王起初都留居京师，咸宁三年（公元277年）多数才被遣至各自的受封之地。

《晋书·地理志》记载：晋武帝泰始元年（公元265年），封诸王以郡为国。邑两万户为大国，置上中下军，兵五千人；邑万户为次国，置上、下军，兵三千人；五千户为小国，置一军，兵一千五百人。

这段记载说明的只是诸王国本身的等级与置军情况，并未涉及受封之王的官职与握军情况。

司马孚为司马懿的次弟，司马懿死后，他在司马氏家族里辈分最高。他有忠魏之心，司马懿专权时，他不参与废立之事，高贵乡公曹髦被杀，唯他敢枕尸于股而恸哭。司马师、司马昭因他属尊，不敢相逼。晋武帝驱曹奂登位，他又泣牵曹奂手，申表忠魏之心。晋武帝不但不敢把他怎么样，反而首封其为王。并晋太宰、持节、都督中外诸军事，因此司马孚是受封诸王中首先同时握有"中央级"军政大权的人。但从史载看，司马孚虽在其位，却没有行其权、谋其政。

晋武帝在位期间，除了司马孚之外还授予其他约十六位宗王以军、政权力（二十七位宗王中，有的早亡，当然不在授予之列）。

义阳成王司马望，泰始二年（公元266年）晋太尉，中领军如故，后官至大司马。

竞陵王司马楙，泰始初年为散骑常侍、尚书。

太原成王司马辅，曾为卫尉。

下邳献王司马晃，泰始九年（公元273年）拜尚书，迁右仆射。

高阳元王司马珪，泰始六年（公元270年）拜尚书，迁右仆射。

彭城元王司马植，咸宁中年拜国子祭酒，太仆卿、侍中、尚书。

高密文献王司马泰，太康初年为散骑常侍、前将军、尚书左仆射。

新蔡哀王司马腾曾任宗正、太常。

范阳王司马虓，咸宁年间为散骑常侍，迁尚书，后官至司徒。

任城王司马济，咸宁年间拜散骑侍郎、给事中、散骑常侍。

平原王司马干，太康末年拜光禄大夫，加侍中。

琅邪王司马伷，泰始初年为尚书左仆射，抚军将军。平吴后拜大将军，开府仪同三司。

扶风王司马骏，太康初年拜骠骑将军，开府、持节。

齐王司马攸，咸宁年间分别拜为司空、侍中，太子太傅。

汝南王司马亮，咸宁年间任侍中、太尉、录尚书事，领太子太傅，后又转任大司马。

成都王司马颖，太康末年拜越骑校尉、加散骑常侍、车骑将军。

需要说明的是，这十六位宗王，有的是袭位或后来受封的，不属于司马炎登基首封的二十七王。

咸宁三年（公元277年），时任卫将军的杨珧和时任中书监的荀勖见到齐王司马攸在朝野当中威望很高，担心太子司马衷将即的皇位可能旁落，就依据司空裴秀所立的五等封建之旨，一起上表晋武帝说："古者建侯，所以藩卫王室，今吴寇未殄，方岳任大，而诸王为帅，都督封国，既各臣其统内，于事重非宜。又异姓诸将居边，宜参以亲戚，而诸王公皆在京都，非捍城之义，万世之固。"晋武帝大概这时也已稳约感到宗王势力在京都发展有所不利，于是他下诏遣当时多在京都的诸王就国，并对封国制度和封国置军制度进行了改革与调整。

晋武帝首先规定了受封限制，规定非皇子不得为王，把封国资格规定为自己的直系血统，其次实行推恩分封。他规定"诸王之支庶，皆皇家之近属至亲，亦各以土推恩受封。其大国、次国始封王之支子为公，承封王之支子为侯，继承封王之子为伯。小国五千户以上，始封王之支子为子，不满五千户始封王之支子及始封公侯之支子皆为男，非此皆不得封。"这样一来，诸王的子孙后代不仅不可能再永袭王位，而且封爵越往后越小，就难以成什么抗衡势力了。又其次，晋武帝规定"大国始封之孙罢下军，曾孙又罢上军，次国始封子孙亦罢下军，其余皆以一军为常。"这样又使原来的封国置军处于不断削减的势态。

从理论上看，晋武帝的这些想法和措施可谓深谋远虑，可也就是这点又显示了他的所失。他上述想法的实现是要以相当长的时间为前提的，诸王的子孙更替绝非几年十几年的事情，所以，待他所设想的结果实现时，他已不在人世了，而这种结果也不可能实现。他生前埋下的诸多隐患接踵而起：愚钝太子即位无力把握朝政；后党、外戚争权；权臣各为己利参与其间，各扶植、利用宗王势力到争权目的；各宗王也就趁机在自己的封国上招兵买马、招降纳叛。其势不仅未像晋武帝所设想的那样被逐步削弱罢减，反而急剧扩大。

晋武帝在推行宗王分封的同时，也并行宗王出镇，这是顺理成章的事。宗王本来除封爵外，还被委以军政之任，这样他们拥兵出镇州郡就在所难免。

宗王出镇，拥兵于州郡，的确渊于司马氏向魏夺权。曹操、曹丕乃至曹叡时代，都未曾有过宗王拥兵出镇地方的先例，因那时的宗室只有封爵而无军政之职和军政之权。司马氏父子在"嘉平政变"中取得朝政大权之后，开始在地方、军队中安插子弟、亲属，以掌握地方、军队，加固自己的权位。如司马昭曾以安东将军、持节，镇许昌，后又督都淮北诸军事，兼中领军，镇洛阳。司马孚曾西镇关中，统诸军事。司马望曾任征西将

军、持节，都督雍、凉二州诸军事，在任达八年。司马骏曾任平南将军、假节，都督淮北诸军事，后转安东大将军，镇许昌。司马亮曾任左将军，加散骑常侍，假节。出监豫州诸军事，后又转镇西将军。司马伷曾任宁朔将军，监守邺城，后改任右将国，监兖州诸军事，又任兖州刺史。司马遂曾任北屯朗将，督邺城诸军事。

但这还不属于严格意义上的宗王出镇，因为上述各位在当时都没有被封王，司马氏当时也还没存封王的名分。

真正的宗王出镇无疑只有在晋武帝登皇位后才出现。晋武帝当政时期，宗王出镇的情况大致如下：

琅玡王司马伯在晋武帝登位后，留任左将军，监兖州诸军事，后迁镇东大将军、假节，都督徐州诸军事，镇下邳。太康元年（公元280年），加侍中，并督都青州诸军事。

燕王司马机，咸宁初年任镇东将军、假节、青州都督。

扶风王司马骏，在晋武帝登位后，留任都督豫州诸军事。迁使持节，都督杨州诸军事。转任镇西太将军、使持节，都督雍、凉等州诸军事，镇关中。

梁王司马肜，泰始元年（公元265年）受封后任北中郎将，督邺城诸军事。太康中年，监豫州军事。加平东将军，镇许、昌。顿之，以本官监青、徐州军事，晋封安东将军。

齐王司马攸，太康三年（公元282年）以大司马都督青州诸军事，未及行，病卒。

太原成王司马辅，咸宁三年（公元277年），监并州诸军事。

下邳献王司马晃，泰始九年（公元273年）为使持节，都督宁、益二州诸军事，因病未行。后任镇东将军，都督青、徐二州诸军事。

高阳王司马珪，泰始四年（公元268年）任北中郎将，都督邺城诸军事。

高密王司马泰，泰始元年（公元265年）为兖州刺史，加鹰扬将军。咸宁元年（公元275年），转安北将军，都督邺城诸军事，迁安西将军，都督关中军事。

范阳王司马斌，咸宁年间任安南将军，持节，都督豫州诸军事，镇许昌。

济南惠王司马遂，晋武帝登基后留任北中郎将，都督邺城诸军事。

汝南王司马亮，泰始元年（公元265年）任镇西将军、持节，都督关中雍、凉诸军事。咸宁三年（公元277年），任镇南大将军，都督豫州诸军事。

楚王司马玮，太康末年以镇南将军，都督荆州诸军事。

西晋司马炎《谯王帖》

赵王司马伦，咸宁中年以平北将军，都督邺城守事。

秦王司马柬，太康十年（公元289年）曾任镇西将军、西戎校尉，假节。

淮南王司马允，太康十年以镇东大将军、持节，都督扬、江二州诸军事。

晋武帝在位期间，大致有以上十七位宗王出镇州郡，范围近乎达到全国各地，所统率的军队在全国军事力量中也占很大比例。

不论是留居京城的宗王，还是出藩或镇外的宗王，在晋武帝时代都没有挟制皇帝的倾向，没有在外藩私自发展势力，或拥兵自重，威胁朝廷。因为晋武帝到底还能把握朝政大权，能坐镇京师，指挥天下。他所营造的"两翼"——士族和宗王，还基本处于相互制约、互为平衡的状态之中。因此他在位二十多年，国家亦基本处于稳定发展之中，以至出现了中国历

史上不多见的和平繁荣年景——"太康之治"。

问题在于晋武帝埋下了隐患。太熙元年（公元290年）四月，晋武帝去世，他的儿子司马衷即位。司马衷根本没有能力把握朝政，他眼睁睁地看着宗王势力急剧发展起来，压过了朝廷当中原先占据优势的士族势力，成为左右朝政的绝对力量，以至后来他自己都被赵王司马伦废黜，赵王司马伦做起了皇帝。而这时出镇州郡或在封地的宗王们也在大肆发展力量，成为实质上割据一方的独立势力。司马衷连自己的皇位都维持不了，更没有能力辖制割据地方的宗王。于是这些手握重兵的宗王打着清君侧的旗号，实质上是欲将朝廷大权揽为己有，而展开了混战，造成了长达十六年的"八王之乱"。西晋王朝由此元气大伤，眼见得迅速衰落。

因此，晋武帝苦心营造士族势力和宗王势力的"两翼"，希冀这两翼能互相制约、共处平衡，从而使朝政能处于平稳，使司马氏的江山永固，只是一场空想而已。

那么，倘若晋武帝没有这样去做，而是采取了其他方式，他的晋王朝是否就可传之万代了呢？不可能。苦心防范却又防不胜防，到头来还是你方唱罢我登场，这实质上是每个封建帝王、每个封建王朝都无法跨出的"怪圈"。

周朝分封诸王后，诸王架空皇帝而失天下，东汉以大臣拥兵变诸侯而失控丢江山。曹魏以为其能吸取教训，虚封诸王，严控拥兵镇外的大臣、将军。大权独揽于帝室，谁知又在朝政中出了漏子，司马氏集团就崛起于朝廷之中。几经搏击，司马氏结合在野的士族势力，终于击败在朝的官宦势力，将朝廷的军政大权一步一步地揽了过去。帝室孤立，诸王远政，拥兵镇外的大臣、将军或被撤换，或因孤立无援不敌司马氏率领的中央大军而被剿灭，于是乎魏帝最后变成孤家寡人，毫无挣扎之力。高贵乡公曹髦最终只能率殿中宿卫苍头官僮鼓噪而出去与司马昭相争，形同蚍蜉撼树。

晋武帝显然又在"吸取教训"。他的顾及可谓"全面"。为避免曹魏最后出现的帝室孤立现象，他重取周代的分封制度，大封宗室为王，且赋予政、军之权，希望宗室之王能对抗如当初司马氏一样的在中央政权中崛起的权臣，以屏藩帝室；又为避免周代出现的诸王不驯、终压天子的现象，他促成、巩固了一个以士族为主要成分的朝政机构，以掣肘可能产生的宗王棱主夺权。

晋武帝当然不可能懂得事物运动对立统一的矛盾法则，不可能明白任何一种平衡都是暂时现象。他可以运用自己作为皇帝的权威来调节、维持他的"两翼"平衡，但也只是使之持续的时间长一些而已，因为他不可能真的长命万岁，万万岁。何况他还犯了一个至为重大的错误：所选的"接班人"昏钝、无能。调节因素不存在了，"两翼"很快失衡，宗王势力占据上风，随之统占全盘。西晋王朝由此走向混乱、衰亡。到了继之而起的东晋王朝，士族势力卷土重来，王、庾、桓、谢四大士族集团又先后专擅朝政，东晋王朝几乎是随着王、庾、桓、谢四大士族轮流专权的局面的结束而告终。

由此看来，选择"接班人"的问题似乎是个至关重要的问题。"接班人"如果选得精明强悍，有远见卓识，有统军理政之能，王朝就能延续。但是将天下安危系于一人之身，这本身就是个险而又险的"走钢丝"，而且至高无上的皇位，不论是宗族势力还是他姓势力都在觊觎，皇帝处境之艰危可想而知。他防了内防不了外，防了此防不了彼，防了自己一代防不了下一代。虽殚精竭虑，机关算尽，却没有一个朝代能像其创建者，像其有幸继承者们所设想的那样享国永年的，区别只是长一点，短一点而已。

晋武帝同样不可能迈出这个"怪圈"，而且由于他生前所埋置的隐患太大、太多，西晋王朝在他身后才勉强维持了二十三年。

但是，如果以为州郡兵的作用可以大到制服"八王之乱"乃至能够

使刘渊、石勒、汲桑、王弥等人无法起兵等，就与历史实际情形不符了。

"八王之乱"是晋武帝推行宗王政治、扶植宗王势力的结果。这些宗王到晋惠帝时期已成为朝廷难以辖制的政治力量和军事力量，他们或把持朝政，或手握重兵，皇帝都成了傀儡，区区的郡州之兵怎能与之抗衡？怎能制服他们？州郡兵总是要由人率领的吧？这些率领州郡兵的人得由朝廷指派，或由朝廷授命时任州郡长官的人兼领。而这些人总不会存在于政治真空当中，他们在诸王先后把持朝政的情况下总是依附于某个政治、军事势力的。即使有些州郡兵首领想搞独立，但可以推想，他手中军事力量，是绝对无法同宗王们统率的中央大军和受封国中的部队相抗衡的。所以，州郡兵在一个区域内对某种反叛势力之风初起予青萍之末时尚有一定的镇制作用，倘若反叛势力之风已成了大气候，它的镇制作用就微乎其微了。

至于刘渊、石勒、汲桑、王弥等人起兵，那是晋王朝在"八王之乱"中开始衰败的必然结果，属于"皇帝轮流做"的封建王朝更替过程中在劫难免的事。一个王朝衰败了，就会有人起来建立新的王朝，这更不是州郡兵罢撤与否能左右的。

同样道理，如果晋武帝听取群臣劝谏而没有罢撤州郡兵，刘渊、石勒、汲桑、王弥等人在其起兵之初，可能会受到州郡兵的一定程度的扼制，但时下天下已乱，王朝已衰，州郡兵的作用到底能有多大，是一目了然的。

总之，晋武帝在平吴之后罢州郡兵，这对减轻百姓负担来说无疑有益处，而对州郡的地方稳定与治安来说则显然有不益之处。无视州郡兵的作用和夸大其作用，都不是精当见解，都与历史实际情况有距离。

门阀制度

西晋政权是世家大族的政权，在这一时期，门阀制度进一步确立起来了。

所谓门阀，就是阀阅门第。我国古代贵族官僚家的大门外有两根柱子，左边的叫"阀"，右边的叫"阅"，常常用来张贴本户的功状。阀阅成为达官贵人家的一种标志，因此，后来那些世代做官的人家，又称为门阀。门阀制度就是按门户等级严格区别士族与庶族在政治、经济、社会和文化上的不同地位，以维护高门贵族特权的等级制度。

门阀制度的形成有一个过程。西汉武帝以后，出现了两件影响深远的事：一是大土地所有制发展；二是儒家被定于一尊。儒家经籍如《尚书》《春秋》等成为世代研讨的家学。一些大地主与儒学相结合，就可以世世代代做官。他们被称为"士族"或"世族"。"士族"是指他们掌握儒学及文化知识，"世族"是指他们世代做官。东汉以后，"选士而论姓族阀阅"，一批累世为官的世家大族开始形成。如弘农杨氏、汝南袁氏都是连续四代都有人担任"三公"的大官。魏晋以后，地主阶级中高门士族与寒门庶族的等级区别进一步确立。那时的政治，通常称为"门阀政治"。

在门阀制度形成的过程中，曹丕建立魏国时推行的九品中正制起了重要作用："九品"即士人分为九等，"中正"是评定士人的官，多由世家大族担任。因此，九品中正制成为士族地主巩固其政治特权的有力工具。

当时，家世是定"品"的唯一标准，所谓"计资定品"，就是以门资（门第的高卑）、官资（父祖的政治地位）作为决定品弟的依据。世家大族利用这一制度垄断了政府的重要官职，形成了"公门有公，卿门有卿"的世代相传、等级森严的门阀制度。

门阀士族除了政治上世代为官这一主要特权外，还有两种特权：一是经济上可以按官品占田和本人及家属、衣食客、佃客等免除赋役的特权，二是逍遥法外权。西晋王朝对士族犯罪每从宽惠，不论定罪和量刑都另立标准。士族犯罪，按照"八议"，即按照其特殊的地位和身份，可以减刑或免刑，或者用金钱来赎罪。所以后来东晋的熊远说："举贤不出世族，用法不及权贵。"

门阀制度形成以后，高门士族被认为是最高贵的特殊等级，他们被称为"著姓"、"名族"（因历世著名）、"望族"（负有名望）、"冠族"、"衣冠族"（家世衣冠）、"高门"、"盛门"、"士流"（先世有官位）、"郡望"、"郡姓"（世居某地为当地所仰望）、"右姓"（古代以右为上），等等。另外一些没有特权的人便被称为"庶族""次门""役门""后门"等。士、庶之间社会地位和身份完全不同，有不同户籍，不能通婚，不同席而坐。

咸宁四年（公元278年），一次上朝时，晋武帝当着百官把一件极为珍贵的"雉头裘"烧毁了。这是太医院医官程据献上来的。这件全部用野雉头毛制成的衣服，是稀世珍宝，百官们看了既赞叹，又感到可惜。

晋武帝是一个十分荒淫、奢侈的君主。他很好色，曾数次下诏选天下美女到后宫。泰始九年（公元273年）选中级以上文武官员的女儿入宫。次年，选下级文武官员和普通士族家女儿入宫。经他挑选后，不合格的才可出嫁，隐瞒者要以"大不敬"罪名杀头。

西晋的贵族官僚中还有一种斗富的风气。最有名的就算石崇与王恺斗

富。石崇是开国元老、司徒石苞的小儿子，为人聪明，多计谋，有生财之道，官至散骑常侍、侍中，封为安阳乡侯。他在当荆州刺史时曾派亲信官兵化装成强盗抢劫富商财物，甚至还抢劫外国使者送给晋朝朝廷的宝物。后来石崇入朝为太仆，在洛阳是有名豪富。王恺是晋武帝的亲舅舅，也是京城里的豪富。王恺和石崇互不服气，决心要比一比。

王恺用米浆或麦糖水来洗锅，表示豪华，石崇就用白蜡当柴烧。王恺出门，用紫丝布做四十里的步障（步障是道路两旁遮风寒、挡尘土的行幕）；石崇用织锦花缎做五十里步障。王恺用赤石脂代替泥土涂墙，赤石脂是一种贵重的药材，它涂了墙，红红的，像蜡一样细腻、光泽；石崇用花椒和泥巴涂墙，花椒是一种香料，用来涂墙保暖性好，有香味，原来只有皇后住的房用，称为"椒房"。晋武帝为了支持王恺斗富，送给他一株珊瑚树，高二尺。王恺拿到石崇面前炫耀，石崇表示不屑一顾，随手拿起铁如意把它打得粉碎。王恺十分痛惜，正要发作，石崇冷笑道："你不用急，我马上赔你。"他让奴婢取出六七株珊瑚，都高达三四尺，重叠的枝条一层一层数都数不清，色彩鲜艳如玉，说："这没有什么稀奇，随你自己挑选。"王恺看了，目瞪口呆，经过这次较量，才自愧不如。

这两个人不仅挥金如土，而且轻视人命如儿戏。两家都有大批奴婢被随意杀戮。王恺有一次宴请，命一个美女在旁吹笛助兴，一时失调，王恺就命人拉到台阶前打死。石崇每次摆酒宴，总有许多美女歌舞和劝酒。如果哪个客人饮酒不干杯，那个劝酒的美女就要被杀。有一次，王敦故意不饮酒，石崇就一连杀了三个美女。其凶狠残忍，已到了何等程度！

放荡奢侈的生活，必须花费大量的钱财。世家大族们个个都不择手段地弄钱，从皇帝开始，就卖官鬻爵。有一天，晋武帝问大臣刘毅："卿看我可以比得上汉朝的什么皇帝？"刘毅是个敢说敢讲的直臣，答道："可比桓、灵。"桓帝、灵帝是东汉末年有名的昏庸皇帝。晋武帝很不高兴，

说："不至于这样吧。我平定东吴，统一全国，勤恳治理国家，怎么去同桓帝、灵帝相比？"刘毅并不让步，说："桓帝、灵帝卖官，钱入公库，陛下卖官，钱入私库，这样看来，你恐怕还不如桓、灵。"晋武帝虽然听了不痛快，但刘毅讲的确是事实，没法抵赖。他还是够聪明的，随即哈哈大笑说："桓、灵在世，没有人敢这么说话，我的朝廷里有你这样的直臣，说明我还是比他们高明。"这话一讲，就体面地下了台。在一旁被刘毅的话吓得一身冷汗的大臣们，赶紧齐声颂扬，又把晋武帝捧得晕头转向。

对于门阀贵族们的爱钱如命，有一个南阳人鲁褒写了一篇讽刺诗《钱神论》，其中说道："钱之为体，有乾坤之象，内则其方，外则其圆……亲之如兄，字曰孔方（铜钱中有一方孔）。失之则贫弱，得之则富昌……无德而尊，无势而热，排金门而入紫闼（皇帝的宫廷），钱之所在，危可使安，死可使活；钱之所去，贵可使贱，生可使杀。是故忿争辩讼（打官司），非钱不胜；孤弱幽滞，非钱不拔（升迁）；怨仇嫌恨，非钱不解；令闻笑谈，非钱不发。洛中朱衣（王公贵人），当涂之士（朝士），爱我家兄，皆无已已，执我之手，抱我终始，凡今之人，唯钱而已！"

门阀贵族对金钱的崇拜和亲热，被描绘得何等惟妙惟肖！这使人想起了莎士比亚在《雅典的泰门》中也有类似的一段：

"金子，黄黄的，发光的，宝贵的金子！只这一点点儿，就可以使黑的变成白的，丑的变成美的，错的变成对的，卑贱变成尊贵，老人变成少年，懦夫变成勇士。"

正当西晋的门阀贵族们纵情声色、纸醉金迷的时候，有一个头脑清醒的大臣傅

西晋镇南将军金印

咸已看到了问题的严重。他在上给皇帝的奏疏中说："奢侈之费，甚于天灾"。是的，天灾是有限度的，奢侈风气造成的危害却是无止境的。权贵们无限制地压榨人民的血汗，终究要遭到人民的反抗。

魏晋玄学

魏晋玄学是魏晋的一大重要社会现象，它体现了当时的社会风尚和人民对理想生活的追求和向往，也是人民对生命意义的深入探索。

玄学，作为一个独立的称谓，是从魏晋开始的。后世说到玄学，也一般是指魏晋玄学，而魏晋的玄学则发端于正始前后。说到这里，我们不得、不提到三个人——何晏、夏侯玄、王弼。

首屈一指的人物当属何晏。

何晏，字平叔，南阳宛县（今河南南阳）人，汉大将军何进之孙。曹操纳何晏之母尹氏为妾，何晏的境遇与秦朗一样被曹操收养，成了曹操的继子。何晏是位有名的帅哥，脸庞很白皙，年少的时候就"以才秀知名，好老、庄言"，为曹操所宠爱。

《世说新语》记载，还是在何晏七岁的时候，就已经"明慧若神"，曹操非常喜欢他，就把他带到宫中，想收为自己的亲儿子，而何晏聪明过人，立即知道了曹操的意思，他还真的没想着姓曹有什么高贵的，但是又不好正面拒绝。小小年纪的他，就在宫中找个地方，画了一个方方正正的正方形，自己站在其中，有人问他做什么，何晏回答说："这是我姓何的

家。"曹操听说后，马上就把何晏送出了宫廷，任其回家了。

虽然和秦朗的境遇一样，但是何晏却不像秦朗那样谦恭，而是显得更加潇洒通脱，做什么都无所顾忌，他穿着打扮经常与太子曹丕一样光鲜，气得曹丕一见到何晏就直接称呼他——假子，从来不提名字。何晏注重外表，经常"行步顾影"，被人称作"傅粉何郎"。何晏娶的老婆是曹操的金乡公主，《魏末传》上说，她就是何晏的同母妹妹。

因为得不到曹丕的赏识，所以在曹丕执政的几年里，何晏只是个闲散的官——这对于一个长期处于权力中心、有激情的人，无疑是一记沉重的打击。

打击归打击，不过，也使得他有很多闲暇时间去研究他喜爱的老庄哲学，尝试服用五石散，并和一群失意的才子们谈玄。

第二个人物是：夏侯玄。

夏侯玄，字太初。夏侯玄的父亲就是夏侯尚，母亲就是曹真之妹，魏德阳乡主。

说到夏侯玄一家，真是个悲剧。

夏侯尚，是夏侯渊的侄儿，本来他与曹丕的关系很好。后来，夏侯尚宠爱自己的小妾，而冷落了夏侯玄的母亲德阳乡主，德阳乡主回到娘家给自己的哥哥曹真说了，曹真又把这个夏侯尚家的家务事报告给了皇帝曹丕。当时，曹真是曹魏大司马，曹丕正用曹真去应付吴蜀呢！怎么能叫我的大司马为这种小事分心呢？更何况曹丕又喜欢插手这些琐事，于是，曹丕下令把夏侯尚宠爱无比的小妾绞死，小妾死后，夏侯尚哀痛过分，神情恍惚，时常命人挖开棺木，对着小妾的尸体痛哭流涕，不久，也郁郁而终。夏侯玄的思想上估计也是继承了爸爸这种不顾名教、不循规蹈矩的作风吧！

因为曹爽是曹真的儿子，夏侯玄和曹爽其实就是姑表弟兄。

而夏侯玄的一个妹妹，嫁给了和洽之子礼部尚书和迪，生下和峤、和郁兄弟，后来和峤成为晋朝名臣，他十分仰慕舅舅夏侯玄的为人。

夏侯玄的另一个妹妹夏侯徽，嫁给了司马懿的大儿子司马师。《晋书》记载：夏侯徽知道司马师有反叛之心（"非魏之纯臣"），而夏侯徽的母亲又是曹真的妹妹，于是，在曹真刚死、司马懿刚刚成为帝国的最高司令的时候，夏侯徽就被司马师残忍地毒死了。

青龙二年二月，诸葛亮第五次伐魏。三月，刘协死。四月，魏国发生大的传染病。五月，吴国大规模进攻魏国。七月，魏明帝南下亲征。八月，诸葛亮死。十一月，洛阳地震。可以说，前半年的魏国，一直处于风雨飘摇之中。

夏侯玄、何晏和司马师本来玩得也很好，何晏曾经品评夏侯玄和司马师说："看问题深刻，能通达天下之哲理，就数夏侯玄；看问题细微，能处理好天下事务的，那是司马师。至于能达到不行而至、不谋而成的神化地步的人，我还没见到第二个。"当时，以通达哲理为上流，对处理俗务为下等，何晏这样区分，明显把司马师排在下等，从此，司马师对何晏恨之又恨，对夏侯玄嫉妒得不行。

魏明帝的时候，诸葛诞、邓飏喜欢品评人物，与夏侯玄们关系很好，相互品定，把夏侯玄等四人列为"四聪"，诸葛诞等为"八达"，虽然刘放、孙资、卫臻的儿子，被这些人看不上眼，但是碍于他们爸爸的地位，也把他们三人列为"在豫"（三个预备人才）。

不光是谈玄，夏侯玄的文采也很高，他写的《乐毅论》，后被王羲之手书而名驰四海，成为宝贝。

第三个人是王弼。王弼，字辅嗣，山阳高平（今山东邹城、金乡一带）人。

王弼也十分了得，东汉末年的"八俊"有两个都和他有关系：他的

外曾祖父就是刘表；他的五世祖就是王畅，位列三公；而他的继祖父则是大名鼎鼎的王粲（"建安七子"之首，和曹植并称为"曹王"）。东汉末年，王弼的祖父王凯与族弟王粲避乱荆州，依附刘表，刘表十分看重王粲之才，想把女儿嫁给王粲，可是又嫌他形貌丑陋，就把女儿嫁给了王凯，生子王业，王业生了王弼。后来王粲绝嗣，以王业为继嗣。因为王粲年轻的时候十分了得，过目成诵，十四岁到长安大学者蔡邕（蔡文姬之父）家，蔡邕是倒穿着鞋迎接，并把家藏书籍文章万卷送给了王粲，王粲最后又把这些书传给了王弼。

王弼从小就喜欢黄老之学。当时的名士一起谈论哲学问题，大家一致认为某个道理是正确的，等王弼一来，三下五除二，就把大家说的道理给推翻了，令名士们全都佩服得五体投地。正始初年，何晏被提拔为吏部尚书，在学术界声气很大，而当时王弼才只有十五岁，何晏呢，已经五十岁左右了，可他一见到王弼就大为欣赏，认为可以与自己共同探讨"天人之际"的高深问题，何晏感叹着说："仲尼称后生可畏，若斯人者，可与言天人之际乎？"

那么，他们究竟在谈些什么呢？

人活着，总要给自己找一个活下去的理由。每天，阳光像金子般地撒在身上，洁净无比的空气荡涤了胸中的污浊。那么，仅此就是生活的全部意义吗？也许是，也许不是。

但是，对于一个从小尊贵无比、聪颖美貌、有学有识、有志于建功立业而被搁置一旁、无所事事的何晏来说，肯定不是。每天，日出日落，吃喝拉撒，有意义吗？家庭悲剧，官场失意，现实生活的平庸和冷酷，也不得不使夏侯玄把头伸到"窗外"透透空气。如果不让做事，那么，就要好好地生活，开开文化沙龙，探讨探讨哲学，著著书立立说，也很惬意嘛。

如果在这个世界上生活是真实的，那么，我死去以后呢？

可能是什么也没有。如果什么也没有，那对于我而言，这个世界不是也不存在了吗？

如果进入另外一个世界，那么，这个世界对于我而言，不是就像昨晚我做过的梦一样，彼时是那么真实，而此时却是虚无的吗？因此，这个世界的一切爱恨情仇不都是一场梦境，都来源于无，复归于无吗？

在何晏的思索、论辩和倡导下，当时的士人对于"无是万物产生的本原"这一看法，大都比较认同。

每一个人大到建功立业，小到穿衣吃饭，在我们的思想深处都有左右着我们非此即彼的原动力，一个政权的施政方针，也与统治者看待事务的根本方法密切相关。西汉初年一直到汉文帝的时候，一直崇尚老庄哲学，君主"清心寡欲""无为而治"，认为统治的根本在于统治者不折腾，不打扰，不干涉，那么，天下自然就按照自然的法则发展。到了汉武帝，思想界发生了一次革命，那就是"罢黜百家，独尊儒术"，原生态的不管不问的治国理念，在雄才大略的汉武帝眼里，已经失去了昔日的作用，而人世进取、等级观念、忠诚理念等儒家文化正符合那个时代的需要。

但是三国，却是一个颠覆的时代。各种思想空前活跃，曹操本人通脱自然，引领着那个时代的发展。人们开始重新审视各种古老的思潮和文化，审视那已经走上了神坛的儒教。

自由清新的空气扑面而来。何晏，在被压抑的仕途上，逐渐成为第一个试图把儒家和道家合二为一的人，他用道家的眼光去诠释儒家，援道入儒，调和儒道，并试图用思辨、用开诚布公的讨论，把被阴阳五行、谶纬迷信神秘化了的儒家思想，还原其本来的可亲的面目，用老庄哲学思想解释这个世界。到曹爽执政的正始年间，何晏、夏侯玄因为与曹爽关系友善，被提拔重用，他们在野期间形成的处世哲学并没有因之而改变，反而因为王弼的到来而更加丰富多彩了。可以说，魏晋玄学的开山者是何

晏，而集大成者为王弼。何晏本来注了《老子》，可等看到王弼的《老子注》，自己也就放弃了，而把自己写的书改成《道德二经》。

"无"作为何晏哲学的最高范畴，也是一切事务、论辩、行为的出发点。《晋书·王衍传》称："魏正始中，何晏、王弼等祖述老、庄，立论以为天地万物皆以无为本。无也者，开物成务，无往不存者也。阴阳恃以化生，万物恃以成形，贤者恃以成德。不肖者恃以免身。故无之为用，无爵而贵矣。"然而，同为玄学，王弼却对于"无"有着自己的解释，他认为世界"以无为本、以有为末"，而不是老子说的"天下万物生于有、有生于无"。"无"既然无形无象，它本身就不能独立存在，必须通过"有"（具体事物）来体现，所以，"无"存在于天地万物之中，"无"和"有"，只是本末和体用的关系，"有之所以为利，皆赖无以为用"，万物虽有万形，最终只能回归它们的共同根本——"无"。基于"以无为本"的观点，何晏、夏侯玄、王弼都主张为人、为政、名教上都要顺应自然。比如，王弼说："善治政者，无形、无名、无事、无政可举，闷闷然，卒至于大治"；对名教与自然的关系，他认为，自然是主，尊卑高低、制度约束等是次，因此，名教也要合乎自然；人性上，王弼主张性为主，情为末，即所谓"性其情"。

如今看起来很平常的事情，在把皇帝和圣人神圣化的时代却有着很大的意义，何晏就不敢承认圣人也是有七情六欲的人，而王弼认为圣人照样有喜怒哀乐，只是他们善于控制罢了。

除此之外，玄学家讨论的问题还非常广泛。在认识论上，所谓"言尽意"还是"言不尽意"，就是说语言能不能说清道理，也一直是魏晋玄学讨论中的一个重要课题。王弼的"得意忘言"，对于中国以后的诗歌、绘画审美境界有极大的影响。

因为，这些问题都十分务虚，语言交锋十分玄妙，使得这些人关注的

问题脱离实务，语言随之便不被一般人理解，行为也不同寻常，这对以后东晋上层社会产生了巨大的影响——以做具体工作为"俗务"，以片言只语体悟玄妙，以超凡脱俗为高标。

从哲学的高度解决了世界观的问题以后，现实生活中，何晏选择了及时行乐的态度，这种态度影响了魏晋以后很多人玄学和服药，对魏晋文化、风尚、服装、文学等都产生难以想象的影响。

文化繁荣

魏晋时代是被称为我国历史上的第二次"百家争鸣"的时代，中国现代的文化巨人鲁迅称在这一时期中国文学步入了"自觉"。这一历史时期的确是中国历史上少有的思想、文化大发展时期，它毫无疑问地也包括晋武帝执政的二十多年时间。

为什么会出现这种情况呢？除了思想文化自身发展的规律在起作用之外，范文澜先生还指出："西晋士族，生活是优裕的，礼法的束缚是疏松的，全国统一以后，闻见也比三国分裂时扩大了。这些，使得一部分士族中人有条件去从事文化事业。西晋一朝虽极短促，但文化上成就却是巨大的。"

另外，这也与当时的最高统治集团司马氏的提倡有关。

司马氏家族本为河内大族，世代"伏膺儒教"，崇尚风雅，追求文化知识。司马懿以"博学洽闻"而在少年时代即知名于众。司马师"雅有风

采"，与该时的文化名人夏侯玄、何晏等人齐名。司马昭的妻父，就是魏晋儒教两个主要流派之一的"王学"的代表人物王肃。王肃注解过的《尚书》《诗》《论语》《三礼》《左氏传》以及其父王朗所注的《易传》等，正是在司马氏集团的支持下，被列于官学，成为当时的儒生必读之书。

司马懿的确在诛杀曹爽时同时捕杀了何晏、邓扬、丁谧、毕轨等儒士、名人，这就是史载的"同日斩戮，名士减半"。司马师则杀了当时名士中名望极高、与何晏同为领袖人物的夏侯玄。司马昭则杀了在思想史、文学史上大名鼎鼎的嵇康。因此，后人多有认为司马氏以杀夺手段建立晋朝，对文化人也采取高压以至杀戮政策，失却了道义。诸多文化人、儒士不愿合作，又处于高压之下，只得以"癫狂"态度处世，而嵇康等在原则上并不反对儒家所规定的伦理秩序，而是反对司马氏挂羊头卖狗肉的勾当，反对司马氏提倡的虚伪的名教，故而被杀，云云。这些说法当然有其道理。

但是，如果客观地看问题，司马懿不杀曹爽及其党羽，反过来就是他自己垮台；司马师不杀夏侯玄等，反过来就是他自己被废、被杀；司马昭杀嵇康，主要是因为嵇康是曹魏宗室的女婿，不仅不合作，反而多有威胁、颠覆性的言行（这当然又主要是因为钟会的陷害），不得已而杀之。难道历史上，古今中外曾有哪一个专制政权的统治者能够坐视嵇康这类人而任其所为吗？情感不能代替封建社会政治斗争的逻辑和你死我活的事实。

至于杀戮得国，历史上哪一个封建君主不是在平民百姓的白骨堆上，在鲜血淋淋的倾轧中，登上皇位的？曹操挟天子令诸侯，曹丕逼汉献帝"禅让"，就那么符合"名教""道义"吗？司马氏提倡的的确是挂羊头卖狗肉的儒家伦理秩序，但其前或其后的封建统治者所提倡的也"正牌"不了多少。以儒家学说为核心的封建礼教，其实质是"吃人"，不论是挂

羊头卖狗肉的，还是"正牌"的。鲁迅在《魏晋风度及文章与药及酒之关系》的名作中，当然指出了魏晋统治者的崇奉礼教是虚伪的，指出了嵇康和阮籍的"毁坏礼教"的"罪名"是不成立的，但也同时指出了他们"太相信礼教"的迂腐。

晋武帝虽然不比曹氏父子本身在文化方面的许多建树，但他却尊重知识，力促文化发展的。加之他登上皇位以后，司马氏已不存在同其他政治集团的争斗问题了，因此他对文化人的政策比较宽松，而且多次下诏书，从各方面促进文化的发展，许多儒学大家，文学家，史学家及各种文化人才，都在他朝中居官。

西晋建立之初，晋武帝就下诏任命庾敷、秦秀等十九人为博士，以张华、刘实为太常之官，负责兴建太学和整理书籍，史书记有"世祖武皇帝应运登禅，崇儒兴学。经始明堂，营建辟雍，告朔班政，乡饮大射。西阁东序，《河图》秘书禁籍。台省有宗庙太府金墉故事，太学有石经古文先儒典训。"

由于晋武帝对文化教育的重视，"九州之中，师徒相传，学士如林"，太学生有三千人之多。

泰始二年（公元266年）七月，他下令营造太庙，"致荆山之木，采华山之石；铸铜柱十二，涂以黄金，镂以百物，缀以明珠"。成就一件规模壮观的文化艺术品。

泰始四年（公元268年）六月，晋武帝又在诏书中写道："士庶有好学笃道，孝弟忠信，清白异行者，举而晋之。"表现出对文化人的提携之意。

泰始六年（公元270年）冬十一月，晋武帝亲临当时太学的教习场所辟雍，"行乡饮酒之礼，赐太常博士、学生帛牛酒各有差"，以示关怀和鼓励。

咸宁三年（公元277年）三月，他下诏说："宗室戚属，国之枝叶，

欲令奉率德义，为天下式。然处富贵而能慎行者寡，召穆公纠合兄弟而赋唐棣之诗，此姬氏所以本枝百世也。今以卫将军、扶风王亮（即司马亮）为宗师，所当施行，皆咨之于宗师也。倡导宗室戚属学习文化、礼仪。

咸宁四年（公元278年），"武帝初立国子学。定置国子祭酒、博士各一人，助教十五人，以教生徒。博士皆取履行清淳、通明典义者，若散骑常侍、中书侍郎、太子中庶子以上，乃得召试。"这种"国子学"大概相当于现今的"贵族学校"之类。

咸宁五年（公元279年）冬十月，汲郡有一个叫不准的人挖掘战国时的魏襄王墓，得到漆写小篆古书十几万字的竹简。晋武帝下令收取，藏于秘府，显示了对文化古籍的重视。

晋武帝出身于儒学世家，自然对儒学投以关注。他在位期间，儒学得到发展，其代表人物和成果是傅玄及其所撰《傅子》。

傅玄，字休奕，北地泥阳（今陕西省耀县东南）人。他少年孤贫，博学而善于写文章，在音乐和声律方面亦有造诣。曾在曹魏时任弘农太守，典农校尉。晋武帝为晋王太子时，即与傅玄关系密切，任傅玄为散骑常侍。晋武帝登位后，封他鹑觚子爵位，官至侍中、太仆、司隶校尉。

傅玄是当时一位卓有声望的儒学家，他向晋武帝上疏说："夫儒学者，王教之首也。尊其道，贵其业，重其选，犹恐化之不崇；忽而不以为急，臣惧日有陵迟而不觉也。"晋武帝阅后下诏说："二常侍恳恳于所论，可谓乃心欲佐益时事者也。"在肯定了傅玄的良好用心后，晋武帝接着指出："二常侍所论，或举其大较而未备其条目，亦可便令作之，然后主者八坐广共研精。"可见，晋武帝不仅赞同傅玄之见，还与其有所切磋。

傅玄除著有《傅子》外，还有文集百余卷传世。

《傅子》分为内外中篇，共四部、六录，合一百四十首，几十万言。

司空王沈看了他写就的内篇时评价说言辞丰富道理充实，经纶政体，存重儒教，足以阻止杨墨的偏颇，比肩于以往的孔孟之说。唐朝魏征在他的《群书治要》一书中，曾摘引了《傅子》的不少篇章和观点。宋朝时，《傅子》一书内容散佚甚多，后经后代学者辑录，得以大体恢复。

傅玄在哲学思想上继承了《易经》的元气说和阴阳关系说，具有朴素的唯物主义和辨证法因素。他强调人的作用，将其概括为"天时不如地利，地利不如人和"。他注重事实，提出听言不如观事，观事不如观行，而只有将三者统一起来，才能接近减少失误的境界。

傅玄还是一个性格刚劲亮直，不能容人之短的人。他把自己的儒学思想融于为官的实践当中，主张"贵本"发展农业生产；主张提高效率，精简职位；主张广罗人才，任人之专。他的诸多奏章。依本事实，用语峻急，弹劾不留情面。如泰始四年（公元268年）他对水旱之灾的上疏就是如此。晋武帝阅后下诏说："得所陈便宜，言农事得失及水官兴废，又安边御胡政事宽猛之宜，申省周备，一二具之，此诚为国家大本，当今急务也。如所论皆差，深积压乃心，广思诸宜，动静以闻也。"这一方面可以看出傅玄奏章的实在具体，另一方面也显示了武帝识重纳谏之度。

文学在晋武帝时代得到长足发展，自建安以来，在太康年间又一次出现高峰。

建安文学的代表是曹操、曹丕和曹植以及"建安七子"孔融、阮瑀、王粲、陈琳、刘桢、徐干和应场。建安文学之后是正始文学，其代表是"竹林七贤"中的嵇康和阮籍，他们在诗歌和散文方面都很有成就。嵇康最著名的诗歌是《幽愤诗》，是他因吕安事被捕入狱后做的，写得情真意深，恳切清峻。散文的代表作是《与山巨源绝交书》。嵇康的情况，前面已经有所涉及，这里只简单介绍一下阮籍。

阮籍，字嗣宗，陈留尉氏（今河南省尉氏县）人。他的父亲是"建安

七子"之一的阮瑀，曾任魏国的丞相掾。阮籍性格傲然，放任不羁，博览群书，尤其喜好老子、庄子；嗜酒善琴，常常得意忘形。他曾在司马懿、司马师手下任从事中郎，后又在司马昭专权时任散骑常侍、步兵校尉等职，故又被称阮步兵。

尽管如此，他始终对司马氏父子持不合作态度，又不敢公开反对，因而有意放浪形骸，纵酒佯狂。善于陷害人的钟会以时事问他，他亦以醉酒不答而避免了被罗织罪名。他对世人多以白眼视之，只有当嵇康来时，他才"大悦，乃见青眼"。还有传说他曾赶着牛车不择路而走，而后因无路可走，放声大哭而归，其用意很明显，以此来表示自己在司马氏当政下无路可走。他以反礼法来曲折抗拒司马氏所倡的名教，为当时的礼法之士视作仇譬，可是司马昭每每保护他，晋武帝亦任他的儿子阮浑为太子庶子。文学上，他主要以诗《咏怀诗》等传世，诗风质朴自然。

太康诗人主要有张载、张协、张亢、陆机、陆云、潘岳、潘尼、左思等，史有"三张、二陆、两潘、一左"之说。其中陆机、左思成就最高，潘岳次之。

陆机，字士衡，吴郡华亭（今上海市松江区）人。他是东吴名臣陆逊的孙子，父亲陆抗是东吴的大司马。他二十岁时，晋武帝灭吴，他退居旧里，闭门勤学，并做《辩亡论》二篇，论述吴国何以衰亡及他祖父的功业。直到太康末年，才与其弟陆云一起去洛阳，造访时任太常的张华，张华与其一见如故，说伐吴之役获得了两位俊才。后被太傅杨骏辟为祭酒，他却说："我祖父名播四海，宁不知邪！""八王之乱"时期，陆机任成都王司马颖的后将军、河北大都督，后因兵败，被司马颖所杀。

陆机的诗歌讲究词藻和对偶，模仿多于创新，《长歌行》《猛虎行》和十二首《拟古诗》都流于此弊，较好的作品有《赴洛道中作》《门有车马客行》等。有人评价他的诗作"若排沙简金，往往见宝"。

左思，字太冲，齐国临淄（今山东省益都县）人。他出身于小吏家庭，其貌不扬，口讷，不好交游。待妹妹左芬被司马炎选为皇妃后，移居京师。他自以为所见不博，求作秘书郎。他与秘书监贾谧交好，曾被请讲授《汉书》。贾谧被杀后，他退隐不仕，专心于典籍。后病死冀州。晋武帝选其妹为妃，是因其妹好学善文，名亚于左思，武帝闻而纳之。

左思的诗作今仅存十四首，其中八首《咏史》较为有名。像《咏史》之二中的"郁郁涧底松，离离山上苗"等意象，是以比的手法去暗喻怀才不遇的人和无才得志的人，控诉了当时的门阀制度，对南朝的范云、初唐的王勃、中唐的白居易都有所影响。王夫之在《古诗选评》中评价左思说："三国之降为西晋，文体大坏，古度古心，不绝于来兹者，谁太冲者焉归？"这一评价大体上说还是公允的。

潘岳，字安仁，荥阳中牟（今河南省荥阳市）人。祖父潘瑾为安平太守，父亲潘芘为琅邪内史。潘岳少年时代以敏慧见长，乡邑号之为"奇童"。泰始中年，晋武帝躬耕于藉田，潘岳做赋对此大加赞美。晋武帝亲事农桑，当然有值得肯定之处。但潘岳做此赋竭尽过誉以至吹捧之辞，足见其属趋炎附势、阿谀奉承之辈。对此史有所载："岳性轻躁，趋世利，与石崇等诌事贾谧，每候其出，与崇辄望尘而拜。"

贾谧是贾充的外孙，因其母未婚先孕，为遮羞，贾充遂将贾谧作为贾门之嗣。贾谧在其母贾后弄权时，势力熏天，骄横无忌，穷奢极欲。潘岳与陆机、陆云等附会贾谧，是贾谧的二十四友中的名列前茅者。

但这只是事情的一个方面，潘岳才名冠世，也被人疾恨。当山涛、主济、裴楷等都被晋武帝亲近而做大官时，他才是个县令，因此心中也常郁郁不得志。不过在职守上，潘岳还是勤于政的。他任怀令时，曾上奏议案，颇在理，为朝廷采纳。他因勤于政而升任廷尉，可是最终也只做到给事黄门侍郎。晋惠帝时，他被人诬陷谋反罪被杀，夷三族。

潘岳在诗歌创作上以《悼亡诗》见传。像他悼念亡妻的诗作就写得相当感人。其中写道："望庐思其人，入室想所历。帏屏无仿佛，翰墨有馀迹。流芳未及歇，遗挂犹在壁。"诗句由远及近，由外及内写来，犹如情思愈重；加之所捕捉的意象都是极普通却又极具典型性，使人读来自然不失深切，对亡妻沉重的思念之情跃然纸上。后人评价"潘诗烂若舒锦，无处不佳"仅就其辞藻华丽而言，自然有所溢美，但其诗作有些的确可称上乘。

在太康诗人的创作中，还有诸如傅玄的《豫章行苦相篇》；张华的《情诗》；张协的《杂诗》；郭璞的《游仙诗》；刘琨的《重赠卢谌》《扶风歌》等受人称道，为传世之作。

太康文学，除了诗歌外还有一种体裁的文学作品，这就是赋，而且赋的成就比诗歌大。

前面曾提及潘岳为晋武帝躬耕农田而做赋，其实那算不上严格意义上的赋，只是颂辞之类的东西，谈不上是什么文学创作，所以文学史上鲜有提及。

赋的创作，以左思的《三都赋》（《蜀都》《吴都》《魏都》）成就最高。左思创作《三都赋》，构思十年，门庭、花园以至厕所里都摆有笔纸，遇得一句，立刻写下。赋写成之后，张载、刘逵为其作注、序，张华则称赞其"使读之者尽有余，久而更新"。于是豪贵之家竞相传写，洛阳为之纸贵。当初陆机至洛阳后也曾想写些赋，听说左思在作，他拍着手掌取笑说等左思赋成，用它来盖酒瓮。可是左思写出，他一看叹服，认为己所不及，遂停笔不写。

《三都赋》不仅承袭了汉赋文辞华丽，铺排壮观的特征，而且独具自身写实的特点，去掉了汉赋极饰夸张的作法，可以从中得知三国时代的经济、社会状况，故而独成一家。

除了左思的《三都赋》外，陆机还做有《文赋》。该作实质是以赋的形式阐述作文为章的方法，颇多精当见解，是我国古代文艺理论中的重要著述。

潘岳有《闲居》《秋兴》二赋，写出了清悠闲适的格调。又有《射雉》《笙》二赋，状物抒情，细致精巧，文辞俊美，属风流洒脱之作。

书法艺术在西晋亦有重要发展。晋武帝极为重视书法艺术，专门立书博士，设弟子员，教习书法，以钟繇、胡昭两人为标准。范文澜先生评述说："东汉末后刘德升首创行书体，钟、胡得刘德升传授，都擅长行书。钟繇真书（楷书）尤独擅盛名。行书真书在各书体中是最合实用的书体，书博士规定以钟、胡为法，符合书体进步的趋势。"

钟繇，字元常，颍川长社（今河南省长葛县东）人。少时靠族父供给费用，得以专学。不久任廷尉正、黄门侍郎。汉献帝时李傕、郭汜作乱，他因进言保护了曹操，晋官御史中丞，迁侍中尚书仆射，封东武亭侯。自此，他成为魏国的朝廷重臣，曾在曹氏统治集团中先后任相国、廷尉、太傅，他亦为魏国的建立及强大立下汗马功劳。魏文帝曾称他为后世再难有继的一代伟人。魏明帝太和四年（230年）他去世，曹叡身着素服，亲临凭吊。

他的书法吸取了曹喜的篆隶、刘德升的行书、蔡邕的八分等各家之长，融汇贯通后形成自己的风格。他兼善各体，尤其精于隶书和真书（楷书）。唐人张怀瑾在《书断》中称他："真书绝妙，乃过于师，刚柔备焉。点画之间，多有异趣，可谓幽深无际，古雅有余，秦汉以来，一人而已。"

胡昭，字孔明，颍川（今河南省）人。自小重养志，不仕官，先后辞袁绍、曹操所任命的官职，自居山中，躬耕乐道，以博览经籍为娱。他以贤者高名闻达远近，贼寇亦约誓不犯其居住之地，相邻百姓因此得安。他和钟繇、邯郸淳、卫凯、韦诞等书法家齐名，"尺牍之迹，动见模楷

焉"。《高士传》还载他与布衣时的司马懿有交情。时有人谋害司马懿，他以诚心感人，阻止了谋害行为，却始终缄口不言，司马懿本人都不知此事。魏邵陵厉公曹芳嘉平二年（公元250年），他以八十九岁高寿终。

在晋武帝时代，则出现了索靖、卫瓘及稍后的卫瓘之子卫恒等书法家。

索靖，字幼安，敦煌（今甘肃省敦煌）人。他在少年时代即出类拔萃，与乡里的其他四人一起进入太学，驰名海内，号称"敦煌五龙"。傅玄、张华等名臣和索靖见了一面，都跟他结交甚厚。他曾官拜驸马都尉，出为西域戊己校尉长史。太子仆张勃上表晋武帝说索靖才艺绝人，宜在台阁，不宜远出边塞。晋武帝果然采纳，擢任他为尚书郎。许多年后，他才出任酒泉太守。

索靖和尚书令卫瓘在当时都以擅长草书而知名，晋武帝很喜爱他们。

就两人的特点而言，卫瓘书法的笔功胜于索靖，索靖则在楷法上远胜于卫瓘。

卫瓘的儿子卫恒，字巨山，曾任尚书郎、秘书丞、黄门郎等职。他擅长草书和隶书，并撰有《四体书势》，历述书法发展的过程，为书法理论的名篇。

晋武帝倡导书法艺术之功，最主要的兴许是在承前启后上面：它上承钟繇、胡昭，下启"书圣"王羲之及王献之，从而使东晋成为我国书法艺术史上的最灿烂的时期之一。

史学也是晋武帝较为重视的一个学科。咸宁五年（公元279年）汲郡人盗挖战国时魏襄王墓，得竹简古书数十车。其中有魏国史书《纪年》十三篇，记夏朝以来至魏襄王事。另还有《穆天子传》五篇，记周穆王游行四海事，其他各种书数十篇。竹书文字奇特，简札又错乱无次序。晋武帝下令非其莫属的卫恒整理竹书，改写为今文。卫恒去世后，束晳完成整理工作，并作考证。《竹书纪年》和《穆天子传》于是得传于世。

司马彪则根据《竹书纪年》驳斥谯周的《古史考》。谯周认为司马迁《史记》采百家杂说，所记周秦以上事多与正经不合，特做《古史考》25篇纠《史记》的谬误。

司马彪还撰写了《续汉书》八十篇，以详实见称。其中八志余述东汉制度，梁刘昭分八志为三十卷，并为做注，附宋范晔《后汉书》。《后汉书》因此有"志"，和《史记》《汉书》相配。

司马彪，字绍统，是高阳王司马睦的长子。少年时代好学，可是贪色薄行，受父斥责，失去王位继承权。司马彪由此不与人事交往，专心学习，博览群书，后成著述。初拜骑都尉，泰始中年，任秘书郎，转丞。曾注《庄子》，做《九州春秋》。他写《续汉书》，是感于"汉氏中兴，讫于建安，忠臣义士亦以昭著，而时无良史，记述繁杂，谯周虽已删除，然犹未尽，安顺以下，亡缺者多"。泰始初年，晋武帝祠南郊，他还曾上疏定议。晋惠帝司马衷末年，司马彪去世，享年60岁。

陈寿于泰始十年（公元274年）开始编著《三国志》。《三国志》是我国重要的一部史籍，记载了许多三国时期和以前的人物、事件。北魏的崔浩评价说："陈寿《三国志》，有古良史之风。其著述文义典正，皆扬于王庭之言，微而显，婉而成章，班、史以来，无及寿者。"

陈寿本是蜀国人，蜀亡后仕晋。处在司马氏的统治下，他的《三国志》以曹魏为正统，难免要触及司马氏夺权的史事，这弄不好就会招来杀身灭族之祸。他虽然有所顾忌，但还是"微而显"地写出了司马氏取曹氏而代之的过程，写出了司马氏成员的一些缺陷。如他记载夏侯玄等改革法度时，是借夏侯玄与司马懿讨论的机会将夏侯玄的观念详录下来的，使后人从曲折中看到了曹爽集团改革法度和司马懿不赞成的史事。

《三国志》的缺点是过于简略。宋裴松之作了注和补，征引汉魏以至六朝著述一百几十种；注、补首尾完整，并考订异同，补足了陈寿的简

略，使《三国志》在正史中获得一流地位。

陈寿，字承祚，巴西安汉（今四川省南充市）人。少好学，他的老师是当时有名的史学学者谯周。成人后任蜀国的观阁令史。因不屈于黄皓专权，屡遭贬谪。晋灭蜀后，受司空张华喜爱，出任阳平令等。撰写《蜀相诸葛亮集》，上奏晋武帝，旋迁任本郡中正。待撰《三国志》，时人夏侯湛正著《魏书》，陈寿见，作罢。张华见书亦善之，再举任中书郎。后迁任长广太守，陈寿辞母老不就。杜预再向晋武帝举荐，由是被授御史治书。于晋惠帝司马衷元康七年（公元297年）病卒，享年六十五岁。

作为一部杂史、杂记、杂考之书，张华的《博物志》也值得赞举。该著述的特点是记载了不少故事性很强的非地理博物性传说，大大超出了《山海经》《神异经》等所载的内容范围。书中所记的杂考、杂说、杂物、杂事以前多散见于已佚失的各类古籍里，经该书采撷得以流传，可补正史之不足。

张华，字茂先，范阳方城（今河北省固安南）人。年少贫孤，牧羊为生，但学业优异，见闻广博；勇于赴义，救人之急，曾作《鹪鹩赋》寄托志怀，名士阮籍见后叹之为王佐之才，自此声誉渐起。司马昭将其任为长史，兼中书郎，朝议表奏，多被施用。晋武帝登位，拜张华为黄门侍郎，封关内侯。晋武帝甚异其才，几年后又拜张华为中书令，加散骑常侍。后来几乎拜张华为相，因人进谗未得。晋惠帝即位后，张华又有作为，但时宫廷已乱，张华最终被诛，夷三族。这是后语，容当别述。

在西晋时代，其他文化门类如佛学、哲学、绘画、物理、天文、医学、地图学和地理学等，都有重要发展。佛寺的大量兴建，其实始于西晋，当时全国有四十二处，仅洛阳就有白马寺、东华寺、菩萨寺等名刹十处。这时还有著名的佛学家康僧会。哲学有名家杨泉及其著述《物理论》。绘画则有荀勖、王协、张墨等人，上承曹不兴，下启顾恺之。物理学有张华对共鸣现象的发现和苟勖对音律的研究。天文学方面，虞耸著有《穹天论》。医学有王叔和与他的《脉经》，皇甫谧与他的《针灸甲乙经》。在地图学与地理学领域，裴秀于晋武帝泰始七年（公元271年）创制《禹贡地域图》十八篇，结束了以往制地图的原始状态，又做《地形方丈图》。《禹贡地域图》属历代地理沿革图，《地形方丈图》则是西晋地图。

总之，晋武帝司马炎在位期间，行较为疏松的礼法，以他的亲身倡导或予以重视，促进了文化的发展，对承传和开启其前与其后的文化事业，作出了一定贡献。

生前死后

第六章

齐王之死

　　司马炎篡魏称帝、建立晋朝后，封司马攸为齐王，对他还算尊崇，让他掌握部分军权，参与议定国家大事，官职由卫将军迁骠骑将军，又转镇军大将军，后由武官转为文官，任太子太傅、司空等职。但到了武帝晚年，情况却发生了很大变化。

　　晋武帝共有二十六子，其中皇后杨艳所生仅三人，长子司马轨夭折后，次子司马衷遂以年长被册立为太子。然而，司马衷智力低下，自己的日常生活都不能料理，将来继承皇位、治理国家就更成问题了。朝中许多大臣对此忧心忡忡，屡劝晋武帝另择贤明。晋武帝一度产生了动摇，曾与皇后杨艳商量是否另选太子。杨皇后坚决不同意，她说："依照礼制，选择太子的标准是，看他是不是嫡长子，而不必考虑他是否贤明。这一规定绝对不可破坏。"晋武帝自此不再提废黜太子之事，也不愿听别人议论太子不聪明，千方百计地为太子树立威严。谁敬奉太子，晋武帝就大加任用；谁说太子不堪入承大统，晋武帝就与之疏远甚至将其贬黜。于是出现了两种相互对立的说法：向晋武帝谄媚的人极言太子聪慧超群，忧国忧民的大臣则认为太子愚黯，于国不利。

　　与有争议的司马衷相反，齐王司马攸则名望甚高。他自幼博览群书，善于写文章，时人非常赞赏他的才思。加之他承嗣司马师，本来就几乎继司马昭之后执掌朝政，因没竞争过司马炎而屈居郡王之位。他如果继晋武

帝之后即皇位，不仅名正言顺，而且他的突出才干与司马衷的愚蠢形成了鲜明对照，凡是真心为朝廷未来的振兴着想的人，无不对他推崇备至，期待着他来取代司马衷的位置。

司空卫瓘知道太子根本没有理政能力，屡欲进言而未敢说。有一次，晋武帝在陵云台举行宴会，卫瓘假装喝醉了酒，摇摇晃晃地来到晋武帝座前跪下，对晋武帝说："臣有话要讲。"晋武帝问："你想说什么？"卫瓘一再装出欲言又止的样子，最后摸着晋武帝的座位，叹息说："此座可惜！"晋武帝明白卫瓘说这话的用意，便故意打岔说："你真是喝醉了吧？"叫人将他扶了下去。卫瓘见晋武帝不听劝告，自此不再提太子之事。

太尉贾充是个很惯于见风使舵的人。他原来追随司马昭，在篡魏的过程中起过较大作用，所以司马昭临终前，特意对司马炎说："知你者莫过于贾充，你一定要重用他。"司马炎建立晋朝后，贾充果然成为他身边的重臣。为了加强自己的权势，贾充极尽诏媚取容之能事，想方设法迎合司马炎的旨意，还把女儿贾荃嫁给当时官职甚高、参预朝政的齐王司马攸，使自己成了朝中举足轻重的人物。侍中任恺、中书令庾纯等人比较刚直，他们看不惯贾充在朝中搬弄权势，便趁关中鲜卑人叛乱不息的时候，向晋武帝进言，让贾充离京赴关中，任都督秦、凉二州诸军事，平息叛乱。武帝正为关中不安定而忧虑，正在考虑出镇关中的人选，经任恺等人一说，立即表示赞同。

贾充为自己被忽然调离朝廷，不能再在朝中弄权而沮丧。贾充听从荀勖的建议赶紧派人贿赂皇后杨艳，让她劝晋武帝为太子纳贾充之女贾南风为妃，还让太尉、太傅荀凯为此事帮忙。晋武帝也正想为痴呆的太子找一个有才干的女子为妃，遂同意了这桩婚事。这样，贾充得以借此机会留京，仍居本职，不复西行。当时舆论普遍对他们的这种勾当不满，视贾充、荀勖等人为奸佞之人。

朝中许多大臣在议论谁当太子合适的问题。晋武帝希望主要大臣中有更多的人支持他选定司马衷,曾问张华:"在我身后谁继承皇位合适?"而张华坚持自己的立场,不苟合取安,他说:"要论既有德才,又是亲骨肉,我认为齐王司马攸最合适。"晋武帝听了很不高兴,贾充等人趁机进谗言,排斥张华。晋武帝遂在太康三年(公元282年)正月改任张华为都督幽州诸军事,离京前往幽州(今河北北部、京、津及辽宁大部分地区)。

齐王司马攸向来厌恶荀勖、冯紞等人的奸佞行径,荀勖、冯紞也知道如果司马攸将来登基,将对他们不利。因此,他们在扬太子、抑齐王的过程中,为达到个人的目的而不择手段。荀勖眼见齐王的声望日高,颇感焦虑,便向晋武帝进言说:"陛下万岁之后,太子继承不了皇位。"晋武帝很惊讶,忙问原因,荀勖说:"朝廷内外的人都倾心于齐王,认为他贤明,太子到那时能继位吗?陛下如果下一道诏令,命令齐王离京回封国,满朝大臣准会争相出来阻止的。陛下若不信,可以试试。"冯紞也说:"陛下早就打算让所有藩王回自己的封地去,而他们总是留恋京城不肯离去,现在应该从最亲近的藩王做起,而最亲近的藩王莫过于齐王。"

晋武帝相信了这两个人的话,于太康三年(公元282年)下了一道诏令,命齐王为都督青州诸军事,返回他的封国。诏令一下,果然引起朝中许多大臣的反对,扶风王司马骏(司马懿之子)、征东大将军王浑、光禄大夫李憙、中护军羊琇及两个驸马王济、甄德等,都站出来进行阻止。王浑在奏疏中直言不讳地指出:"陛下让齐王回封国,带个都督青州的虚号,没有镇守一方的军队可指挥,远离朝廷,不再参政,未免太不重兄弟手足之情了,有违文帝(指司马昭)临终前对陛下的嘱托。"晋武帝最怕别人说他不重兄弟之情,碍于面子,他不便对老臣王浑发作,而年轻一些的人进行劝阻,就难免使他发怒了。

　　王济、甄德这两个人不仅自己泣请晋武帝留齐王在朝，还一再让他们的夫人常山公主和长广公主到晋武帝面前说情，惹得晋武帝怒吼道："朕让弟弟司马攸回封国，是朕家中之事，关你们什么事！甄德、王济故意鼓动妇人来哭啼，是向活人哭丧还是别的意思？"王济因此被降职为国子祭酒。

　　皇后杨芷的叔父杨珧与荀勖来往密切。太康三年（公元282年），太尉贾充死后，荀勖推荐杨珧为太子太傅，辅佐东宫，使他们的小帮派不因贾充死去而势力削弱。杨珧在排斥齐王司马攸的过程中非常卖力。中护军羊琇与北军中侯成粲一向为齐王所信用。他们恨杨珧与荀勖等结成帮派，曾密谋用刀捅死他。杨珧得知这一消息后，吓得不敢迈出家门，便派人告发羊琇图谋刺杀大臣，为齐王司马攸出力。羊琇自幼与晋武帝一起长大，曾为晋武帝即位发挥过很大作用，平时深受晋武帝信任，任典掌禁军的中护军达十三年之久，但他在齐王的问题上栽了个跟头。晋武帝得到杨珧的告状后，不顾多年的情谊，将他降职为太仆。羊琇为此而愤恨不已，不久竟一病不起，死在家中。

　　晋武帝的态度如此坚决，以致百官中再没有人敢公开站出来反对逼齐王离京了。齐王司马攸知道晋武帝完全听信了荀勖、冯紞的谗言，心中愤恨不已，不久便病倒了。晋武帝派御医前去诊治，而御医迎合晋武帝的意愿，故意说齐王没病。齐王病情越来越重，晋武帝却不停地催他起程。齐王没办法，只好强打起精神入朝向晋武帝辞行，晋武帝见齐王的举止仍保持平时的样子，更确信他是没病装病。直到他两天后躺在病榻上吐血而死，晋武帝才吃了一惊。

　　晋武帝因齐王是被自己逼死的，内心有愧，不禁落下了眼泪，而站在一旁的冯紞冷言冷语地说："齐王徒具虚名，而朝中百官皆归心于他，对皇太子十分不利。现在齐王自己得病而死，这正是国家的福气，陛下何必那样伤心呢！"晋武帝听了，收住了眼泪。

齐王死后，其子司马囧愤愤不平，但又不敢指责晋武帝，便把愤恨发泄在御医身上，称御医误诊其父的病。晋武帝随即下令将御医斩首，让他们成为替罪羊，以示齐王之死与己无关。

齐王一死，太子司马衷的地位就牢不可动摇了，没人敢再说废立太子之事。而晋王朝由盛而衰的悲剧正发源于此。司马衷愚黯无知，从他即位登基之始，到公元306年死去的十七年间，他空居皇位，所有朝政都由他人代理。皇权旁落，引起司马氏家族内部的激烈争斗，每个试图把司马衷控制在自己手中以"挟天子令诸侯"的藩王，都在不择一切手段扫清自己登上权力之巅的道路上的障碍，由此演出了一幕幕同室操戈、血肉横飞的惨剧。

黄泉有泪

再说晋武帝，他终因终日眠花宿柳，体力终于不支，倒卧龙床，一病不起。

他每天都感到头晕目眩，四肢无力，舌头也有些硬，双目不断地冒金花。这种症状已非一日，只是没这么严重罢了。每当服用了那令他兴奋的药丸，这种症状便逐渐消失，药力尽后，症状就加重。因此，他不得不加大服用量，由每天服用一丸，增至早一丸晚一丸。药量的增大，使兴奋的程度提高，恶性循环，终至病情加重。

晋武帝昏过去了，闻讯而来的朝臣不下数十人，大都面带愁容，忧心如焚。杨骏是第一个到的，一直守在晋武帝的龙床边，时而装出一副悲痛欲绝的样子，时而训斥御医们动作太慢。

晋武帝服下九转回生丹后，便被御医们从死亡线上拉了回来。他的思维已经恢复，能听见杨骏的斥责声，渐渐地便明白了是怎么回事，只是心力衰竭，二眼干涩，怎么也睁不开，想说些什么，也发不出声音。"难道就这样完了吗？要活下去，活下去，争取早日恢复健康，再在后宫的十里长街上风光一番。"他这么想着，竟幽幽地睁开了眼睛，模模糊糊地认清了站在他周围的人：这是皇后杨艳，那是临晋侯杨骏。噢，汝南王司马亮和杨济、杨珧也在这里。还有祭酒陆胜、主簿潘岳……

"圣上醒来了，圣上醒来了！"杨骏一副大喜过望的冲动，紧紧抓住晋武帝没有血色的鸡爪似的右手："圣上，圣上啊，你让臣好一番担心啊！这就好了，这就好了！"

"大奸似忠，这个权迷心窍的杨骏！"心地善良，胆子又小的司马亮站在武帝的床前，一句话也不说，只是眼里噙着泪花。他在为晋武帝悲哀，更为大晋之权即将沦入杨骏之手悲哀。但在他看来，杨氏兄弟和皇后与太子妃贾午的统一战线是暂时的，一旦贾午翻脸，大晋定天下大乱，宗王们是不会眼睁睁地看着政权被外戚驾驭的。

御医衣伟军怕影响晋武帝的情绪，有碍治疗，便向坐在晋武帝床边，一脸悲戚的皇后道："娘娘，圣上才醒，气如游丝，需要安静，是否让群臣离开？"

"好吧。"皇后向朝臣们摆摆手，"众位大人心系圣上安危，我不胜感激。可圣上怕打扰，你们就暂时回去吧，待圣上稍有好转，再来探望不迟。"

朝臣们便先后走了出去，杨骏却留了下来，与皇后唱起了双簧。皇后

向杨骏递个眼色："杨大人，你也该回去了。"

杨骏提高嗓门，因为这话是说给晋武帝听的："娘娘，我杨骏身为国戚，时刻记挂着圣上的冷暖。虽然为国事忙得焦头烂额，却无时无刻不在念叨圣上的隆恩。夜半常常坐起，为不能将圣上的重托做到极致而惭愧得流泪。我要一直陪着圣上，直到圣上康复！"

"圣上如此，汝南王又无能，这管理国家的重担就落在你与杨济、杨珧等人的肩上了。你若在这里陪着，谁来管理国家？朝臣们都拥戴你，信任你，没有你，岂不成无王之蜂了吗？"皇后向晋武帝的床前凑了凑，唯恐晋武帝听不见，"杨大人，圣上对你非常器重，你从小小的将军府司马平步登云，一下子升为镇军将军，又迁为车骑将军，封了临晋侯，成为辅政重臣，可要永世不忘圣上的龙恩，永远为圣上分忧。至于汝南王那里，要多迁就，他是宗王嘛。"

杨骏信誓旦旦："请皇后放心，圣上的知遇之恩，我杨骏定鞍前马后，鞠躬尽瘁，若做出对不起圣上的事，天诛地灭！"

皇后与杨骏的双簧晋武帝听得清楚，不禁产生了感激之情，一个虽然飘忽、朦胧，但却已经形成的结论便油然而生：杨骏三兄弟是朕的股肱之臣，可当重任啊！也许是这个结论发生了作用，或是九转回生丹的药力的缘故，他竟清醒了许多，又吃力地睁开双眼，发出了第一个音节，接着便能出语了。虽然蝇声蚊气，断断续续，却能分辨出他说的什么。他在告诉杨骏：朕信任你，你大胆地理政好了。可要与汝南王搞好关系，切莫使汝南王难堪，以防引起宗王们的反感，造成天下大乱。

杨骏跪倒，流着泪道："请圣上放心，臣虽肝脑涂地，也在所不辞！至于与汝南王的关系，虽有磨擦，却无大碍，因为这些磨擦皆因国事所致，并非为了私利。圣上让臣与汝南王共同辅政，臣出以公心，以故常有些政见不和，这是很难避免的。圣上，臣这就离开，还有好多大事等着臣

处理呢。臣一有间隙，就来探望圣上。皇后啊，你可要寸步不离啊！记住，我是以叔父的身份要求你这样做的。"

晋武帝大概很欣赏杨骏的表演，脸上溢出了一丝很难让人发现的微笑，然后又处于半昏迷状态。

杨骏前脚走，宗王们便大都赶来探望晋武帝。可以肯定，他们是集合后一起赶来的，否则不会那么齐。除了去世的宗王，现有宗王二十八个。因六十岁以上的宗王都已不在人世，年龄最大的司马亮也不过四十多岁，正如杨骏所说，最小的还在吃奶。自晋武帝被女色所迷，荒政之后，在自己封地内行政的宗王已为数不多，不过六个，而且是以宗王的名义领军。余下的宗王都在京中，封地由州县管理，实际上分封制已名存实亡了。宗王们不过是顶着宗王的桂冠，领取王的俸银罢了。而那些还不懂事和刚从娘肚子里出来不久的宗王们又无力从政，便有了今天这种局面。前来探视晋武帝病情的宗王们中的八个，是由母亲抱着来的，嘴里塞着奶头，生怕哭嚷，搅扰晋武帝。他们围着龙床转了一圈，然后便跪下来，等待晋武帝睁开眼晴。而晋武帝却如同一具僵尸，一动不动。便有人哭出声来，厅堂内充满了哀伤的气氛，好像晋武帝生命的灯盏已经吹灭了，回归天国了。

此时，皇后的心情极为复杂，极怕晋武帝醒来后叮嘱于自己和杨氏兄弟不利的话，有将这些宗王们打发走的欲望，可又怕引起宗王们的反感。她犹豫了好一会，温和地道："诸位宗王，圣上虽已保住了龙命，却仍处于半昏迷之中，怕受干扰，为了圣上的安康，大家还是回府去吧。待圣上清醒后再来探望。"

晋武帝的病情的确有所好转，只是病情不稳定，一阵清醒，一阵糊涂，时常昏厥。这回，楚隐王司马玮前来探望他的病情，适逢他清醒，便问他是否发出了让司马亮出镇西域的口谕，并将司马亮的事告诉了他。他吃惊不小，摇头道："这个杨骏，怎么假传朕的口谕，也太无法无天

了！"

司马玮愤愤地道："如今朝廷上下，都是杨大人的亲信，今又将汝南王挤走，便是他的天下了。宗王们无不气愤填膺，父皇应当机立断，诏回汝南王，拿下杨骏的狗头！"

"养痈成患，养痈成患啊！"晋武帝气火难按，却已无能为力了只好道："斩杀杨骏是下策，杀他容易，可朝野就乱了，到处是他的人啊！这么办吧，朕让中书省拟写圣旨，让汝南王回归朝廷，与杨骏共同辅政，再任命几个有名望、主持正义的朝臣。为今之计，只好如此了。你回去吧，不宜在这里待得太久。"

晋武帝仅与司马玮叙话，无他人在场，不想隔墙有耳，这些话被躲在侧室的皇后收入耳中。召回司马亮、遏止杨骏专权的势头，是件好事，可安插信臣，却对杨家大为不利。于是，便修书一封，让亲信太监送于杨骏。

西晋八王封国略图

杨骏得此消息，冷笑道："哼哼，圣上啊圣上，为时已晚。朝廷内外、上下都已被我控制，这圣旨是传不出去了！"

杨骏此话并非自吹自擂，因为中书省已在他的掌握之中。次日下午，他便来到中书省借阅圣旨。中书监华廙不给，被他大骂一顿，夺了圣旨就走。华廙无奈，将此事告知了中书令何劭。何劭言道：

"今杨骏权重如山，谁敢得罪？就由他去吧。不过，这圣旨不能在他手中太久，再过半个时辰，你就去索回。他若是不给，你也不必太认真，看他如何言语。"

杨骏得了圣旨，读后惊出了一身冷汗。原来，晋武帝不仅让司马亮与他共同辅政，而且安插了二十多个朝臣，顶替了他安排的新贵。如此办理，便将他架空了。于是，他把圣旨藏了起来，苦苦地思索着对策。这时，华廙求见。他料到华廙是来索取圣旨的，有心不见，又觉不妥，便接见了华廙。不待华廙开口，便板着脸道："我向你索取圣旨，态度强硬了些，多包涵吧。这圣旨我已看过，大欠妥当。今朝臣人心稳定，无不忠于圣上，用心治事，若将他们替换下去，不就乱了套吗？华大人，国事要紧啊！当此圣上病危之时，如此办理，可就有乱国之嫌了。"

华廙不亢不卑地道："你是辅政大臣，索要圣旨阅看未尝不可，却不能留下。何大人派我前来，不为别的，只为将圣旨要回。至于圣旨所写内容，是圣上的意思，中书省无权更动。今圣上还在，我们必须为圣上负责。"

杨骏渐渐放弃了傲慢，面色便温和起来，口气也不再那么生硬："华大人有所不知，圣上的病情严重，常常昏迷，有时醒来，思维也不清楚，说话语无伦次，怎能算数？这圣旨你是不能索回的。我是辅政大臣，有权处理此事。"

"杨大人身为朝中重臣，懂得朝中的规矩，扣留圣旨，是要治罪

的。"华廙毫不客气地指出，"我虽然孤陋寡闻，却知道古往今来，大凡扣留圣旨者，非良贤之辈。"

"你……你含沙射影，攻击我是不？"杨骏兀地怒了，拍着几案，"我为了大晋社稷，方才过问此事。难道一个辅政大臣，连这点权力也没有吗？你回去告诉何劭，今天二更时分，你与他当着圣上的面书写圣旨，然后念给圣上听。圣旨由我口授，你来执笔，皇后与何大人监督，这总可以了吧？走吧，到时我在圣上的病床前等你俩，可要准时到。"

当着晋武帝的面书写圣旨，增强了透明度，不失为高招，华廙想不到杨骏狗嘴里还能吐出象牙来，惊喜之余不免有些耽心，便扫视着杨骏那双微微有些发红的，闪射着贪婪和攫取的目光的眼睛："杨大人，这是真的吗？"

"君子一言，驷马难追，况且我是总揽全局的辅政大臣。"杨骏的双目突然闪射出寒光，如同目光敏锐的鹰鹫，"华大人，我不计较你的傲慢无礼，因为我以大晋社稷为重。你向以运笔灵妙，潇洒劲力著称，相信你会在圣上面前为自己争脸的，这可是个好机会！"

"我华廙忠于王事，得不喜，失不哀，一颗良心可对天地，从来不会哗众取宠。既然大人要我执笔，我就执笔好了，至于圣上对我如何评价，我全不计较。"华廙虽觉杨骏近于凶残的目光中藏着阴谋诡计，却不好再说什么，便告辞出来，坐上素车，奔中书省去了。晋武帝的病情的确像何劭说的那样，已入膏肓，可他还有些思维，也能迷迷糊糊地听见人们的说话声，就是不能说，不能动。杨骏来到他的床边，与皇后议论着写圣旨的事，他听得明白，气火难按，真想大骂一顿，以解心头之恨。与此同时，他也恨起宗王们来，恨他们不来探望他，恨他们面对这严峻的形势无动于衷。可他哪里知道，宗王们已来探望过多次，都让皇后以"圣上病情加重，不可打扰"为由挡在了门外。这时，就听皇后道：

"叔父啊！可不能把事做得太绝，别的事我都同意，就是不让汝南王与你共同辅政的事太冒险，若惹恼了宗王们，可不是闹着玩的，你可要三思啊！"

又听杨骏道："把心放到肚子里吧，不要再叨唠了，只要手中有了大权，怕他们何来？这圣旨就照我说的写，你好好配合就行了。胜者为王败者寇，只能成功，不能失败！"

"悔不该不听山涛等人的劝告，让外戚干政，朕好后悔！"晋武帝这么想着，又昏了过去，便什么也听不到了。

何劭与华廙准时赶到，发现晋武帝僵尸一般，不由得倒抽一口凉气。何劭不动声色地道："皇后、杨大人，圣上这个样子，能分辨是非？这圣旨还是等圣上清醒后再写为好。"

"是啊，此时书写圣旨，就大打折扣了，焉能服众？"华廙附合着。

杨骏情绪冲动，露出了本来面目，叫道："这朝中的事你俩说了算还是皇后与我说了算？哪里这么多毛病？写，非写不可！"

皇后怕把事情闹僵了，心平气和地道："二位大人有所不知，圣上看似昏迷，实则能听清我们的话，也能做出反应。你们看，圣上的头动了一动。圣上是在告诉我们，同意由杨大人口授，华廙书写圣旨，我与何大人作证。"

晋武帝的脑袋的确动了动，因为他再次被吵醒，似有若无地听见了皇后的话，他想痛骂，想制止，头便动了。

何劭也发现晋武帝的脑袋似乎有些动，便向华廙示了个眼色："既然圣上同意，你就写吧。"

华廙是多么盼望晋武帝会忽然醒来，制止这场夺权的闹剧啊！可这是绝对不可能的，除非晋武帝在弥留之际回光返照。他无可奈何地展开圣旨，缓缓地研着墨，二目却不时地扫视着武帝的脸。

　　杨骏看透了华廙的用心，便督促道："华大人，墨研好了，快写吧，不必打别的主意。"

　　华廙只好提起朱笔："说吧，我写。"

　　"皇帝诏曰：前者有旨，汝南王亮赴西域镇边，为社稷所需。亮却伏而不动，公然抗命，为大逆不道之举。着其三天后出行，不得拖延……

　　本来已经做了任凭皇后和杨骏摆布的思想准备，不想华廙却控制不住激愤的情绪，以死抗争。何劭怕华廙遭遇不测，便道："杨大人不必生气，华大人的脾气你是知道的，坦荡耿直，嫉恶如仇，就不要与他计较了。依我之见，这圣旨还是你亲自念得好，因为它是你口授的。"

　　"何大人，你就念吧，反正杨大人在口授时圣上已经听清楚了，再念一遍，不过走个过场。"皇后劝道。

　　何劭回答："不是臣违皇后的意，臣与皇后是监督者，臣以故不能念的。"

　　杨骏怕夜长梦多，便兀自念了一遍，而且煞有介事地问："圣上，你听清楚了吗？若听得清楚，又同意此旨，就动一动龙首如何？"

　　皇后也道："圣上啊，这道圣旨可是极重要的，你非有表示不可呀！你若龙首微动，就是同意了。"

　　于是，四个人的八只眼睛发出的光齐齐地对准晋武帝的头，厅内的空气骤然紧张起来，似乎见火就着。

　　此时，晋武帝已经完全听懂了圣旨的内容，不由得肝肠寸断，冲动之余，脑袋好像动了动。杨骏大喜过望，叫道："圣上认可了，认可了！皇后、何大人，你俩可是亲眼目睹的，没假吧？那明日早朝议事时就将这圣旨发出去！"

　　杨骏、华廙不置可否，皇后却肯定地道："圣上是同意了。我一直在这里陪着圣上，完全理解他头动的意思。何大人、华大人就无怀疑的必要

了。此事就办理到这里，二位回府休息吧。我准备了二百两黄金，算是对二位付出心力的代价。二位带上，以供薪俸之不足。"

显而易见，皇后的目的是封何劭和华廙的嘴。华廙不屑一顾："皇后，就免了吧，书写圣旨是我等份内的事，何用酬而谢之。"

"是啊是啊，就大可不必了！"何劭边向外走边道，"我与华大人就回去了。"

皇后很是尴尬，求助于杨骏。杨骏摆着手："人家不愿收，那就算了。走吧，二位大人，可要走好，这黑灯瞎火的，以防摔跤。"

华廙还以颜色："放心吧杨大人，我与何大人走得正，站得直，又没做亏心事，摔不倒的。"

一场闹剧就这样结束了。次日一早，这道圣旨便传宣到朝臣们的耳朵里。朝臣们早就预料到会如此，无太多的惊讶。

假旨传宣后的第九天上，晋武帝突然清醒了，双眼睁得很大，思维也非常清楚。皇后又惊又怕，不知所措，御医们却意识到晋武帝的死期到了。衣伟军便向皇后道："娘娘，圣上回光返照了，是否召集宗王和群臣们前来？此时最重要，一旦错过，就晚了！"

皇后当然不同意这么做，回答："既然是回光返照，召集宗王和朝臣前来已经来不及了。"

杨骏一步闯进来，见状也吃了一惊。当他明白发生了什么事情，怕再有他人不期而至，便向晋武帝道："圣上，有什么话你就说吧，我与皇后洗耳恭听。"

"你与皇后都离朕远点，朕不喜欢你们，快传汝南王前来见朕，朕有话说。"晋武帝厌烦地背过头去，"快去，你与皇后都去传汝南王！"

杨骏急中生智，刺激道："圣上不是下旨，让汝南王出镇西域了吗？他大概赴任去了。"

晋武帝痰火上冲，又昏迷过去。这时，杨骏从怀中掏出一块写满字迹的黄绸，在晋武帝眼前抖了抖："圣上，这是你的遗诏，臣读给你听。"他展开来，读道："昔伊望作佐，勋垂不使；周霍拜命，名寇往代。侍中、车骑将军、行太子太傅、临晋侯、领前将军杨骏，经德殿哲，鉴识明远，毗翼二宫，忠萧茂着，宜正位上台，拟迹阿衡。以骏为假节、都督中外诸军事，侍中、录尚书、太尉、太子太傅、领前将军如故。置参军六人、步兵三千、骑千人，移址前卫将军杨珧故府。若止宿殿中宜有翼卫，其差左右卫三部司马各二十人、殿中都尉司马十人给骏，令得持兵标出入。"

这道假遗诏，为杨骏一人所为，连皇后都不知底里，皇后吃惊不小，张着嘴说不出话来。御医和侍从们也都惊得面如土色。这个利欲熏心的杨骏，胆子也太大了，不仅拟造了圣旨，还杜撰了遗诏。可他们谁也不敢站出来驳斥，任凭杨骏胡乱折腾。

晋武帝一息尚存，而且听清楚了"遗诏"上的内容，精神受到严重打击，像春蚕一样，吐出了最后的一丝生命之丝，闭上了眼睛，走完了他五十五个年头的人生之路。他走了，就这样走了，带着他的成功、失败，带着他的满足和遗憾，更有对杨骏和那个美艳如花、百依百顺的皇后的恨。走了，在黄泉路上跋涉。

这是晋太康十一年四月乙丑日，春已行将归去，落花无数，牵动着人们的思绪，弹落时间的尘封，叩响历史沉重的门扉，追忆那令万物勃发的春光。杨柳却早已成荫，在风中翩翩起舞。天阴沉沉的，继而便雨丝飘飘，如同涟涟的泪水。雷便响起来，伴着利剑般的闪电。哭声传来，响彻了整个皇宫和后宫的十里长街。

杨骏专政

晋武帝去世，太子司马衷即皇帝位，大赦天下，改太熙为永熙，尊皇后杨芷为皇太后，立太子妃贾南风为皇后。晋武帝的"遗诏"既然诏使杨骏一人辅政，杨骏遂大模大样地入居太极殿。旋武帝梓宫自含章殿步殡太极殿，六宫出辞，而杨骏高居殿中不下，并以虎贲百人环殿自卫。

汝南王司马亮受诏出镇，尚居府中未行，闻武帝崩，自当去宫中临丧。但他畏惧杨骏，不敢入宫，只得哭于大司马门外。之后出营城外，上表请求待武帝葬礼后而行。

有人告诉杨骏说司马亮欲举兵讨伐他，杨骏听后非常害怕，即告太后，太后令晋惠帝为手诏予石鉴、张劭，令他们率陵兵讨伐司马亮。张劭是杨骏的外甥，立即率所部到石鉴那里要求尽快出兵。石鉴另有想法，持兵不发。

这边司马亮得知杨骏发兵讨伐，问计于廷尉何勖，何勖说："今朝廷皆归心于公，公何不讨人而惧为人所讨！"有人则劝说司马亮率领所部入朝去废黜杨骏，司马亮胆怯不敢发兵，夜驰赴许昌避祸。

杨骏的弟弟杨济、外甥李斌都劝杨骏留住司马亮，杨骏不听。杨济对尚书右丞傅咸说："家兄若征大司马（指司马亮），退身避之，门户庶几可全。"傅咸回答说："宗室外戚，相恃为安。但召大司马还，共崇至公以辅政，无为避也。"杨济听言后又使侍中石崇去见杨骏言之，杨骏依然听不进去。

不过杨骏自知在朝中名声不好，打算依照魏明帝曹叡即位时的做法，普遍晋封爵位以求媚于朝臣。右将军傅祗给杨骏信说："未有帝王始崩，臣下论功者也。"杨骏不从，使惠帝下诏内外群臣各增位一等，预丧事者增二等，两千石俸禄以上的官吏皆封关中侯，免租调一年。

散骑常侍石崇、散骑侍郎何攀一起上奏说："帝正位东宫二十余年，今承大业，而班赏行爵，优于泰始革命之初及诸将军平吴之功，轻重不秤。且大晋卜世无穷，今之开制，当垂于后，若有爵必晋，则数世之后，莫非公侯矣。"杨骏不予理睬。

晋惠帝又下诏，以太尉杨骏为太傅、大都督、假黄钺、录朝政，统领百官。

傅咸对杨骏说："谅闇不行久矣。今圣上谦冲，委政于公，而天下不以为善，惧明公未易者也。周公大圣，犹致流言，况圣上春秋非成王之年乎！窃谓山陵既毕，明公为审思进退之宜，苟有以察其忠款，言岂在多！"杨骏不从，傅咸又多次劝谏。杨骏竟然怨恨起傅咸来，要把傅咸调为郡守，后经人劝方止。

杨济给傅咸信说："谚云：'生子痴，了官事'。官事未易了也。想虑破头，故具有自。"傅咸回信："卫公有言：'酒包杀人，甚于作直。'坐酒色死，人不为悔，而逆畏以直致祸。此由心不能正，欲以苟且为明哲耳。自古以直致祸者，当由矫枉过正，或不忠笃，欲以亢厉为声，故致忿耳，安有恽恽忠益而返见怨疾乎！"

杨骏因为贾后色悍多权略，忌之，故以其甥段广为散骑常侍，掌管机密，以张劭为中护军，统领禁军。凡有诏命，只让惠帝看一下，入呈太后，然后就实行。

杨骏专权，严碎专愎，朝廷内外都恶之。冯翊太守孙楚与杨骏交厚，

劝之说："公以外戚，居伊霍之重，握大权、辅弱主，当仰思古人至公至诚谦顺之道。于周则周召为宰，在汉则朱虚、东牟，未有庶姓专朝，而克终庆祚者也。今宗室亲重，藩王方壮，而公不与共参万机，内怀猜忌，外树私昵，祸至无日矣。"杨骏姑姑的儿子蒯钦，多次以直言犯杨骏，杨珧、杨济都为之捏把汗，蒯钦说："杨文长（文长为杨骏的字）虽犹知人之无罪，不可妄杀，必当疏我。我得疏外，可以不与俱死。不然，倾宗覆族，其能久乎！"

至朋亲属把话都说得这么明白，后果都摆得这么清楚，可是这时的杨骏已是"权"令智昏，凭你任何劝说都是过耳清风。

杨骏擢任匈奴东部人王彰为司马，王彰逃避不受。其友怪而问之，王彰回答说："自古一姓二后，未有不败。况杨太傅昵近小人，疏远君子，专权自恣，败无日矣。吾逾海出塞以避之，犹惧及祸。奈何应其辟乎！且武帝不惟社稷大计，嗣子既不克负荷，受遗者复非其人，天下之乱，可立待也。"

转眼已是晋惠帝元康元年（公元291年）春。

贾皇后原与杨太后有怨恨，这时不以妇道事太后，又想干预政事，可是杨骏抑制着她，使她难以伸展，遂又对杨骏怀恨在心。

殿中中郎孟观、李肇，都受到杨骏的排斥，于是在背地里构陷杨骏，说杨骏将要图谋社稷。黄门董猛，一直事奉东宫，贾后密派他与孟观、李肇策谋诛杀杨骏，废黜太后。贾后又使李肇传报汝南王司马亮，约他联兵讨杨骏，司马亮说："骏之凶暴，死亡无日，不足忧也。"故不发兵。

李肇又去传报时都督荆州诸军事的楚王司马玮，司马玮欣然许之，乃要求入朝。

杨骏素来惮畏楚王司马玮的勇锐，原先就曾打算把司马玮召来以防司马玮为变，这时得知司马玮自己要求入朝，自然应允不怠。

　　是年二月癸酉，楚王司马玮同都督扬州诸军事、淮南王司马允一起来朝。

　　三月辛卯，孟观、李肇启禀晋惠帝，连夜作诏，诬陷杨骏谋反。遂在内外戒严，遣使奉诏废黜杨骏，让其以所封的临晋侯身份回就府邸。

　　东安王司马繇受命带领殿中侍卫四百人去讨伐杨骏，楚王司马玮屯兵于司马门；又以淮南相刘颂为三公尚书，屯卫殿中。

　　散骑常侍段广闻变，急忙入宫谒见晋惠帝，跪着对晋惠帝说："杨骏受恩先帝，竭心辅政。且孤公（指杨骏）无子，岂有反理？愿陛下审之。"晋惠帝这时装聋作哑，不予回答。

　　这时杨骏居住在武库南边的曹爽故府内，听说朝廷中有变，赶忙召集众官商议对策。太傅主簿朱振对杨骏说："今内有变，其趣可知，必是阉竖为贾后设谋，不利于公。宜烧云龙门以示威，索造事者首，开万春门，到东宫及外营兵，出自拥翼皇太子，入宫取奸人。殿内震惧，必斩送之，可以免难。"

　　杨骏只有权欲，而没有相应的胆气，此时怯懦本性再显，犹疑不决地说："云龙门，魏明帝所造，功费甚大，奈何烧之！"

　　侍中傅祗连夜赶来告诉杨骏，请他与尚书武茂一起入宫观察事态。他又对群僚说："宫中不宜空。"遂拱手行礼下阶而走。众人也跟着走，只有武茂还坐着不动。傅祗回顾武茂说："君非天子臣邪？今内外隔绝，不知国家所在，何得安坐！"武茂这才惊起。

　　杨骏的同党左军将军刘豫，陈兵万春门。遇右军将军裴頠，问太傅杨骏所在，裴頠随口骗刘豫说："向于西掖门遇公乘素车。从二人西出矣。"

　　刘豫再问："吾何之？"

　　"宜至廷尉。"裴頠回答。

　　刘豫听信了裴頠的话，遂匆匆赶往廷尉处。

　　不多会儿，诏书到，命裴頠代刘豫领左军将军。屯守万春门。

　　贾后早料到皇太后杨芷定要设法救其父杨骏，派心腹监视。杨太后果然在城内戒严的情况下无奈题帛为书，上写"救太傅者有赏"，指人射往城外。书落贾后之手，贾后因此宣称太后与其父杨骏同反。

　　东安公司马繇已率殿中四百名卫兵去攻杨骏府邸，放火烧之，又令弓弩手在阁楼上居高临下向杨骏府内发射。弩箭如雨，杨骏手下的兵士都难以出战。

　　杨骏见况，惶惶然不知何去何从，最后跑到马厩里躲了起来。

　　司马繇旋即挥兵进入杨骏府邸，在马厩中寻得杨骏，乱戟将他刺死。

　　孟观等人则受贾后密旨，诛杀杨骏亲党，皆夷三族。死者送数千人之多。其中除了杨骏的弟弟杨珧和杨济之外，还有张劭、李斌、段文、刘豫、武茂及散骑常侍杨邈中书令蒋俊、东夷校尉文鸯等人。

　　贾后又令李肇焚烧了杨骏家的私人书信，包括晋武帝临终前的顾命手诏，以免得被国人见到。

　　杨骏被杀以后，没有人敢去收殓尸首，惟舍人阎纂去收尸殡葬。

　　史还载有两段佚事。一说当初杨骏曾征高士孙登，遗之以布被。孙登截被于门，大呼曰"斫斫刺刺"。旬日托病假装死去。又说晋惠帝永熙年间，温县有人如狂，造书曰："光光文长，大戟为墙。毒药虽行，戟还自伤。"即杨骏居内府，以戟为卫兵武器护府。

　　这两段佚事无非是说杨骏是被斫刺而死，以及他的以戟护府而死于乱戟之下，都先有预兆，后果应验。这显然掺有宿命色彩，属于史家的无聊之笔。

　　不过下面这桩事却是史实。杨珧临刑时告东安公司马繇说："表在石函，可问张华。"这里杨珧所言的"表在石函"，是指他在晋武帝咸宁三年（公元277年）杨芷被册立皇后之后，他曾上表晋武帝说"自古一门

二后，未有能全其宗者，乞藏此表于宗庙，异日如臣之言，得以免祸"，晋武帝从之。众人这时听杨珧此言，说应依钟毓例为之申理。可是司马繇根本不予理睬，而贾氏族党则一再催促行刑。杨珧号叫不已，行刑者以刀破其头。因为司马繇是诸葛诞的外孙，所以他忌恨文鸯，以文鸯为杨骏党人而杀之。是夜，诛赏全由司马繇定夺，他威震朝廷内外。王戎对他说："大事之后，宜深远权势。"司马繇听不进去。

杨骏，字文长，弘农华阴（今属陕西省）人。少以王官为高陆令、骁骑镇军二府司马。咸宁二年（公元275年）以皇后之父高居重位，自镇军将军迁车骑将军，封临晋侯。有识者曾议论说："夫封建诸侯，所以藩屏王室也。后妃，所以供粢盛，弘内教也。后父始封而以临晋为侯，兆于乱矣。"尚书褚契、郭奕曾一起上表晋武帝言杨骏小器，不可以任社稷之重，晋武帝不从。晋武帝自太康以后喜于盛世，不再留心朝政，惟耽酒色，始宠后党，请谒公行，杨骏及其弟杨珧、杨济势倾天下，时人有"三杨"之称。

但平心而论，杨骏属那种才能、胆气皆不及权欲之重的人，言其"谋反"则纯是贾后欲加之罪而除之的借口。晋武帝以杨骏辅政，显示了他的昏庸和徇私。杨骏根本就没有政治斗争的经验，他远不是贾后的对手，贾后废他、杀他，想来只是早晚的事情。贾后杀了杨骏，又构罪要废黜皇太后杨芷。中书监张华有议："太后非得罪于先帝，今党其所亲，为不母于圣世，宜依汉废赵太后为孝成后故事，贬皇太后之号，还称武皇后，居异宫，以全始终之恩。"贾后等哪里肯通融，不仅废了皇太后杨芷，而且将杨芷之母庞氏付刑，次年春二月，又迫使杨芷绝膳八日而卒。"

隐逸董养在杨太后被废之后游太学，升堂感叹说："建斯堂也，将何为乎？每览国家赦书，谋反大逆皆赦，至于杀祖父母、父母不赦者，以为王法所不容也。奈何出卿处议。文饰礼典，以至此乎！天人之理既灭，大

乱作矣。"洛阳太极殿前，左右各有三座铜钟相对。晋惠帝元康三年闰二月，"殿前六钟皆出涕，五刻乃止。前年，贾后杀杨太后于金墉城，而贾后为恶不悛，故钟出涕，犹伤之也"。

"钟出涕"兴许有此事，但无疑属于物理现象，与人间兴废无关。这段文字如此记，则从侧面表达了时人对贾后杀杨太后的指责和对杨太后的同情。

贾后等人还欲尽杀杨骏原先的官属。侍中傅祗启禀说："昔鲁芝为曹爽司马，斩关赴爽，宣帝（指司马懿）用为青州刺史。骏之僚佐，不可悉加罪。"这才有诏赦免。

随后，征汝南王司马亮为太宰，与太保卫瓘皆录尚书事，辅政。以秦王司马柬为大将军，东平王司马麟为抚军大将军，楚王司马玮、为卫将军、领北军中侯，下邳王司马晃为尚书令，东安公司马繇为尚书左仆射，晋爵为王。封董猛为武安侯，三兄弟皆为亭侯。

司马亮想取悦众心，论诛杨骏之功，拜封官爵者多达一千多人，又专权显势，威压朝廷。御史中丞傅咸呈书上谏进行劝说，司马亮置若罔闻。

贾后这边也在扩展势力。贾后族兄车骑司马贾模、从舅右卫将军郭彰、妹子贾谧同司马玮、司马繇等，并预国政。

贾后暴戾日甚，司马繇密谋废贾后。司马繇之兄东武公司马澹一向厌恶司马繇，故屡屡进谮予司马亮，司马亮旋使惠帝下诏免司马繇官，又废徙带方县。

于是贾谧、郭彰权势又有所扩大，成天府上宾客盈门。贾谧虽然骄奢但好学，与陆机、陆云、潘岳、左思、石崇等人结交甚密，号称"二十四友"。

司马亮、卫瓘以为楚王司马玮刚愎好杀，欲夺其兵权，以临海侯裴颁楷代之为北军中侯。司马玮得知后大怒，裴颁胆怯不敢受拜。司马亮、

卫瓘再谋，欲遣司马玮与诸王之国，司马玮越加忿怒，遂亲近贾后，贾后留他领太子少傅。贾后自己也恨司马亮、卫瓘执政，使自己不得专恣，就让晋惠帝做手诏给司马玮，令他纠集淮南、长沙、成都诸王废司马亮和卫瓘。司马玮遂率本部军马，又矫诏召洛阳城内外的三十六军，言其受诏都督中外诸军事讨伐"潜图不轨"的司马亮和卫瓘。

司马玮遣人围司马亮府，收拘卫瓘。

司马亮帐下人告"外有变，请拒之"，司马亮不以为然。俄而司马玮兵登墙而呼，司马亮惊道："吾无二心，何至于是！若有诏书，其可见乎？"围兵不许，继续攻之。长史刘淮对司马亮说，看这情形必是奸谋，府中军力足用，还可拒战。司马亮依然不听。不久府破被执，司马亮长叹："我之忠心可破示天下也，如何无道，枉杀不辜！"时正为六月盛夏，司马玮的兵让司马亮坐于车下暴晒，时人怜之，交相为之摇扇。直到中午，没有人敢杀司马亮，司马玮传令能斩司马亮者，赏布千匹。众兵遂挥刀出戈，将司马亮杀死，连头发耳鼻都毁去，之后投尸于北门之壁。世子司马矩也被杀死。

王统的左右听说拘捕，怀疑是有人矫诏而为，请求先拒之，再自表得报，就戮未晚，卫瓘不听，遂被拘捕，既而连同子孙九人，一起被杀。

楚王司马玮先后杀了司马亮、卫瓘，岐盛对他说可因兵势诛杀贾模、郭彰等人，匡正王室，以安天下。司马玮犹豫不决。

太子少傅张华使董猛对贾后说："玮矫诏擅害二公，将士仓卒，谓是国家意，故从之耳。今可遣驺虞幡使外军解严，理必风靡"。贾后见二位辅政之臣已被杀，而留着司马玮必是后患，于是已存除司马玮之心，听张华所言，深然之。

殿中将军王宫受命赍驺虞幡出宫麾众说：楚王矫诏，勿要听从他。众兵将听说，都丢下手中兵器四散而去。司马玮左右没有一个人，窘迫不知

所为。遂被执,交付廷尉论罪当斩。临刑时,司马玮拿出怀中的青纸诏,流着泪将诏书给监刑尚书刘颂看,说:"受诏而行,谓为社稷,今更为罪。托体先帝,受枉如此,幸见申列。"刘颂亦歔欷不能仰视。

司马玮的属下公孙宏、岐盛一起被杀,并夷三族。

楚王司马玮被杀后,卫瓘的女儿予书国臣说:"先公名谥未显,无异凡人,每怪一国蔑然无言。《春秋》之失,其咎安在?悲愤感慨,故以示意。"于是太保主簿刘繇等执黄幡,击登闻鼓,上疏为卫瓘鸣冤。

晋惠帝乃下诏,斩当时杀卫瓘的荣晦及其全族,追复司马亮爵位,谥号文成;追封卫瓘为兰陵郡公,谥号成。

传载司马玮被杀时骤起大风雷雨,意言其冤情动天;这里司马亮、卫瓘又因冤而被雪,追封爵位。杀人者、被杀者都属冤情,岂不可叹且可笑!政治斗争、权力倾轧有时真是充满戏剧性。狡兔已死,走狗亦烹,最后得利的都是这个贾后,这个驱狗杀兔既而又杀狗的贾后。

司马亮,字子翼,是司马懿的第四个儿子,少年时期即显清警而有才用。曾任魏国的散骑侍郎、万岁亭侯,拜东中郎将,晋封广阳乡侯。受命司马昭讨伐诸葛诞时失利,被免官,不久拜左将军,加散骑常侍、假节,出监豫州诸军事,后改封祁阳伯,转镇西将军。晋武帝登位,他被封扶风郡王,邑万户,持节、都督关中雍凉诸军事。因秦州刺史胡烈兵败于羌事被再次免官,顷之,拜抚军将军,又加侍中。咸宁初年晋号卫将军。时宗室殷盛,晋武帝为统摄之用而以司马亮为宗师,使训民观察,有不遵礼法,小者正以义方,大者随事闻奏。成宁三年徙封汝南王,称汝南文成王,出为镇南大将军、都督豫州诸军事、开府、假节。不久再征为侍中、抚军大将军,领后军将军,统冠军、步兵、射声、长水等营。又迁太尉、录尚书事、领太子太傅,侍中如故。晋武帝病重时杨骏弄权,被遣镇许昌,未赴,晋武帝病危,诏留司马亮委以后事,结果诏书被杨骏索看后不

还，于是出现杨骏独自于晋武帝崩后辅政的局面。

司马玮被诛，追复爵位，丧葬之礼如安平献王司马孚规格，庙设轩悬之乐。

贾后弄权

诛杀杨骏，废黜皇太后，又除掉司马亮、卫瓘，贾皇后于晋惠帝元康元年（公元291年）六月已经完全控制了朝政。她尽量排除异己，树立亲党。她任命族兄贾模为散骑常侍，加侍中，内侄贾谧也为散骑常侍，并领后军将军，母舅郭彰原曾任散骑常侍、尚书、卫将军，封冠军县侯：及贾后专朝，郭彰"豫参权势，物情归附，宾客盈门。世人称为"贾郭"说的就是贾谧和郭彰。郭彰还列位于贾谧的所谓"二十四友"之首。任裴頠（贾后的母亲广城君郭槐是裴頠的从母）为尚书仆射、侍中，以安南将军裴頠楷（裴頠为裴頠秀子，而裴頠楷为裴頠秀从弟）为中书令，与右仆射王戎（《晋书·王戎传》有语："戎与贾、郭通亲"。）并管机要，王戎稍后还任司徒。贾谧还与贾后谋划起用元老张华，因为张华为庶姓，儒雅有筹略，进无逼上之嫌，退为众望所依，遂想倚张华领朝纲，访以政事。贾后始存疑不决，待垂询裴頠，裴頠赞成之，她才决定，任张华为侍中、中书监，旋又拜为司空。

这样，贾后就营构了一个以有亲属关系的人为主，以外姓张华等为辅的班子，共同掌握朝廷中枢。贾后名叫贾南风，晋权臣贾充之女。

　　贾充权势煊赫，自然会有心术不正的人向他谄媚，荀顗、荀勖、冯紞等皆与他结党。晋武帝欲娶大臣卫瓘之女为皇太子司马衷的妃子，贾充的亲党却四处活动，欲使贾充之女为太子妃。他们贿赂皇后杨艳，请她劝说晋武帝，荀顗、荀勖、冯紞等人也盛称贾充之女才貌绝世，如果纳入东宫，必能辅佐太子。晋武帝听从了他们的劝说，泰始八年（公元272年）二月，正式册拜贾南风为太子妃。

　　贾妃精明狡诈，太子司马衷则是个傻子。他曾在御苑华林园听见蛤蟆叫声，竟问左右的人："这个叫唤的东西是为官府鸣叫，还是为私人？"左右的人不知如何回答好，但又不能不回答，只好说："在官府的田里鸣叫是为官，在私人的地里鸣叫是为私。"还有一次，他听说在灾荒和战乱中有不少百姓饥饿而死，便问："那些将要饿死的人为什么不喝肉粥呢！"这样一个愚蠢无知的人，却被立为太子，成为未来的皇位继承人，这使朝中许多大臣感到忧虑。侍中和峤就曾委婉地说："皇太子太淳朴厚道，现在世间到处是尔虞我诈，恐怕太子将来难以处理皇家大事。"晋武帝没有答话。朝中许多大臣希望废太子，另立更聪慧的人。大臣卫瓘就曾当着晋武帝的面抚摸着皇帝宝座说："此座可惜！"意指司马衷不配继位。恨得贾充咬牙切齿，他对女儿说："卫瓘老奴，差点败坏了我家大事！"贾妃为了扭转朝臣对太子的看法，暗与晋武帝串通，首先对东宫的大小官员进行威吓。皇太子智商如何，东宫官属自然是一清二楚的。

　　晋武帝还试图迫使主要大臣尊奉太子司马衷。有一次，他对侍臣和峤、荀顗、荀勖说："太子近来入朝，我看很有长进。你们几个人可以一起去看看，他现在可以初步处理一些政事了。"这次奉旨去见太子，回来后，荀顗、荀勖迎合晋武帝的心意，盛称太子"明识弘雅"，确如晋武帝说的才干大有长进。但和峤不肯逢场作戏，他如实对晋武帝说："太子的能力依然如故。"使晋武帝大为扫兴，马上拂袖而去。尽管如此，和峤每

当与晋武帝谈及国家大事，总是说嗣君的人选令人忧虑，而晋武帝每到此时总是不答话。后来，晋武帝干脆不再与和峤谈论将来的大事。这些事也为贾妃所知，贾妃由此而对和峤怀恨在心。

贾妃生性妒忌，心狠手辣。她极力阻止其他宫女接近太子。有个宫人怀了孕，贾妃竟用戟将腹中的孩子刺死。晋武帝得知此事，非常恼怒，曾打算将她废黜，经皇后杨芷及杨珧、荀勖等劝说后才息怒。太子司马衷在纳贾南风为妃之前，晋武帝曾让后宫才人谢玖到东宫"侍寝"，怀了孕。贾南风被纳为妃子后，对谢氏非常妒忌。谢氏怕招来祸害，请求返回晋武帝的后宫，生下了愍怀太子司马遹。由于贾妃残忍刻毒，谢玖生子后一直没敢带儿子上东宫去，以致过了三四年，司马衷犹不知自己早有了一个儿子。

太熙元年（公元290年），晋武帝病重，杨皇后及担任车骑将军的杨骏为了使杨家控制朝廷，大树亲戚党羽，让他们取代原来的许多公卿职位。晋武帝病情稍有好转，见朝中大官多换成了杨骏的党徒，非常恼火。

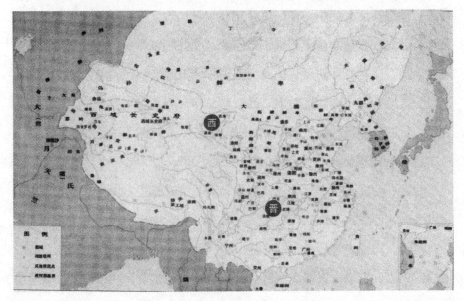

西晋时期形势图

他向中书省下了一道密令，让汝南王司马亮与杨骏共同辅佐朝政。杨骏不知诏令的内容，怕自己手中的权力被剥夺，急忙向中书监华廙索要诏书，看后没有归还。不久晋武帝病情加重，杨后趁机让晋武帝同意以杨骏一人辅政。晋武帝已不能说话，无可奈何地点点头。杨后便招来中书监华廙和中书令何劭，让他们写下武帝的"遗诏"：任命杨骏为太傅、太尉、都督中外诸军事、录尚书事。诏成，杨后当着华廙、何劭的面呈给晋武帝，晋武帝有气无力地看着，说不出话。两天后，晋武帝驾崩，由太子司马衷即位，朝政被杨骏专断。杨骏的外甥段广、张劭都成了皇帝的近侍，中央禁军也掌握在杨骏的亲党手中。

随着司马衷称帝（即晋惠帝），贾南风也成了皇后。对于她所怨恨的人，只要时机成熟，她都是要报复的。司马衷一即位，贾妃就鼓动他向和峤发问："你过去说我料理不了国家大事，现在情况怎样？"和峤非常畏惧，一个劲地赔罪称："我过去说的话未起作用，这真是国家的福气。"和峤死于元康二年（公元292年）。此前，贾后怨恨已久的杨氏家族及卫瓘等，均被贾后设谋杀害，和峤是否因担心杀身之祸忧惧而死，不得而知。

杨氏集团被诛灭了，但贾后这时还不敢贸然执政，遂用威望较高的汝南王司马亮为太宰，与太保卫瓘共同辅政。司马亮与卫瓘知司马玮"不可大任"，建议让他与其他在京诸王皆返回各自的封国。司马玮对此大为不满。当年六月，长史公孙宏、舍人岐盛与卫瓘、司马亮不和，便通过李肇向贾后进谗言，谎称他俩将废黜皇帝，另立他人。贾后便鼓动晋惠帝下诏，让司马玮收斩这两个人。事后，贾后马上翻脸，诬称司马玮矫诏专杀二公，又将他收斩。从此，贾后夺得了朝廷实权。

贾后生有四女，无子。在中国封建社会，皇位继承是按父死子继的传统进行的，皇后无子，而别的妃嫔生了皇子，那么，继承皇位者往往是

那妃嫔之子。贾皇后即面临这样一种局面：晋惠帝仅有谢玖所生一子司马遹，并且已立为未来的皇位继承人——太子。贾后对谢玖与太子非常忌恨，将他们分隔开来，久不得相见。太子对贾氏家族权势过盛也深感不平，怨恨之意形于言表。贾谧兼任常侍，在东宫给太子讲课，太子对他骄横专权颇为不满，而他也对太子毫无敬重之意。他曾与太子下棋，蛮横无理，当时在座的成都王司马颖厉声喝道："皇太子是国君的接班人，你贾谧怎能如此藐视他！"贾谧随即向贾后告状，贾后便将成都王调离京城，派往邺城（今河北临漳西南）去当平北将军。贾后知太子怨恨贾家，顾虑将来太子继承皇位于己不利，于是谋废太子。

贾后诈称自己怀孕了，不久，暗取妹妹的儿子韩慰祖入宫，伪称是自己生的，想以他取代太子司马遹。左卫率刘卞深受太子信用，他见太子地位岌岌可危，暗向中书监张华建议："东宫有宿卫的精兵一万多人，只要你发一命令，我们就可以趁太子入朝处理政事时，轻而易举地废黜贾后。"可是张华没有同意。裴頠虽是贾后亲属，但对贾后乱政也深感忧虑，他向张华、贾模建议废黜贾后，立淑妃谢玖为皇后。张华对贾后专权也颇为不满，曾著《女史箴》加以讽喻，贾后不听。贾模也知贾后谋废太子会激起公愤，将给贾氏全家族带来危害，曾屡加劝谏，而贾后非但不听，反而指责他诋毁自己。尽管如此，张华、贾模也不同意废立皇后，他们担心事发后各地藩王会趁机起兵前来争权，朝内不同派别也会纷争不已，国家将陷于混乱。他们还寄希望于劝谏贾后。

贾后执意要废太子。左卫率刘卞被她贬为雍州刺史，不久被逼自尽。屡加劝阻的贾模被她冷落，失去权势，忧愤而死。张华、裴頠等人的谏言也毫无作用。元康九年（公元299年）十二月，贾后诈称晋惠帝有病，召太子入中宫。太子进宫后，贾后没露面，派婢女把太子引入一个房里，端上酒，强迫他饮。太子向来不会饮酒，不肯饮，婢女便传话说："这是皇

帝赐给你的酒，你不肯饮，是怀疑酒中有毒吗？"太子不得已，饮酒三升。喝完大醉，神志不清。贾后早已让文人潘岳写了一份文稿，文字大意是：陛下和皇后应尽快自尽，如不自尽，我将动手除掉你们。我与谢妃已定好了日期，到时将同时下手。这篇文稿被一个婢女送来，要太子尽快抄录一遍，说陛下等着要。太子已醉得头晕目眩，分辨不清文中内容，糊里糊涂地抄了一遍，从而落入了贾后加罪于他的圈套。

贾后将太子抄录的字幅呈给晋惠帝，晋惠帝于是召集百官，拿字幅给大家看，说："太子写下这样的话，应赐死。"群臣心里明白这是冤案，但不敢表态，惟张华、裴颜指出其中有诈，坚持为太子辩护。贾后见此情形，便向晋惠帝建议免太子一死，但必须废他为庶人。于是，司马遹被废黜，幽禁在金墉城。其母谢氏也遭到严刑拷问，并被杀害。西戎校尉司马阎缵为司马遹的遭遇打抱不平，带着给自己预备的棺材进京上疏，认为太子不应落到这种地步，宜重选师傅，对他加以挽救。贾后与晋惠帝不予理睬。永康元年（公元300年）正月，司马遹又被押送到许昌（今河南许昌东）囚禁。

太子被废，群情激奋。右卫督司马雅、常从督许超曾在东宫任职，深受太子恩惠。此时他们与殿中郎士猗密谋废黜贾后，迎司马遹复位。考虑到张华、裴颜一心只求稳定，难以结盟发动政变，而任右军将军的赵王司马伦握有兵权，且觊觎朝权，司马雅等人便与司马伦的嬖人孙秀联络。司马伦原来为了晋升高官，曾极力向贾后谄媚，为贾后所信任。此时司马雅等人向孙秀指出："贾后诬陷皇太子，激起众怒。许多大臣将发动政变。赵王向来与贾氏集团关系密切，一旦事起，赵王也不能免祸了。不如先动手翦除贾氏势力，这样还可以得到一个为国除害的好名声。"孙秀将此事转达司马伦，为其所接受。司马伦联络通事令史张林及省事张衡等，让他们在宫中为内应。

司马伦即将举兵，孙秀又进言：太子聪明刚猛，复位后必不会受制于人，何况赵王曾追随贾后，即使为太子复出立下功勋，仍难免杀身之祸。不如延期举事，等贾后杀太子后再兴兵。司马伦采纳其计。孙秀于是放出风声，扬言殿中有人欲废皇后，立太子。贾后当时派出许多亲信耳目，到民间打探人们在太子被废后的动静。当她得知这一情况后，心里非常紧张。司马伦与孙秀又行反间计，劝贾谧等人早除太子以绝众望。这年三月，贾后便矫诏派黄门孙虑携带毒药前往许昌，要毒死太子。太子不肯服药，孙虑便用药杵击打太子，太子大声呼救，声闻于外，但没人能救他。惨死时，他年仅二十三岁。太子死了，贾后又露出一副猫哭老鼠的假慈悲相，装模作样地称："司马遹不幸死亡，我为他悲伤，也为他因思想迷乱、误入歧途而被废为庶人感到痛心。他虽然死了，但毕竟是王者子孙，如果不用藩王的礼仪来埋葬他，我会更悲痛的。"贾后如此表白，无非是想让人知道她对太子并无恶意，太子之死也与她无关。然而，当时洛阳城里盛传这样的童谣："南风烈烈吹黄沙，遥望鲁国郁嵯峨，前至三月灭汝家。"

太子死后，赵王司马伦即以除天下大害、为太子报仇为借口，串通梁王司马肜、齐王司马冏及右卫作伙飞督闾和等，约定永康元年四月初三日夜里举兵。到了那一天，司马伦以皇帝的口吻向统领宫殿宿卫兵的前驱、由基、强弩三部司马发布命令："贾皇后与贾谧等人杀了我的太子，现在我命令你们带兵进宫，废黜皇后。服从命令的人事毕赐爵关中侯，不服从命令者株连三族。"一时禁卫兵皆应声听命。司马伦又矫诏打开了皇宫门，陈兵宫城内，并令齐王带三部司马一百余人，撞开贾后所在的宫殿门，杀贾谧等。众兵将来到贾后面前，贾后惊问齐王："你来干什么？"齐王答道："我奉诏令前来收捕皇后。"贾后说："诏书应当由我这发出，你从哪儿得到诏令！"她见形势不妙，遥向晋惠帝呼救，而晋惠

帝已受制于人，根本救不了她。贾后无可奈何，便问谁是这次政变的主谋，齐王答道："赵王司马伦和梁王司马彤。"其实，赵王、梁王、齐王在贾后专权期间，百般谄媚逢迎贾家亲党，如同贾氏走狗，而现在，他们反而将贾后变为阶下囚。贾后后悔不迭，叹息说："系狗的绳子应系在狗脖子上，而我却系在了狗尾巴上，今天落到这步田地，岂不是我自己造成的！"她被废为庶人，幽闭于金墉城。贾氏家族及其党羽皆被诛杀，司空张华、尚书仆射裴頠等名臣也遇害。不久，赵王司马伦矫诏命尚书刘弘带上泡有金粉的酒赐贾后死。贾后干预朝政整整九年，至此身亡。接下来的几年，便是引发西晋大动荡的"八王之乱"。

八王之乱

"八王之乱"的始端是晋惠帝永平元年（公元291年）爆发的杨骏、贾后争权。贾后杀杨骏后，使汝南王司马亮辅政，随即又使楚王司马玮杀司马亮，司马亮被杀后，贾后又杀了司马玮。"八王之乱"值此拉开序幕。

到了晋惠帝永康元年（公元300年），赵王司马伦杀贾后专权，翌年正月又废黜晋惠帝自称皇帝，原先由贾后主使的汝南王司马亮与楚王司马玮这两王之间的争杀即从宫廷内伸展到宗室诸王之间，扩大成诸王之间的大混战。

司马伦称帝后，大封宗王公卿不算，连奴卒亦加爵位，每逢朝会，貂蝉盈座，以至时人有谚"貂不足，狗尾续"。天下所举贤良、秀才、孝廉皆不试，郡国计吏及学士年十六岁以上者皆署吏，守令于大赦之日在职者皆封侯；郡纲纪并为孝廉，县纲纪并为廉吏。于是，国家的府库之储。还不够用来供赏赐。由于应侯者太多，铸印来不及，有的就用自板封之。

朝廷则由孙秀专执，对司马伦所出的诏令，孙秀动辄更改，甚至自书青纸为诏。诏令朝行夕改，百官转历如走马灯。张林与孙秀有隙，孙秀就唆使司马伦杀之，夷其三族。对于各拥强兵，占据地方的齐王司马冏、成都王司马颖、河间王司马颙，孙秀恶之，尽用自己的亲党作为他们的参佐。司马冏原对所封官位不满被孙秀出京赴镇，这时孙秀加司马冏镇东大将军，又加司马颖征北大将军，两人皆开府仪同三司，以宠安之。

司马冏岂是受安抚之人？他首先发难，谋划讨伐司马伦。未发，恰巧有王盛、处穆聚众于浊泽，响应的百姓每天数以万计。

司马伦得知消息，派将领管袭为司马冏的军司，讨伐王盛、处穆，斩了两人。司马冏则借机收拘管袭，杀之，随即同豫州刺史何勖、龙骧将军董艾等起兵，遣使告司马颖、司马颙及常山王司马乂、新野公司马歆，移檄征镇、州、郡、县、国，宣称："逆臣孙秀，迷误赵王，当共诛讨。有不从命者，诛其三族。"

使者至邺城，司马颖召邺令卢志商议。卢志说："赵王篡逆，人神共愤，殿下收英俊以从人望，杖大顺以讨之，百姓必不召自至，攘臂争进，蔑不克矣。"。司马颖从之，遂以兖州刺史王彦、冀州刺史李毅、督护赵骧、石超等为前锋，起兵助司马冏。远近响应，军至朝歌，已达20余万众。

司马乂在其封国，与太原内史刘暾各率所部为司马颖后继。

司马歆得到司马冏的檄文，始未知所从，后在参军孙询的劝说下也响应了司马冏。

司马颙起先对司马伦表效忠，派振武将军张方讨擒合众响应司马冏的前安西参军夏侯奭并腰斩之。司马冏使节到，他执使节送于司马伦，又遣

张方率军助司马伦。张方至华阴，司马颙得知司马冏和司马颖兵盛，就又召回张方，更附二王。

司马冏的檄文到了扬州，州人皆欲响应。刺史郗隆犹豫不决，停檄6天不下，引起将士愤怨。参军王邃镇守石头，将士争往归之；郗隆遣兵欲在牛渚禁之却已不能止。将士遂奉王邃攻打郗隆，郗隆败，与其子等皆被杀，王邃把郗隆等人的首级传送到司马冏处。

安南将军、临沔北诸军事孟观相信星相，他观测以为所谓紫宫帝座无它变，司马伦必定不败，就打算为司马伦固守。

洛阳城中，司马伦、孙秀见司马冏、司马颖、司马颙三王起兵，非常害怕。两人商议后先假造了一个司马冏的奏表，表曰："不知何贼猝见攻围，臣懦弱不能自固，乞中军见救，庶得归死。"然后以表宣示内外。再遣上军将军孙辅、折冲将军李严密兵七千从延寿关出击，征虏将军张泓、左将军蔡璜、前军将军闾和率兵九千从崿阪关出击，镇军将军司马雅、扬威将军莫原率兵八千从成皋关出击，共三路兵马拒司马冏；遣孙秀子孙会督将军士猗、许超率宿卫兵三万拒司马颖；召东平王司马楙为卫将军，都督诸军；又遣京兆王司马馥、广平王司马虓率兵八千为三军继援。

调遣停当之后，司马伦和孙秀日夜祈祷，厌胜求福，令巫师义选战日，又派人穿着羽衣到嵩山自称仙人王乔，作书说司马伦皇运长久，欲以惑众。

这时已是晋惠帝永宁元年（公元301年），是年司马伦于正月登皇位，改元建始，但史书仍用惠帝纪年。闰三月，张泓等率军进据阳翟，与司马冏会战，屡破司马冏军，司马冏退军颖阴。

四月，张泓乘胜挥军逼司马冏，司马冏只得遣兵迎战。可是其他二路军却按兵不动，孙辅、徐建所率军夜乱，径归洛阳自首说："齐王兵盛，不可当，泓军已没。"司马伦信以为真，大恐；又怕有扰人心，就将消息

压住；又召司马虔及许超还军，打算卫守洛阳。不久，张泓破司马冏的战报到，司马伦于是又遣司马虔等出军。

张泓等率领所有军队渡过颍水攻击司马冏军营，司马冏分兵攻击张泓所率的孙髦、司马谭部，破之，张泓等无功退兵。孙秀得知战况，则假称已破司马冏军营并擒得司马冏，令百官皆贺。以求安稳众心。

这边司马颖前锋至黄桥，与孙会、士猗、许超等所率军接战不敌，被杀伤万余人，士众震骇，司马颖打算退军保朝歌。卢志、王彦劝谏说退兵有损士气，再攻则难；敌新胜得志必有轻慢之心，当选精兵夜行倍道，出奇不意而击之。司马颖从之，重率军与孙会等大战于溴水，大败孙会。司马颖乘胜长驱，渡过黄河。

自从司马冏等起兵以来，朝中百官将士都想诛杀司马伦和孙秀。孙秀惧，连中书省都不敢出，等到听说河北军败，更加惶惶然不知所为。孙会等人来到后与孙秀谋划，有的主张收聚余兵出战，有的主张焚宫室、诛异己，挟持司马伦南下就孙方芹、有的则说应乘船东走入海，众说纷纭，莫衷一是。

辛酉日局势遽变。左卫将军王舆同尚书司马漼率领营兵700余人从南掖门入宫，三部司马做内应，攻孙秀、许超、士猗等人于中书省，皆斩之，并杀孙奇、孙弼及前将军谢谈等。

之后，王舆屯兵云龙门，召八座皆入殿中，使司马伦为诏说："吾为孙秀等所误，以怒三王。今已诛秀，其迎太上复位，吾归老于农亩。"并传诏以驺虞幡敕将士解除临战状态。文武百官四下奔逃，没有人再敢居朝中。

黄门遂把司马伦自华林东门带出宫，与司马伦自立的太子司马荂一起还归其于洛阳城汶阳里的私邸。屈指前后，司马伦不过做了五个来月的皇帝——包括闰三月。

王舆等又遣甲士数千人去金墉城迎晋惠帝。百姓到底心恋旧主，这时山呼万岁。晋惠帝自端门入宫，升殿，群臣顿首谢罪。晋惠帝旋下诏，命送司马伦、司马囧等去金墉城。

癸亥，晋惠帝下诏赦天下，改元永宁，又分遣使者去慰劳三位宗王。

梁王司马肜上表言司马伦父子凶逆，宜伏诛，百官亦会议于朝堂，所言皆如司马肜。晋惠帝对夺位者当然不容，立即遣尚书袁敞持节赐司马伦死，饮以金屑苦酒。

司马伦临死前以巾覆面，大叫"孙秀误我！孙秀误我！"

司马伦的儿子司马馥、司马虔及司马诩被收拘付廷尉狱，皆定死罪。司马馥临死前对司马虔说："坐尔破家也！"

百官中凡是被司马伦所用者皆斥免之，凡是参与司马伦谋位者全被杀。

作为统治者工具的下层兵将自然最为不幸，兴兵六十多天，为战所杀的有十万人。

司马伦，字子彝，是司马懿的第九个儿子，母亲叫柏夫人。魏邵陵厉公嘉平初年被封安乐亭侯，又改封东安子，拜谏议大夫。晋武帝登位后，司马伦被封琅邪郡王。司马伦使散骑将刘缉买工匠盗御裘，两人同罪，有司奏司马伦爵重亲属应免罪。谏议大夫刘毅反驳说："王法赏罚，不阿贵贱，然后可以齐礼制而明典刑也。伦知裘非常，蔽不语吏，与缉同罪，当以亲贵减，不得阙而不论"。晋武帝虽赞同刘毅的驳议，但还是以亲属之故赦免了司马伦。司马伦历任行东中郎将、宣威将军。咸宁中年，改封于赵，称赵王。迁平北将军、督邺城守事，晋安北将军。晋惠帝元康初年，迁征西将军，镇关中。

司马颖先到洛阳，司马颙接踵而至。六月乙卯，司马囧率军进洛阳，屯军数十万于通章署，威震京都。

不几天，晋惠帝下诏封赏。齐王司马囧为大司马，加九锡、备物典策，如宣帝、景帝、文帝、武帝辅魏故事；成都王司马颖为大将军，都督中外诸军事，假黄钺，录尚书事，加九锡，入朝不趋，剑履上殿；河间王司马颙为侍中、太尉，加三赐；常山王司马乂为抚军大将军，领左军；晋广陵公司马漼为王，领尚书，加侍中；晋新野公司马歆为王，都督荆州诸军事，加镇南大将军。齐、成都、河间三府，各置椽属40人，且破东汉以来惯例，使武号森列，文官备员而已。不久，又以梁王司马肜为太宰，领司徒。

司马亮辅政，还有三朝老臣卫瓘与其相衡，而且当时朝政的实权其实掌握在贾后手里。到了永宁元年晋惠帝以"兴义"功大封诸王官位后，宗王的势力就由地方转到了朝廷，完全把持了朝廷的军政大权。"八王"之中虽已去了三王（司马亮、司马玮、司马伦），但新的战乱又在孕育之中。

受封后，司马歆将之镇，与司马冏同车去谒陵。司马歆对司马冏说："成都王至亲（成都王司马颖是晋惠帝之弟），同建大勋，今宜留之辅政；若不能尔，当夺其兵权。"

司马乂和司马颖也同去拜陵，司马乂则对司马颖说："天下者，先帝之业，王宜维正之。"

归后卢志又对司马颖说："齐王众号百万，与张泓等相持不能决；大王迳前济河，功无与二。今齐王欲与大王共辅朝政。志闻两雄不俱立，宜因太妃微疾，求还定省，委重齐王，以收四海之心，此计之上也。"司马颖然之。

当晋惠帝在东堂召见司马颖慰劳他时，司马颖拜谢说："此大司马冏之勋，臣无豫焉。"随后司马颖又上表称颂司马冏功德，言应委其朝政；自陈母有病，请求归藩。表奏完毕即辞出，不再返还营地，谒过太庙后，从东阳城门出洛阳归邺，只送信与司马冏作别。

司马冏见信大惊，飞马出城欲送司马颖。至七里涧，追上了司马颖。司马颖在车内向司马冏言别，泣涕涟涟，告之唯因太妃病担忧，不能共济时事。于是士民皆认为司马颖功大不居，归心于司马颖。

司马颖到了邺城，诏遣的使者不久也到，重申前敕封之命。司马颖领受了大将军，却辞让九锡殊礼。他表论兴义功臣卢志、王彦等五人，皆封开国公侯。又上表说："大司马（指司马冏）前在阳翟，与强贼相持既久，百姓创痍，饥饿冻馁，宜急振救。乞差发郡县车，一时运河北邸阁米十五万斛，以振阳翟饥人。"他还告棺八千多具，以成都国秩为衣服，安葬了黄桥战亡的士兵，并立堂竖碑，纪阵亡者赴义之功，表其门闾，加抚恤二等。又传命温县，让埋葬为司马伦战死的士卒一万四千多人。由是，司马颖甚得朝野及士民美誉。

京城中的司马冏却开始专权。他见到晋惠帝子孙俱尽，司马颖又有次立之势，就上表立年仅八岁的清河王司马覃为太子。晋惠帝自然无异议，立之，又以司马冏为太子太师。东海王司马越则被任为司空，领中书监。这是晋惠帝太安元年（公元302年。是年十二月改元太安）夏天的事情。

司马冏越来越骄奢擅权。他毁坏公私房屋数以百计。在其上大起府邸，规模与西宫相仿佛。侍中嵇绍遗书劝谏，他逊辞谢之却我行我素。他耽于宴乐，不入朝见，甚至坐着接受百官之拜；他选用不均，宠信嬖人，有一次殿中御史桓豹奏事没有先经过他，他当即对桓豹加考竟。臣下多次规劝，他不予理睬，于是朝廷内外对他都感失望。如颖川处士庾衮听说司马冏期年不朝，就感叹："晋室卑矣，祸乱将兴！"随即带着妻子儿女逃遁山林。

主薄王豹致笺司马冏，言司马冏挟震主之威，独据京都，专执大权，势必失安得祸。请他依周、召之法，分河为界，各统王侯，以挟辅天。司马冏乃奏王豹谗内间外，将其鞭死。王豹将死时高声说："悬吾头大司马门，见兵之攻齐也！"

司马冏因司马颙本附与司马伦，心常恨之。长史李含心不平，单骑跑到司马颙那里，诈称受密诏使司马颙杀司马冏。司马颙遂上表陈司马冏罪状，以李含为都督，率张方等，兵发洛阳；又遣使邀司马颖，司马颖应之。随后又传檄时已改封长沙王的司马乂，一起讨伐司马冏。司马冏不甘俯首，起兵应战。

双方激战三天，结果司马冏大败被擒，随即被司马乂下令斩首。接着被徇首六军，同党皆夷三族。又赦天下，改元太安。

司马冏，字景治，是司马攸的儿子。少称仁惠，好振施贫困，颇有其父之风。司马攸病逝后得嗣为齐武闵王。晋惠帝元康中年，拜散骑常侍，领左军将军、翊军校尉。

司马冏之后是司马乂在朝廷掌事，但他事无巨细，均要到邺城谘于大将军司马颖。司马颖恃功骄奢，使百度驰废，甚于司马冏当政之时，他又嫌司马乂在朝廷，不得恣行自己所欲，总想去掉司马乂。

当初，司马颙韵长史李含曾预料司马乂微弱，必为司马冏所杀，这样就可以归罪于司马冏，借机兴兵讨之，然后废黜惠帝，立司马颖，司马颙则为宰相，自己就能被重用。结果却相反，是司马乂杀了司马冏，而司马颖和司马颙依然守封国。这时与其有嫌的梁州刺史皇甫商重做了司马乂的参军，皇甫商之兄皇甫重为秦州刺史。李含游说司马颙杀皇甫兄弟，皇甫重得知，发陇上兵讨伐李含。司马乂认为兵方得休息不久，不宜复战，就诏使皇甫重罢兵，征用李含为河南尹。皇甫重不肯罢兵，司马颖合四郡之兵败之，又密使李含纠集冯荪、卞粹军朝中大臣谋杀司马乂。皇甫商得知消息，告司马乂，司马乂随即收捕李含等人杀之。

司马颙见李含等人被杀，遂起兵讨司马乂。司马颖不听卢志规劝，与司马颙携手。太安二年（公元303年）八月，两入上表晋惠帝请杀与司马

义专朝政的右仆射羊玄之、左将军皇甫商，遣司马义归国。晋惠帝下诏说司马颙敢举大军向京师，他要亲率六军诛奸逆，以司马义为太尉、都督中外诸军事御之。

司马颙以张方为都督，率精兵七万趋洛阳。司马颖屯兵朝歌，以平原内史陆机督军二十余万，自南逼向洛阳。

晋惠帝亲临十三里桥。司马义遣皇甫商率军万余人拒张方，失败。晋惠帝这时到了洛阳城东的豆田。司马颖进而屯军河南，阻清水为垒。羊玄之见对方军盛，忧惧而卒。晋惠帝回军城东。不久张方军入洛阳城，大肆烧杀抢掠，死者数以万计。

十月，晋惠帝还宫。司马颖遣将军司马咸为陆机助战。司马义奉晋惠帝令与陆机战于建春门，其属下王瑚以数千匹战马负戟冲击司马咸军阵，司马咸军未战已乱，司马咸被执斩首。陆机军大败，溃逃到七里涧，死者如积，涧水因之不流。

陆机本为文人，无甚军事韬略，又为吴人附北，众将一直不服他为督。及兵败，受人谗有二心，被司马颖杀死。

司马义再奉惠帝令攻张方。张方兵望见皇帝车乘不战自退。大败，死者五千余。张方退军十三里桥。众将士仍怯惧，想连夜逃遁，张方说："兵之利钝是常，贵因败以为成耳。我更前做垒，出其不意，此用兵之奇也。"于是率军乘夜色向洛阳城逼近七里，筑垒数重，并备足军粮。

司马义于十一月再攻之，失利，就向司马颖求和。司马颖以杀皇甫商等为条件，司马义没有答应。司马颖既而进兵逼京师。张方下千斤竭，致使京师的水碓皆涸，只能以人手舂米供军用，米价一石万钱。司马义接受骠骑主簿祖逖意见，派刘沈袭击司马颙，想以司马颙召张方解洛阳之围。又遣皇甫商间行敕兵，结果皇甫商被司马颙擒获斩首。

到了永兴二年（公元304年）春，洛阳城中粮食日窘，可是士卒仍无

离心。张方见洛阳难克，本欲回兵长安；东海王司马越却虑事不济，暗与殿中诸将夜收司马乂，旋又请诏免司马乂官位，置之金墉城。张方得知消息，到金墉城捕得司马乂，而炙杀之。场面极其悲惨，张方军士亦不忍流涕。

朝中公卿见司马乂已死，都到邺城向司马颖谢罪。司马颖入京师，诏为丞相后仍还镇邺。司马越则被加封尚书令。司马颖派军五万屯于京城十二个城门，并将殿中宿尉尽数撤换。

这边司马颙与刘沈接兵不敌，急召张方还长安。张方会同其他将领击败刘沈并擒之。刘沈旋被司马颙鞭后腰斩。

三月，丞相司马颖上表晋惠帝废皇后羊氏，幽于金墉城，又废皇太子司马覃为清河王。

在司马颙的表请下，司马颖被立为皇太弟，都督中外诸军事，丞相如故，乘舆服御皆迁于邺，制度一如魏武帝故事。又以司马颙为太宰、大都督、雍州牧。"八王之乱"至此以长沙王司马乂被炙死再告一段落。

司马颖秉朝政没多长时间，僭侈日甚，嬖倖用事，大失众望。时为司空的司马越，与右卫将军陈眕，长沙王的故将上官已等谋划讨之。

秋七月，陈勒兵入云龙门，以诏召三公百僚及三部诸将，戒严讨伐司马颖。司马颖属下将领石超急忙逃到邺城。随即，大赦，恢复羊皇后及太子司马覃。已亥日，司马越奉惠帝诏北征，司马越被任命为都督。司马越发檄文，召四方兵，响应者云集，待军至安阳，已聚众十余万。

邺城的司马颖震恐，会群僚问计，东安王司马繇劝他释甲缟素出迎请罪，司马颖不从，乃遣石超率兵五万战之。

双方战于荡阴，陈眕军因无备，败绩，连惠帝亦面颊中三箭。百官侍御作鸟兽散，唯嵇绍下马登辇以身卫惠帝，遂被杀，血溅帝衣。石超卫惠帝至军营，既而司马颖将晋惠帝迎至邺城。

　　陈眕、上官已等奉太子司马覃守洛阳。司马越先奔下邳，由于东平王司马楙不纳只得逃回东海。司马颖以司马越在宗室中有声望而召之，司马越不就。

　　稍前，司马颙得知司马越起兵，派张方领兵二万救司马颖，待知惠帝已入邺，就命张方攻洛阳。上官已等不敌出走，张方占洛阳，旋即又废太子及皇后。

　　幽州都督王浚和并州都督、东嬴公司马腾又起兵反司马颖。王浚勾结一部分鲜卑、乌桓人用其骑兵。司马颖则求匈奴左贤王刘渊助战。刘渊发匈奴五部兵据离石自立，建号大单于。诸王之间的大混战至此又变成各族间的大混战。

　　结果司马颖战败，卢志劝司马颖奉晋惠帝还至洛阳。司马颖犹疑不决，众将士溃散，司马颖只得率帐下的数十骑兵让晋惠帝乘牛车南奔洛阳。途中饥寒，晋惠帝贷黄门私钱买饭，夜则卧黄门布被。至故乡温县欲谒祖陵，晋惠帝连鞋也丢失，后从者献上自己的鞋，晋惠帝才得流涕拜陵。再至芒山，被张方率万余骑迎还洛阳宫中。

　　晋惠帝还至洛阳后，张方拥兵专制朝政，司马颖也不能再参与朝事。张方在洛阳恣兵剽掠殆竭，又议欲奉晋惠帝迁都长安。晋惠帝不许，张方乃引兵入殿逼迫，晋惠帝只得垂泣从之。晋惠帝离宫后，张方军抢夺宫女，分争府藏，割流苏、武帐为马帴。魏、晋以来的蓄积，被席卷一空。张方甚至还要焚毁宗庙、宫室以绝人返顾之心。晋惠帝在方垒停留三天，与司马颖及豫章王司马炽等人一起被张方拥趋长安。司马颙已率官属步骑三万人迎于霸上。晋惠帝入长安，以司马颙的征西将军府为宫。尚书仆射荀藩、司隶刘暾、河南尹周馥等则在洛阳为留台，承制行事。十一月丙午，留台大赦，改元复为永兴。随后又复皇后羊氏。

　　翌月丁亥，长安这边诏司马颖以成都王还邸，更立司马炽为皇太弟。

又诏使司马越为太傅，他的三个弟弟皆居要职。改元永兴（史用的永兴元年其实至此开始）。诏书均由此时秉朝政的司马颙下达。司马颙下诏抚司马越兄弟，意在求和解，可是司马越辞太傅不受。

永兴二年（公元305年）夏四月，张方又废羊皇后。六月，东海中尉刘洽以张方劫迁惠帝劝司马越起兵讨之。七月，司马越传檄山东征镇、州、郡说："欲纠帅义旅，奉迎天子，还复旧都。"范阳王司马虓与幽州都督王浚军共推司马越为盟主，朝中大臣亦多奔赴司马越。

司马颙听说司马越起兵，甚惧。他先表司马颖为镇军大将军，都督河北诸军事，以示安抚，又诏令司马越等各就封国，司马越等不从。十月，司马颙使司马颖等督军，为豫州刺史刘乔的继援。攻司马越军。镇南大将军刘弘以大都督张方残暴，知司马颙必败，率诸军受司马越节度。

十一月，立节将军周权诈言受司马越檄，自称平西将军，复立羊后。洛阳令何乔旋杀之，再废羊后。司马颙矫诏。以羊后屡为奸人所立而赐之死。司隶校尉刘暾力争免羊后死，自己则被逼，奔青州依高密王司马略。

十二月，司马虓等先后斩石超，败刘乔，司马越进军屯驻阳武。王浚遣其将祁弘率领突骑鲜卑、乌桓为司马越先驱。

司马颙见司马越败刘乔，心惧，欲罢兵求和，遂用计斩杀不从罢兵的张方，以张方首级送司马越请和，司马越不许。按纪年算，这已是光熙元年（公元306年）春正月的事。

夏四月，司马越引兵屯驻温县。五月，祁弘等再败司马颙军，司马颙单骑逃入太白山。祁弘等入长安，杀二万余人，百官奔散，入山中捡橡果为食度日。祁弘等随即奉晋惠帝乘牛车东还。六月晋惠帝至洛阳，复羊后，大赦，改元。自此才为光熙年。

司马颙的将领司马瞻等人重聚兵攻长安，杀守将，与始平太守梁迈共迎司马颙于南山。弘农太守裴颙等人起兵攻司马颙，斩司马瞻、梁迈。

司马越再遣督护糜晃率兵攻司马颙，司马颙使平北将军牵秀屯兵冯翊欲抗拒。长史杨腾诈称司马颙之命使牵秀罢兵，随后杀之，关中至此皆服于司马越，司马颙只经营得一个长安城。

八月，晋惠帝以司空司马越为太傅，录尚书事；司马嶷为司空，镇邺；平昌公司马模为镇东大将军，镇许昌；王浚为骠骑大将军，都督东夷、河北诸军事，领幽州刺史。司马越自己亦多辟僚属。

司马颖自武关逃至新野，恰逢新城元公刘弘卒，司马郭劢作乱，欲迎司马颖为主。司马颖向北渡黄河，奔朝歌，收聚将士数百人，打算投赴故将公师藩，未及，被顿丘太守冯嵩捕获，送往邺城，司马熇不忍杀而幽禁之。公师藩不久亦被兖州刺史荀晞讨斩。

转眼为冬十月。司马虓去世。长史刘舆知邺城人愿附司马颖，为防意外，秘不发表，令人作假称诏，赐司马颖死，并杀其二子。

司马颖之生平前亦有表，这里略去。其死后，官属先皆逃散，惟卢志随从，至死不怠，并为司马颖收尸殡葬。司马越嘉之，召卢志为军谘祭酒。

十一月巳巳夜，晋惠帝司马衷本早已用过晚膳，但皇帝丰富的夜生活使他能量耗散颇多，至入寝之时腹中又有了不小的空间，于是他传命侍候夜宵。黄门内侍奉上的夜宵是面饼。晋惠帝吃了一个之后觉得品味别致，一时口滑，就又连吃了几个，直到填满腹中的任何一点隙缝。哪知未过多久，忽然觉得腹中搅痛不已。内侍敷热巾、侍如厕等忙了一阵见不对路，忙去召御医。御医随即赶到，晋惠帝已疼得晕了过去。御医连忙诊视六脉，知是中毒，抢救不及，晋惠帝司马衷亡身于显阳殿中。

晋惠帝享年四十七岁，在位十六年，就其一生来说，显然是悲剧性的。从史料中看，晋惠帝司马衷人并不坏。他既谈不上凶狠，也谈不上残暴，给人的印象仅是无能。当了十六年皇帝，他连自己的主都作不了，更

不要说为主天下了。司马衷还曾受贾南风唆使,即位后诘问和峤:"卿昔谓我不了家事,今日定云何?"和峤不卑不亢回答:"臣昔事先帝,曾有斯言。言之不效,国之福也。臣敢逃其罪乎!"和峤卒于元康二年(公元292年),没有看到所言效果,但他的话显然是有言外之意的,他似乎同卫瓘一样料到司马衷即位之时,乃西晋败落之始。

司马越在晋惠帝死后,没有随羊后之意立清河王司马覃,而是召皇太弟司马炽即皇位,尊贾南风为惠皇后,追尊司马炽之母王才人为皇太后,立妃梁氏为皇后。

十二月,司马越以诏书征司马颙为司徒。困守长安孤城中半年的司马颙见诏自然愿意就征。南阳王司马模受兄旨意,遣其将、梁臣邀司马颙于新安,随即在赴洛阳的车上扼死了司马颙,并杀了司马颙的三个儿子。

司马颙,字文载,安平献王司马孚之孙,太原烈王司马瓌之子。初袭父爵,咸宁二年就国,三年改封河间,称河间王。少有清名,轻财爱士。和诸王俱来朝见武帝时,武帝曾赞叹他可为诸王仪表。晋惠帝元康初年为北中郎将,监邺城。死后,诏以彭城王司马植子司马融为嗣,改封乐城县王。

至此,长达十六年的"八王之乱"以东海王司马越的"胜利"而告停息。

西晋灭亡

光熙元年(公元306年)十一月,皇太弟司马炽在东海王司马越的扶

持下即皇位，史称孝怀帝。

孝怀帝始遵旧制，临太极殿，使尚书郎读时令，又于东堂听政。每当宴会，总是与群官论众务，考经籍。黄门侍郎傅宣见到这种情况，不由地感叹说："今日复见武帝之世矣！"

翌年春正月癸丑，孝怀帝大赦天下，改元永嘉，除三族刑；以太傅司马越辅政。

孝怀帝虽然"天姿清劭，少著英献"，可是他面对的是充满内忧外患的局势。

"八王之乱"使黄河流域的民众遭受了巨大的祸患，加上不断地天灾，这一广阔区域的民众无法生存，就盲目地向着认为可能谋生的地区流徙。《晋书·食货志》记载："人多饥乏，更相鬻卖，奔迸流移，不可胜数"。范文澜先生认为，这种大量流民的出现，"说明西晋统治的社会基础崩溃了"。为数众多的流民还"脱耒为兵，裂裳为旗"，起来反抗西晋的统治。其中规模最大的是以李特为首领的流民暴动。

元康八年（公元298年），关西由于连年闹饥荒，再加兵燹，略阳（今甘肃省秦安东南）、天水（今甘肃省天水西南）等六郡流民数万家，相与经汉中入汉川就谷，巴氐人李特也在其间。李特本有反晋之意，随流民将入蜀经剑阁时，他盘腿而坐叹息说："刘禅有如此之地而面缚于人，岂非庸才邪！"

永康元年（公元291年），诏征益州刺史赵廞为大长秋，赵廞遂谋反，打算割据川蜀，就大开仓廪，赈济流民，以收揽众心。与李特同来的流民都是巴西人，与赵廞同郡，且多壮勇，赵廞就厚遇之，李特等于是渐成气候。

赵廞自称大都督、大将军、益州牧，以李特的弟弟李庠为威寇将军，使之断北道。李庠本来就是东羌良将，懂得兵法，所以部阵肃然。赵廞忌

妒，设谋杀了李庠，却把李庠尸体还给李特，又以李特兄弟为督将，欲安抚其众。李特兄弟不受安抚。引兵归绵竹。赵廞派兵万余人追击到石亭，李特密收七千余人，夜袭敌军，又用火攻，死者十之八九。李特继而去攻成都。赵廞惊惧不知所为，下属文武顿时散尽，他只得独与妻子乘小船逃遁，旋被下人所杀。李特进据成都。

朝廷遣罗尚为平西将军、领护西夷校尉、益州刺史，率兵将七千余人入蜀。李特惧，使其弟于道奉迎，贡奉宝物，犒劳士众。罗尚甚悦，遂容纳李特诸人。朝廷还因讨赵廞有功，拜李特为宣威将军，封长安乡侯；拜其弟李流为奋威将军、武阳侯。

罗尚催遣流民，限七月上道。广汉太守辛冉等苛待流民，流民皆感恩李特而敬之。会年谷未登，流民无以为行资，就相与投赴李特。李特乃结大营于绵竹，以收纳四方流民，旬月间聚众过二万，李流也聚得数千。

辛冉等密谋杀李特，潜率步骑三万袭击李特营盘，罗尚得知，也派兵佐助。李特早得消息，缮甲厉兵，严阵以待。对方军至，李特安卧不动，待其兵进一半伏击之，并一举破之。于是六郡流民推举李特为首领，李特命六郡人部曲督李含等上书，邀行镇北大将军，承制封拜，其弟李流行镇东将军，以相镇统。再进兵广汉攻辛冉，败之；又进兵成都攻罗尚。罗尚方知李特等将有大志，只得依城固守，求救于梁、宁二州。

于是李特自称使持节、大都督、镇北大将军，对兄弟近属等皆封职。罗尚贪残，百姓患之，而李特与蜀人约法三章，施舍赈贷，礼贤拔擢，军政肃然。百姓为之谣说："李特尚可，罗尚杀我。"

朝廷调兵遣将讨伐李特，李特命次子李荡、少子李雄迎战，大破来军。

太安元年（公元302年），李特自称益州牧，都督梁、益二州诸军事、大将军、大都督，改年建初，赦其境内。

太安二年（公元303年）春，朝廷遣荆州刺史宗岱、建平太守孙阜率

军三万进攻李特，救罗尚。孙阜为前锋，进逼德阳。李特遣李荡督李璜，助德阳太守任臧拒之，这边罗尚率大军奄袭李特大营，双方激战两天。李特兵寡不敌，大败，遂收合余卒，引趋新繁。罗尚还军，李特又予追击，转战三十多里。罗尚出大军回击，李特军败，李特和其兄李辅以及李远等被斩焚尸，传首洛阳。不久，李荡也阵亡。

李流见李特、李荡相继死去，宗岱、孙阜大军将至，非常害怕，打算投降。

李特的第三个儿子李雄不惧失败，与梓潼太守胡离谋袭孙阜军。两人对众流民说："吾属前已残暴蜀民，今日一旦束手，便为鱼肉，惟有同心袭阜以取富贵耳！"众皆从之。李雄遂与胡离袭击孙阜军，大破之。恰在这时，宗岱卒于垫江，荆州兵于是撤还。李流感到惭愧，认为李雄是奇才，军事悉以任之。

九月，李流病重，对诸将说：骁骑（指李特弟李骧，后面的"前军"指李雄，二人一为骁骑将军，一为前将军，故云）高明仁爱。识断多奇，固足以济大事，然前军英武，殆天所相，可共受事于前军，以为成都王。李流死了之后，众推李雄为大都督、大将军、益州牧，治郫城。

闰十二月，李雄急攻成都。罗尚军早已无粮，罗尚开城门投降，李雄入成都。

永兴元年（公元304年）冬十月，李雄称成都王，大赦，改元建兴；除晋法，约法七章。光熙元年（公元306年）六月，李雄又称帝，改元晏平，国号成；追尊父亲李特为景皇帝，庙号始祖，尊王太后为皇太后。

除了李特、李雄父子外，其他较大的流民暴动还有：

太安二年（公元303年），西晋朝廷征发荆州郡民讨伐益州的李雄，郡民不愿征战逃避到江夏。义阳蛮张昌遂在江夏招避役流民以及就食流民反晋，势力波及荆、江、扬、徐、豫五州之地。

光熙元年（公元306年），并州饥馑，又被刘渊兵抢掠，州民无法再就地生存，州将田甄等人及吏民万余人，悉随并州刺史、东燕王司马腾就谷冀州，号为"乞活"。乞活分成许多部，各有首领称将或称帅，专事掠夺，被称为"乞活贼"。其中田甄部多至五万人。

孝怀帝即位后则有：

永嘉元年（公元307年），苟晞为青州刺史，为政残暴，州人称之为屠伯。流民五至六万人推魏植为首领，反抗苟晞。

永嘉三年（公元309年），颖川等郡的流民几万家，不堪本地豪强虐待，聚众烧城邑，杀官吏，响应汉国刘渊的部将王弥。

永嘉四年（公元310年），由于朝廷迫令散徙在南阳的大量雍

西晋弓、箭菔、弓袋、刀鞘

州流民返回关西。时关西一派衰残，流民不愿归还，武吏出身的王如趁机聚众四至五万流民反晋，自称大将军。

又有巴蜀流民十余万人避乱荆、湘。流民被当地豪强欺压，聚众自卫，官府出兵镇压。永嘉四年（公元310年），荆州刺史王澄杀流民八千多人，湘州刺史苟眺则谋划尽杀境内流民。流民被逼无路，遂举醴陵。县令杜为首领，攻占长沙及湘南许多地方，直至孝愍帝司马邺建兴三年（公元315年）才被晋将陶侃击败溃散。

上述流民暴动牵制了西晋王朝的不少军事力量，无疑加速了本已处于风雨飘摇之中的西晋王朝的败亡。但是上述流民暴动均缺乏独立性，他们或被内讧当中失势的官吏所利用，或依附于在晋王室混战之中崛起的当初内迁或归附民族的军队，没有汇集成中国封建社会常出现的较为统一的农民起义，历史在这时被推上了主要由各族统治阶级与西晋王朝分争天下的

道路，这就是旧史家们所谓的"五胡乱中华"。

首先起兵反晋的是匈奴贵族刘渊。当初曹操曾任命刘渊的父亲刘豹为匈奴左部帅。刘豹死后，刘渊代之。太康末年，刘渊被晋武帝拜为北部都尉。他明刑法，禁奸邪，轻财好施，不仅五部匈奴俊杰归之，就是幽、冀名儒，后门秀士亦不远千里游于焉。杨骏辅政。以他为建威将军、五部大都督，封汉光乡侯。司马颖秉政后，他被拜为北单于，参丞相军事。司马颖被祁弘率鲜卑兵击败，时已上大单于之号的刘渊欲发兵救之。右贤王刘宣等固谏说："晋为无道，奴隶御我，是以右贤王猛不胜其忿。属晋纲来弛，大事不遂，右贤涂地，单于之耻也。今司马氏父子兄弟相相鱼肉，此天下厌晋德，授之于我。单于积德在躬，为晋人所服，方当兴我邦族，复呼韩邪之业，鲜卑、乌丸可以为援，奈何距之而拯仇敌！今天假手于我，不可违也。违天不祥，逆众不济；天与不取，反受其咎。愿单于勿疑。"刘渊听后回答："善。当为崇风峻阜，何能为培蝼乎！夫帝王岂有常哉，大禹出于西戎，文王生于东夷，顾惟德所授耳。今见众十余万，皆一当晋十，鼓行而摧乱晋，犹拉枯耳。上可成汉高之业，下不失为魏氏。虽然，晋人未必同我。汉有天下世长，恩德结于人心。是以昭烈（指刘备）崎岖于一州之地，而能抗衡于天下。吾又汉氏之甥，约为兄弟，兄亡弟绍，不亦可乎？且可称汉，追尊后主，以怀人望。于是，在晋惠帝永兴元年（公元304年）十一月，刘渊迁于左国城，筑坛南郊，自称汉王，国号汉，改元曰元熙，追尊安乐公刘禅为孝怀皇帝，设汉三祖五宗神位而祭之。

十二月，晋王朝的东嬴公司马腾遣将军聂去讨伐刘渊，双方战于大陵，结果聂玄大败，司马腾惧，率并州二万余户下山东，并州为刘渊所占。旋即刘渊又派其侄刘曜进攻太原，占取了泫氏、屯留、长子、中都；派冠军将军乔晞进攻西河，取介休，杀介休令。

永兴二年（公元305年），司马腾遣司马瑜等率军讨刘渊，刘渊则遣

其武牙将军刘钦等六军拒司马瑜四战而败之。刘渊再遣其前将军刘景进攻并州刺史刘琨，结果在板桥被刘琨击败。之后，刘渊纳侍中刘殷、王育谏，进据河东，战取蒲坂、平阳。刘渊遂入都蒲子，河东、平阳。

也就在这一年，成都王司马颖败绩，其故将公师藩等自称将军，起兵于赵、魏，聚众达数万。时羯人石勒与牧帅汲桑结壮士为群盗，闻公帅藩起兵，二人率数百骑赴之。汲桑始命石勒以石为姓，以勒为名，公师藩拜石勒为前队督，使之攻平昌公司马模于邺。司马模使将军冯嵩迎战，败之。第二年，也就是光熙元年（公元306年），公师藩自白马南渡河，被兖州刺史苟晞讨而斩首。石勒与汲桑亡潜苑中。汲桑以石勒为伏夜牙门，率牧人劫掠郡县的囚徒，又招募亡命于山泽间的罪犯。汲桑乃自号大将军，声言要为成都王报仇。又以石勒为前驱，所向辄克，石勒遂被任为扫虏将军、忠明亭侯。汲桑再进攻邺城，以石勒为前锋都督，大败司马腾将冯嵩，长驱入邺，斩司马腾，杀万余人，掠妇女珍宝而去。出司马颖棺而车载之，每事启而后行。随后，济自延津，南击兖州。司马越大惧，使苟晞及将军王讚讨之。而这已经是孝怀帝永嘉元年（公元307年）五月的事情。

六七月间，石勒与苟晞等相持于平原、阳平，大小三十余战，互有胜负。司马越则屯军官渡，为苟晞声援。八月，苟晞击汲桑于东、武阳，大破之，汲桑退保清渊。九月，苟晞追击汲桑，破其八垒，杀其、万余人。汲桑与石勒收聚余众，打算投奔刘渊，冀州刺史丁绍邀战于赤桥，又破之。汲桑奔马牧，石勒则逃到乐平。这时胡部大将张督、冯莫突等拥众数千，蔽于上党，石勒遂往从之，深为所亲近。石勒就劝张督说："刘单于举兵诛晋，部大距而不从，岂能独立乎？"张督回答："不能。"石勒又说："如其不能者，兵马当有所属。今部落皆已被单于赏募，往往聚议欲叛部大而归单于矣，宜早为之计。"张督等素无智略，害怕部众叛己，于

是于十月间同石勒单骑归汉。刘渊遂命张督为亲汉王。莫突为都督；以石勒为辅汉将军、平晋王。

十二月，乞活田甄等人起兵，言为司马腾报仇，斩汲桑于乐陵，弃司马颖棺木于枯井中。司马颖故臣重新收葬了司马颖灵柩。

孝怀帝司马炽改元后的第二个月，也就是永嘉元年（公元307年）二月，即有王弥寇犯青、徐二州，自称征东大将军，攻杀州守。司马越以公车令鞠羡为本郡太守，讨伐王弥，却被王弥击败斩首。

王弥是东莱人，其祖父曾任魏国玄菟太守，晋武帝时至汝南太守。晋惠帝末年，刘伯根在东莱的巾弦县起兵反晋，王弥率家僮从之，刘伯根为长史。刘柏根死后，王弥入长广山。王弥多权略，凡有所掠，必须图成败，举无遗策；而且他弓马迅捷臂力过人，被号为"飞豹"。永嘉元年末，王弥还是被晋将荀纯击败，他和另一位起兵反晋的阳平人刘灵一起归附了刘渊。刘渊拜王弥为镇东大将军，青、徐二州牧，都督缘海诸军事，封东莱公；刘灵则被拜为平北将军。

孝怀帝即位后不愿当傀偏，总是亲览大政，留心庶事，这使一心想独秉权力的司马越深感不悦，他坚持要求出藩，驻镇许昌，但朝政的实权，其实还是握在他手中。这是永嘉元年（公元307年）三月的事情。

在该月，孝怀帝还先后追复杨芷太后尊号，改葬之，谥曰武悼，立清河王司马覃的弟弟豫章王司马诠为皇太子。

永嘉二年（公元308年）正月，实力已非常雄厚的刘渊遣抚军将军刘聪等十名将佐南踞太行，辅汉将军石勒等十名将佐东下赵、魏。二月，司马越将被人谋立太子遂被他废居金墉城的司马覃杀死。石勒兵犯常山，被王浚击败。三月，司马越自许昌徙镇邺城。王弥聚集亡散，兵复大振，就分遣诸将攻掠青、徐、兖、豫四州，所攻陷的城县多杀其守令，这时王弥已拥众数万。征东大将军、青州刺史苟日希与王弥连连交兵，但不能克

之。四月，王弥攻进许昌，开府库，取器杖，为所欲为。五月，王弥兵逼洛阳，朝廷大震，宫城门白天都不敢打开。司徒王衍等率军拒之得胜，王弥火烧建春门退屯七里涧，王衍军进击，大破之。王弥逃渡黄河，刘渊不责其败，反遣使郊迎，令曰："孤亲行将军之馆，拂席洗爵，敬待将军。"王弥到后，拜其司隶校尉，加侍中。

七月，刘渊进兵平阳，太守宋抽弃郡而逃，河东太守路述战死。前面谈及的刘渊徙都蒲子，就在这时。上郡鲜卑陆逐延、氐酋单征也于这时并降刘渊。

九月，王弥、石勒攻邺，守将征北将军和郁弃城而逃。朝廷只得诏豫州刺史裴宪拒王弥，车骑将军王堪拒石勒；义遣平北将军曹武屯兵大阳以防备蒲子再出兵。

永嘉二年（公元308年）十月，汉王刘渊称帝，改元永凤。十一月，刘渊以子刘和、刘聪分别任大将军和车骑大将军，侄刘曜为龙骧大将军。十二月又以刘和为大司马，封梁王；尚书令刘欢乐为大司徒，封陈留王；后父御史大夫呼延翼为大司空，封鞿门郡公；宋室以亲疏悉封郡县王，异姓以功伐悉封郡县公侯。

在成都的李雄这时遣平寇将军李凤屯兵晋寿，屡犯汉中，汉中居民被迫东走荆沔。

永嘉三年（公元309年）正月，太史令宣于修之言于刘渊："陛下虽龙兴凤翔，奄受大命，然遗晋未殄，皇居仄陋，紫宫之变（指该月辛丑朔的荧惑犯紫宫星），犹钟晋氏，不出三年，必克洛阳。蒲子崎岖，非可久安，平阳势有紫气，兼陶唐旧都，愿陛下上迎乾相，下协坤祥。"刘渊从之，迁都平阳，改元河瑞。

三月，司马越自新徙的荥阳入京，疑朝臣于己有二心，就派兵将孝怀帝的亲近缪播等人包括帝舅王延，执于帝侧付廷尉杀之。孝怀帝叹息泣

涕。不久又将宫中宿尉皆换为自己的亲信。而这时的刘渊又以灭晋大将军刘景克黎阳、败王堪。刘景将3万男女沉河，刘渊怒，说："景何面目复见朕！且天道岂能容之！吾欲所除者，司马氏耳，细民何罪！"遂黜刘景为平虏将军。

时为安东大将军的石勒，在钜鹿、常山作战，拥众达十余万，且集有学识的人别为君子营，任用韬略过人的张宾为谋主，并州胡羯多从之。又与王弥一起，从楚王刘聪被屯留，斩获晋军一万九千人。冬十月，刘聪、王弥、刘景率精骑兵五万攻洛阳，不克还军。

永嘉四年（公元310年）正月，刘渊立梁王刘和为皇太子。

二月，石勒在拔白马之后，又克仓垣杀王堪，再北渡河攻冀州，百姓从之者九万余人。

四月，幽、并、司、冀、秦、雍六州蝗灾，把草木以至牛马毛都食尽。

七月，刘聪、刘曜、石勒等围河内。石勒杀晋援军将领宋抽，河内人执太守裴整投降，刘渊以裴整为尚书左丞。

是月已卯，刘渊去世，太子刘和即位。刘和听信问言，分遣兵攻楚王刘聪、齐王刘裕、鲁王刘隆和北海王刘义，结果刘裕、刘隆被杀，刘聪由于有防备，攻者驰还。刘聪随即攻西朋门而克之，杀刘和。刘义则被挟归于刘聪。刘聪随后即帝位，刘义被立为皇太弟。

十月，汉军攻洛阳。石勒败监军裴邈于渑池，遂长驱直入洛川。河内王刘粲出辕，掠梁、陈、汝、颖。

并州刺史刘琨遣使告司马越，请求出兵共讨刘聪、石勒。司马越忌恨苟日希和豫州刺史冯嵩，恐为后患，不许。

石勒又连败晋兵，先后攻克宛及长江之西的三十余坐垒壁之，屯军其间。

司马越见已大失众望，且战患日盛，内不自安，于十一月领兵四万讨

石勒。

永嘉五年（公元311年）正月，石勒渡沔水，克江夏；二月，杀新蔡庄王司马确于南顿，攻克许昌。

司马越一直与荀晞有隙。荀晞乃移檄诸州，自称功伐，表陈司马越罪状。孝怀帝也恶司马越专权，多违诏命，于是密赐荀晞手诏，使讨司马越。司马越截获孝怀帝予荀晞的诏书，欲先下手为强，遣兵讨伐荀晞。荀晞执得司马越的亲党刘曾、程延而杀之。司马越忧愤成疾，于永嘉五年（公元311年）三月丙子死于项。秘不发表，王衍等人相与奉司马越灵柩还葬东海。孝怀帝以荀晞为大将军、大都督。督青、徐、兖、豫、荆、扬六州诸军事。

四月，石勒率轻骑追司马越之灵柩，在苦县宁平城追及。又纵骑围射晋军，晋军将士十余万人相践而死，尸积如山，无一人得免。擒太尉王衍及襄阳王司马范等诸多晋朝廷宗王及重臣，皆杀之。石勒命人剖开司马越棺木焚其尸首，说："此人乱天下，吾为天下报之，故烧其骨以告天地。"司马越的世子及宗室四十八王皆被石勒杀死。

司马越，字元超，高密王司马泰的次子。史载他少有佳名，谦虚得像一位百姓，为人所效法。司马越最初以世子任骑都尉，后拜散骑侍郎，历任左卫将军，加侍中。讨杨骏有功，被封五千户侯；迁任散骑常侍、辅国将军、尚书右仆射，领游击将军。后来，又为侍中，加奉车都尉，另封东海孝献王。永康初年，先任中书令，再徙侍中，迁司空，领中书监。

不久，荀晞表请迁都仓垣，怀帝从之。无辇，怀帝步行出西掖门，至铜驼街时，遇盗抢掠，不得进又还宫中。可是这时洛阳城中饥困，人相食，百官流亡者已十有八九。

刘聪遣前军大将军呼延晏领兵二万七千攻洛阳，到进入河南时，已败晋军十二次，杀三万余人，刘曜、王弥、石勒引兵会之。呼延晏先抵洛

阳，攻破平昌门，焚毁东阳门及诸府寺。

六月，孝怀帝备好舟船于洛水，将要东去。呼延晏把舟船尽数焚毁。随后王弥、刘曜也兵到。王弥、呼延晏攻破宣阳门，入南宫，在太极前殿，纵兵抢掠，把宫人、珍宝夺取一空。孝怀帝出华林园门，欲逃往长安，被汉兵追及执获，幽禁于端门。刘曜则自西明门入城屯兵武库，旋杀太子司马诠和两位宗王以及许多大臣，兵民死者三万多人。又发掘诸陵，焚烧宫庙和官府皆尽。刘曜本人还纳取了晋惠帝的羊皇后，把孝怀帝及六玺迁于平阳。石勒引兵出轘辕，屯许昌。刘曜后来竟将洛阳城化作一片焦土。丁未，刘聪改元嘉平，以孝怀帝为左光禄大夫，封平阿公。

八月，刘聪遣兵攻南阳王司马模于长安。司马模仓库虚竭，士卒离散，只得出降，九月，被刘粲杀死。刘聪以刘曜镇守长安。

荀晞这时骄奢苛暴，众心离怨，加上疾疫、饥馑，被石勒擒获，封为左司马。

王弥与石勒两人面亲内嫉，及王弥兵衰，石勒以张宾计诱王弥晏于己吾，酣酒时斩之。石勒上表刘聪，称王弥反叛。刘聪知其机密，大怒，遣使责石勒专害公辅，有无上之心，但又恐其生变，犹加石勒为镇东大将军，督并、幽二州诸军事、领并州刺史。荀晞等人潜谋叛石勒，石勒亦杀之。

冯翊太守索綝、安夷护军麴允等与安定太守贾疋谋划复兴晋室，共推贾疋为平西将军，会兵五万向长安。雍州刺史麴特等不降汉将领得知贾疋起兵，亦聚众十万会之。刘曜等与贾疋战于黄丘，大败。麴特等则在新丰击破刘粲。于是贾疋等兵势大振，关西的胡、晋翕然响应。

永嘉六年（公元312年）二月，石勒在葛陂筑垒，课农造舟。欲攻琅玡王司马睿镇守的建业。时司马睿在王导的主谋下，依靠中原南迁大族，联合江南大族顾荣、贺循等，已将势力逐步扩展到长江中下游和珠江流域。司马睿大集江南之众于寿春，以纪瞻为扬威将军，督军讨石勒。大雨三个月不止，石勒军中饥疫，死者超过一半，无奈退军。

贾疋等围长安数月，刘曜连战皆败，奔于平阳。秦王司马邺从雍城进入长安。

石勒自葛陂北行，所过处皆已坚壁清野，军中饥馑，士卒相食，七月破向冰得其资储后，军势才得恢复，遂长驱至邺。后取张宾之议，攻取冀州，被任冀州牧，晋封上党公。

在并州坚持抗汉的刘琨事奢豪，喜声色，专除胜己。刘聪得知，遣刘粲、刘曜攻并州。八月，刘琨东出后还救晋阳不及，刘粲、刘曜入晋阳，杀刘琨父母。

贾疋等则在长安立司马邺为皇太子。

建兴元年（公元313年）春正月，刘聪在光极殿宴群臣，命司马炽着青衣行酒。原晋臣庾珉、王隽等不胜悲愤而号哭，刘聪恶之，构罪名于二月丁未杀庾珉、王隽等原晋臣十多人，孝怀帝司马炽亦遇害，时年二十九岁。

夏四月，司马炽被害的消息传至长安，皇太子司马邺举哀后即位，史称晋孝愍帝，自是改元建兴。长安城中户不满百，蒿棘成林，公私加起来才有车四辆，百官无章服、印绶，只在桑木板上署号而已。索綝被委以军国之事。

刘曜等旋攻长安，孝愍帝诏麹允屯黄白城拒之。麹允累战皆败，诏索綝将兵助之。

石勒攻邺而陷之，以其从子石虎镇守，又先后攻上白，击定陵，斩晋将李恽与田徽.山东郡县相继为其所取，乌桓亦叛王浚，暗地里归附石勒。

八月，孝愍帝所遣使节至建康，诏时为左丞相的司马睿以时进军，司马睿以方平定江东，无暇北伐推辞。却任命曾与刘琨一起"闻鸡起舞"的

祖逖为奋威将军、豫州刺史，给粮、帛而不予铠杖，使其自行招募，祖逖遂冶铸兵器，募得二千余人而后进。

十月，刘曜使其将赵染趁长安空虚率精兵五千袭击，入外城，孝愍帝逃至射雉楼。麹鉴率军来救，与刘曜遇于零武，大败。十一月，刘曜恃胜不备，为麹允偷袭成功，退归平阳。十二月，刘曜战于河北，杀河南尹魏浚。

建兴二年（公元314年）二月，石勒开始进攻时为大司马、都督幽冀诸军事的王浚。自去年十二月起，石勒用张宾计。使王浚放弃防戒之心。王浚本有自立想法，石勒又诈称讨伐王浚向刘琨献功，刘琨亦被瞒过。三月，石勒至蓟，叱开城门后先以牛羊数千塞阻街巷以防伏兵，却声言上礼。王浚以为石勒前来奉戴他自立，不许属下抵御，被擒后方知受骗，自投于水，又被捞起斩首。石勒杀王浚精兵万人，降其臣僚裴宪、荀绰、王浚将佐、亲戚皆家资百万，唯裴宪、荀绰二人只有藏书及少量盐米，石勒深善之。刘琨至此也才知道石勒根本无意投降，遂上表陈述石勒势大，自己虽怀忠愤，却力不从愿。

五月以后，刘曜、赵染两攻长安，或因赵染轻敌而败，或因鲜卑骑兵参战而退。刘聪召刘曜还屯蒲坂，赵染在与麹允相争时战死。

建兴三年（公元315年）二月，孝愍帝以司马睿为丞相、大都督，督中外诸军事；以南阳王司马保为相国；苟组为太尉、领豫州牧；刘琨为司空，都督并、冀、幽三州诸军事，刘琨辞司空不受。

六月，刘曜攻上党。八月，败刘琨之众于襄垣。再欲攻阳曲，刘聪有命以先平长安为宜，刘曜仍还屯蒲坂。九月，刘曜又攻北地，孝愍帝诏麹允为都督、骠骑将军抵御刘曜。十月，刘曜攻克冯翊，转攻上郡，麹允兵弱，不敢进。

弹指挥间已是建兴四年（公元316年）春。汉主刘聪时宠幸常侍王

沈、宣怀、中宫仆射郭猗等人，朝中事务悉委于刘粲而不问，自己游宴后宫，或醉卧三日不醒、或百日不出视朝。于是，有奸佞小人几天之内就成为高官的。将士无钱帛之赏，而后宫之家赐及僮仆，动辄几千万。王沈等人的车服、邸舍华贵超过诸王，子弟亲戚为守令者三十多人，皆贪婪残暴，为民之害。王沈等人还肆意杀戮清直大臣。太宰河间王刘易、大将军勃海王刘敷、御史大夫陈元达、金紫光禄大夫王延等上表劝谏，刘聪反以表示王沈等。再问于刘粲，刘粲言王沈等忠诚清廉，刘聪信之，竟封王沈等为列侯。刘易不甘，再诣宫上疏极谏，刘聪大怒，手坏其疏，刘易忿懑而死。陈元达恸哭刘易之死后，归邸自杀。

四月，石勒遣石虎攻晋将刘演于廪丘，克廪丘，刘演逃至他军，石虎俘刘演弟刘启而归。

七月，刘曜围北地太守超昌，麴允率步骑三万救助。刘曜绕城纵火，火焰蔽天，并使人传言郡城已陷，麴允军随即惧而溃散；刘曜再就势追击，败麴允于石番石谷，遂占取北地，之后又兵进泾阳，渭北诸城顷刻土崩瓦解。

时遇河东平阳蝗灾甚重，百姓流徙，死者过半。石勒遣其将石越率骑兵二万屯并州，招纳流民，流民二十万户归依。

八月，刘曜兵逼长安。晋将焦嵩、竺恢、宋哲等都引兵去救长安，散骑常侍华辑监京兆、冯翊、弘农、上洛四郡之兵屯子霸上，可是四郡之兵都畏惧汉兵强盛，不敢再进。相国司马保派遣胡崧将兵进援，胡崧在灵台击败汉军。胡崧本可乘胜进一步扩大战果，然而他唯恐国威重振而使麴允、索綝势力越来越大，就带领城西的各郡兵马屯于渭北，不再前进，旋即又退还槐里。

刘曜不久就攻陷长安外城，麴允、索綝退保小城以自固。这样，长安城就与外面断绝了交通，粮食遂告罄，斗米值金二两。人饿极而变成兽，相互吞食，死者过半。逃亡亦不可制止，只有凉州前来守城的义众千人，誓死不退。

麹允于城被困之前，有数十麹饼运至太仓，刘时他取出舂碎做粥，奉给孝愍帝食用，没多长时间，这些麹饼便食尽。

时已是冬正。孝愍帝望着冰封雪盖的天地，涕泣对麹允说："今窘厄如此，外无救援，死于社稷，是朕事也。然念将士暴离斯酷，今欲闻城未陷为羞死之事，庶令黎元免屠烂之苦。行矣遣书，朕意决矣。"

麹允退出后，孝愍帝又思前想后良久，自叹说："误我事情，麹、索（指索綝）二公也。"既而使侍中宗敞去刘曜军营送降笺。

哪知道索綝又自有打算。他暗地留住宗敞，让自己的儿子前去游说刘曜，言城中之粮尚可支持一阵，所以不易攻克。如若许诺车骑、仪同、万户郡公，就举城投降，云云。

刘曜听后大怒，下令斩索綝子而送其首于城中，并传言：帝王之师仗义行事。吾率军十五年从未以诡计败人，总是将敌方彻底击败后方取之。现在索綝所言是天下人共同厌恶的，天下人会共戮之。如粮未尽，可以勉强固守；如粮竭兵微，就尽早投降吧！

建兴四年（公元316年）冬正月甲午，侍中宗敞出城向刘曜奉交降笺。

乙未，在嗖嗖逼人的寒风中，晋孝愍帝司马邺乘着羊车，袒着肉肤，衔着玉璧，载着棺木，一如当初的蜀主刘禅、吴主孙皓，出东门至刘曜军营投降。

群臣号哭不止，攀着车子，拉着孝愍帝的手不忍离去，孝愍帝亦悲泣难抑。然而大厦已倾，这时任凭你君臣哭得天昏地暗又何济于事！当初晋武帝同样乘着羊车，逍遥于后宫万名姝丽之中

西晋青瓷双系鸡首壶

时，可曾想到今日西晋王朝至此画上了句号。

刘曜依受降之礼焚棺受璧，使宗人奉司马邺还宫。丁酉，将司马邺及其原公卿以下迁至其营。辛丑，再送至汉都平阳。

壬寅，汉主刘聪升光极殿，司马邺稽首于前。麹允见状伏地恸哭，扶不能起，惹得刘聪怒起，将麹允囚禁，麹允自杀殉主。

刘聪任司马邺为光禄大夫，封怀安侯；以麹允忠烈，赠车骑将军，谥节愍侯；以綝不忠，斩于都市。

翌年冬子月，汉主刘聪出猎，令司马邺行车骑将军，穿着铠甲执着铁戟在前开路。原西晋百姓聚在路旁观看，不少故老不禁觑歔痛哭。刘聪又设筵宴，让司马邺行酒洗杯。如厕时则让司马邺执盖，原晋臣在座者见状多失声而泣，尚书郎辛宾甚至抱着司马邺恸哭。

这一来，使得刘聪觉出了司马邺的存在是个"不安定因素"，两个月之后即派人将司马邺杀死。

司马邺，字彦旗，是晋武帝之孙，吴孝王司马晏之子。因过继给秦献王司马柬而得袭封秦王。晋怀帝永嘉二年（公元308年）八岁时被拜散骑常侍、抚军将军。至被刘聪派人弑杀，年仅十七岁。

西晋王朝自晋武帝司马炎在公元265年"受禅"开国，到孝愍帝司马邺于公元316年衔璧舆榇向汉军投降，一共延续了五十一年。其间晋武帝司马炎在位二十五年，晋惠帝司马衷在位十六年（公元其中包括赵王司马伦篡位的时间），晋怀帝司马炽在位五年，晋孝愍帝司马邺在位三年。另有二年时间为司马炽被俘到遇害、司马邺然后宣布即位的间隔。

公元317年，司马懿的曾孙、琅琊恭王司马觐之子司马睿在建康（今江苏省南京市）重建政权，史称东晋。

千秋功过

第七章

　　司马炎在前辈的创业中虽未做出多大的贡献，却因历史有情，登上了皇帝的宝座，他建立晋朝后，采取了一系列措施发展生产，统一全国。但司马炎统一全国后，生活腐化，是历史上有名的淫乐君主。

　　西晋的开国皇帝——晋武帝，于公元265年以禅让形式逼魏帝曹奂退位，自己称帝，公元290年死，在其二十五年的统治时期中，曾出现了被誉为"太康之治"的盛世。但对"太康之治"的出现及其原因、作用等，史学界评价甚微。即或提及，也认为只是昙花一现，对社会并未起什么反响；或认为晋武帝时期的短暂繁荣是由于灭蜀平吴后，从蜀、吴两国得到大量粮帛金银所致，与晋武帝司马炎的统治无关；或者干脆否认"太康之治"的存在，认为西晋从它建立之日起，就是腐朽的，晋武帝司马炎荒淫奢侈，集中体现和代表了西晋士族门阀集团的贪婪、荒淫、奢侈与残暴。那么，究竟应如何评价晋武帝与"太康之治"？这不仅涉及对晋武帝这个重要历史人物的正确评价问题，而且也有助于正确评估西晋王朝的历史地位。

　　纵观中国历史，每一位开国之君虽然都有其消极甚至腐朽的一面，但大多数还可算得上是有为之君，从商汤、周武到赵匡胤、朱元璋，基本如此。晋武帝，这位结束自东汉末年以来近百年的分裂割据局面、建立了统一的中央集权政治的西晋开国皇帝，在其统治前期，是一位锐意统一中国、励精图治、且有成效的皇帝，基本上也可称为一位开国明君。公元280年，灭吴，统一全国，改元太康，在统一的西晋社会出现了繁荣景象，因在太康年间（公元280年—289年），故称"太康之治"。"太康之治"出现的原因是多方面的，但它与晋武帝建国后，在其祖、父所创业绩的基础上，在政治、经济、民族关系等方面所采取的一系列旨在稳定统治、发展生产的积极措施是分不开的。

　　在政治上，整顿吏治，纳谏用贤，约法省禁，统一中国。晋武帝即位

之初，便"颁新法于天下"。他连续下诏，对各级官员提出要求，如泰始四年（公元268年）六月下诏，要求"郡国守相，三载一巡行属县，……观风俗，协礼律，考度量，存问耆老，亲见百年。录囚徒，理冤枉，详察政刑得失，知百姓所患苦。……敦喻五教，劝务农功，勉励学者，思勤正典"。并要地方官努力荐举贤才，"令诸郡中正以六条举淹滞"。晋武帝自己还不时亲临各地巡视考察。他规定，如果地方官所管辖地区"田畴辟，生业修，礼教设，禁令行，则长吏之能也"，给以奖励；如果是"人穷匮，农事荒，奸盗起，刑狱烦，下陵上替，礼义不兴，斯长吏之否也"，则给以处罚。同年12月，又颁布了五条诏书，规定了郡国守相所应遵守的五条原则。这五条诏书是："一曰正身，二曰勤百姓，三曰抚孤寡，四曰敦本息末，五曰去人事。"太康元年（公元280年）灭东吴，晋武帝下诏说："今江表平定，天下为一，当韬戢干戈，刺史分职（不再领兵），皆如汉故事。悉去州郡兵"。宣告天下大定，"百姓获义，又与之休息"。

在用人纳谏方面，史载晋武帝"雅好直言，留心采擢"，"虚心以求谠言"，"容纳谠正，未尝失色于人"。他于泰始元年（公元265年）就下诏："开直言之路，置谏官以掌之"。他说："凡关言人主，人臣所至难，而苦不能听纳，自古忠臣直士之所慷慨也"。为此，多次下诏要各级官吏"举贤良方正直言之士"。敦煌人段灼，"果直有才辩"。晋武帝即位后，段灼上疏五条，论述了前代隆名之臣与亡败之主的兴废原由，劝晋武帝要"居安思危"，"不忘履冰之戒"，用人时不可求其全，要明赏罚，不要起用那些"阿谀唯唯之士"，要开"举贤之路"。晋武帝十分重视段灼的意见，并因此而提拔段灼为明威将军，魏郡太守。晋武帝鼓励臣下犯颜直谏，如泰始八年（公元272年），晋武帝与右将军皇甫陶议事，皇甫陶不顾君臣之礼而与晋武帝争论。当时散骑常侍郑徽请晋武帝治

皇甫陶不敬之罪，晋武帝说："谨言謇谔，所望于左右也。人主常以阿媚为患，岂以争臣为损哉？徽越职妄奏，岂朕之意？"因此而将郑徽罢官。晋武帝在泰始、咸宁年间，基本上本着用贤良的指导思想，招纳人才。如嵇绍，其父因罪被杀，但晋武帝说："父子罪不相及"，仍用嵇绍为秘书郎；后又被提升为徐州刺史，再如许奇与晋武帝有仇，但因许奇有才，晋武帝能不计个人恩怨，信用许奇。刘毅，因"忠謇正直"，晋武帝任命他为谏官，后官至尚书左仆射，被委以重任。甚至邺地的一位牧马官郭廙因上疏晋武帝"陈五事以谏，言甚切直"，被提拔为屯留令，以此鼓励各级官员进谏言。灭吴后，对"吴之旧望，随才擢叙"，各尽其能。虽然晋武帝所重之臣大部分为世家大族，姻亲勋旧，但其中确亦不乏有才干者，如杜预、羊祜、张华、刘毅、裴秀、王濬等人，他们在统一和国家建设中起了重要作用。唐初贤相房玄龄及褚遂良、令狐德棻等人对晋武帝的评价："武皇（晋武帝）之世，天下乂安，朝廷属意于求贤，已轴有怀于干禄（即在困处之人也有乘时入仕之意）。"可见，太康前的晋武帝司马炎亦不失为一位用人基本唯贤、也较能纳谏的开国君主，史载晋武帝时"衣冠斯盛，英彦如林"。因而，"太康之治"的出现就不难理解了。

晋武帝在太康之前，约法省禁，"大弘俭约"。他即位后，曾将御府所藏珠玉玩好之物，颁赐王公以下各有差。有人献给他雉头裘，他认为这是"奇技异服"，下令将所献雉头裘在殿前焚烧掉，以示节俭。其生母文明皇太后在宫中是"躬执纺绩，器服无文，御浣濯之衣，食不参味"。晋武帝司马炎是在其母亲文明皇太后的直接抚养和熏陶下长大的，对其母亲极为孝顺，因此，他不能不受其母亲的影响。文明皇太后死后，晋武帝亲自为他的母亲写哀策，颂扬其母之德行，以教育群臣。史称晋武帝司马炎在泰始、咸宁年间是"厉以恭俭，敦以寡欲"。这记载虽有夸张、回护之意，但也不能矢口否认，不能像史学界认为的那样，晋武帝从其即位伊始

就是一个荒淫腐朽之君。

晋武帝还下令禁谶纬迷信，禁封禅，重人事。太康元年（公元280年）灭吴后，尚书令卫瓘等上疏晋武帝，认为全国统一，应该去泰山封禅。而晋武帝回答，他日夜所望的是与民休息，封禅既费财，又扰百姓，因此拒绝封禅。直到太康晚年，晋武帝还下诏惩治贪官酷吏，要求朝廷内外群臣"举请能，拔寒素"。尽管此时的晋武帝已沉溺于荒淫奢侈的生活之中，此诏也徒具形式，但是也决不能说明晋武帝在太康前就是卖官鬻爵、荒淫无耻的。史学界往往引用刘毅指责晋武帝卖官鬻爵、钱入私门、不如东汉桓、灵二帝为例，来证明晋武帝的腐朽，这不是唯物主义的态度，是不公正的。因为刘毅与晋武帝的这番对话是在平吴之后的事，此时的晋武帝已失去太康之前那种锐意进取的精神，已渐趋腐化，西晋统治集团所代表的世家大族的腐朽性也随着全国的统一和社会的安定繁荣而明显暴露，如石崇与王恺比富等。但以进入太康年间的这些表现来概括晋武帝司马炎的一生是片面的。正因为晋武帝司马炎在太康前基本上是一位有为之君，"明达善谋"，他才能"平吴，混一区宇"，完成统一中国大业，因而出现了"太康之治"。

在经济上，晋武帝推行重农政策，努力恢复社会经济，为"太康之治"的出现准备了物质条件。这方面的主要措施有：

第一，司马炎即帝位后，继续推行曹魏以来行之有效的屯田。如羊祜镇守襄阳，分其所统领部队的一半进行屯田八百多顷，一年后，收获的粮食够军队十年吃用，大享其利。为增加屯田劳动力，晋武帝还免去邺城奚官奴婢的身份，使他们变为屯田兵，在新城屯田种稻。大批奴婢的被解放，对发展社会生产是有积极意义的。

为了扩大耕地面积，安置流民，增加租税收入，发展农业生产，为灭吴、平定江南准备充足的物质条件，"朝廷励精于稼穑"。为此，晋武帝于即位初连续下诏，劝课农桑。泰始二年（公元266年）诏曰："今者省徭务本，并力垦殖，欲令农功益登，耕者益劝"。二年后又下诏曰："使四海之内，弃末反本，竞农务功，能奉宣朕志，令百姓劝事乐业者，其唯郡县长吏乎！"为奖励劝农不倦的郡县长吏、守相、晋武帝赐他们每人一匹马。接着又下诏"敕戒郡国计吏、诸郡国守相令长，务尽地利，禁游食商贩"。他还亲耕藉田，积极鼓励发展农业生产，并下诏不准豪族大姓"侵役寡弱""立常平仓，丰则籴，俭则粜，以利百姓。"他对那些劝农开荒、勤恤百姓而作出贡献的地方官吏大加奖励。如汲郡太守王宏抚百姓如家，……在郡有殊绩，督劝该郡开荒五千余顷，虽遇荒年而该郡无匮乏，于是，晋武帝对王宏予以表彰，赐谷千斛，并布告天下，树为榜样。为了加强劝农工作，晋武帝还专门指派司徒石苞"明劝课"，制定"殿最之制"。每年考核一次，以劝农成绩的好坏作为奖罚、升降官职的标准。此外，还增加了管理农业的官员。有人说，这是一纸空文，似这种劝农诏书历代皆有。不错，确实历代皆有！然而，尽管晋武帝的劝农政策未能（也不可能）全面彻底贯彻执行（在封建社会里有哪位皇帝的益民诏令能全面彻底贯彻执行？）但这在经过百年混战、人民疲惫、农桑久废之时，不能否定它的招抚流亡、劝农乐业的积极作用。

第二，大力兴修水利。晋武帝时，开凿和修复的新旧渠道水利工程可以说是遍及全国各地，其中比较重要的有：太康年间，杜预镇守荆州，"修邵信臣遗迹，激用潰滴诸水，以浸原田万余顷，……公私同利，众庶赖之，号曰'杜父'。淮南相刘颂修复芍陂，百姓歌其平惠"。晋武帝组织人力扩充整修潞河车箱渠，灌溉土地万余顷，泽及四五个县。为防水涝，晋武帝还责令修治了兖、豫二州的旧陂旧堨及私家小陂。水利工程的修建，保证了农业生产的丰收。

由于水利事业的发展，一些灌溉工具被广泛应用，如杜预发明的"人

排新器"。同时，以水力发动的农产品加工机械水碓、连机碓也遍及各地，如司徒王戎"广收八方园田水碓，周遍天下"。再如，《太平御览》引王隐《晋书》说，晋武帝时"有公主水碓三十余区"。水利灌溉事业的如此发展，大大促进了西晋农业的恢复与发展，"太康之治"就是在这一比较充实的经济基础上出现的。

第三，颁行限田政策，稳定统治秩序。太康元年（公元280年），晋武帝派大军灭吴后，颁布了以占田、课为主要内容的限田政策——户调式。规定了从诸王、公候、贵族官吏到普通百姓的占田最高限额以及应课田数、租税，对边远地区和少数民族予以照顾，减少税收，晋武帝的限田政策虽然未能彻底执行，但这种土地制度多少限制了豪强大族的无限占田，也多少满足了广大无地少地农民对土地的要求，它对招徕流民、安定社会秩序、振兴农业无疑起了积极作用。

此外，为了增殖人口，增加社会劳动力，晋武帝于泰始九年（公元273年）规定，民女年满十七岁，若其父母仍未让出嫁，则由当地长吏为之择配偶。为了分化吴人势力，开发北方荒地，灭吴后，晋武帝鼓励吴人北上，并规定凡北上的原吴国百姓和百工均可享受免除二十年徭役的待遇，以鼓励他们同北方各族人民一道安心生产。同时，对遭受灾害的地区和遭鲜卑侵扰的北边地区还实行减免赋税等政策。这些措施在促进西晋社会经济的恢复与发展过程中的作用也是不能忽视的。

在民族关系方面，晋武帝采取了招抚和镇服相结合的民族政策，以招抚为主。《晋书·四夷列传》载：晋武帝对周边少数民族是"抚旧怀新，岁时无怠"，随时招抚各少数民族入居中原。在晋武帝的这种政策的感召下，塞外匈奴等少数民族首领纷纷率领本部人马、牛羊入塞定居。如：泰始年间，匈奴大水等二万余落归附西晋，晋武帝将他们安置在河西故宜阳城下。后来，又陆续迁入不少部落，与汉族杂居，"由是，平阳、西河、太原、新兴、上党、乐平诸郡靡不有焉"。太康年间，匈奴首领都大博和萎莎率匈奴各部"大小凡十余万口，诣雍州刺史扶风王骏降附"。还有匈奴胡太阿厚率二万九千人"归化"，大豆得一育鞠等"率种落大小万一千五百口，牛二万二千头，羊十万五千口，车庐什物不可胜纪，来降，并贡其方物，（晋武）帝并抚纳之。此外，在咸宁和太康年间有奚轲十万以及鲜卑、五溪蛮夷牂柯獠、西北杂虏等族入居内地。晋武帝对来降的各少数民族有功首领还予以奖封，如匈奴首领綦毋俱邪伐吴有功，被封为赤沙都尉。

对晋武帝招纳匈奴等少数民族入居内地一事，西晋朝廷内颇有异议。一些人认为羌戎狡猾，其徙必异，让他们入居内地，对西晋不利。因此，建议将入居内地的各少数民族迁出中原。当时西河俸御史郭钦上疏晋武帝，提出"徒戎"主张，他说："戎狄强犷，历古为患。……今虽服从，若百年之后有风尘之警，胡骑自平阳、上党不三日而至孟津，北地、西河、太原、冯翊、安定、上郡（即今陕、甘、晋一带）尽为狄庭矣"。应该把他们迁徙到西、北边境以外地区，"峻四夷出入之防，明先王荒服之制，万世之长策也"。被晋武帝拒绝。在晋武帝的招抚民族政策下，原来西晋北方广大土地上，处处有匈奴、鲜卑、羌胡等少数民族与汉族杂居现象，《晋书·匈奴传》记载当时情况是："爰及泰始，匪革前迷，广阔塞垣，更招种落，纳萎莎之后附，开育鞠之新降，接帐连薅，充郊掩甸"。"关中之人，百余万口，而戎狄居半"。这些内迁少数民族与广大汉族人民一道生产，共同生活，友好往来，互相学习影响，加速了民族融合过程，这就为"太康之治"的形成创造了一个比较安定的客观社会环境。晋武帝招抚少数民族入居内地，拒绝徒戎，不管其主观动机如何，在客观上是顺应了民族融合的历史发展趋势，是附合各族人民愿望的，应予肯定，这既是"太康之治"所以能够出现的一个重要原因，又是"太康之治"的

具体表现之一。

　　被誉为"民和俗静，家给人足"的"太康之治"，虽然是一个短暂的繁荣时期，但它毕竟在分裂割据四百年的魏晋南北朝史画页上留下了一小点的光彩，为西晋这一短命王朝增添了光辉，在中国古代史上有一定影响，也应占有一定的地位。

晋武帝司马炎大事年表

附　录

236年 司马炎生。他幼时聪明，早年即显示出政治才华，但颇受司马昭冷落，虽为长子，却没有得到应有的重视。

249年 司马氏父子发动"高平陵事变"掌握曹魏实权。司马炎参与此事，立下功劳。

249年—254年 在此期间，司马炎被封为北平亭侯。曾做过给事中、奉车都尉，中垒将军等官，加封散骑常侍，升中护军。因迎接曹璜为帝，加封新昌乡侯。

254年—264年 此间，和其弟司马攸争立太子。尽管司马攸颇得司马炎宠爱，但他忠厚老实，在政治斗争中处下风。司马炎充分发挥自己的政治才能，逐渐占了上风。

264年10月 司马照在群臣的劝说下立司马炎为世子，并拜大将军，开府，副贰相国。

265年12月 司马炎迫使魏帝曹奂退位，他在洛阳太极殿登基即位，自称皇帝，大赦天下，改元，封诸王。

266年 祭祀宣皇帝和文皇帝，下令除汉室禁锢。

267年 立司马衷为皇太子。下诏征李密，不就。

268年 司马炎颁布新律令，并亲自对文武百官讲律合。奖励各级官员。同年他在藉田亲自耕种。

269年 司马炎下令申戒郡国，要尽地利，努力事生产。

271年 司马炎在杨皇后及群臣劝说下，允许司马衷娶贾南风为妻，为晋朝后宫之乱埋下隐患。

272年 让贾充领兵如故，谋攻误。

273年 司马炎下诏选六官，公卿以下女备六官，在天下挑选美女禁止结婚，民时大乱。

274年 晋攻吴，司马炎下诏取良家及小将史之女五千人入官。

275年 改元咸宁，追尊宣帝庙号为高祖，景帝庙号为世宗，文帝庙号为太祖。

276年 司马炎下诏立国子学，教育贵族子弟。东夷十七国向晋归附。

277年 下诏改封子弟诸王，以户邑多少分为三等，异姓功臣皆封为郡公，郡侯。

278年 羊祜病重，司马炎遣张华问灭吴策。

279年 司马炎下令大举攻吴，水陆并进，夺取大片吴地。

280年 吴帝孙皓降晋，被封为归命侯。晋朝统一全国，改元太康。司马炎下令除去州郡武备，颁布占田，课田，户调之法。进一步巩固世家大族的利益。

281年 司马炎选吴宫女五千人入宫，专事游宴，纵情声色，整日沉迷于花天酒地生活中。

282年 司马炎祭祀南郊。

283年 鄯善国使者来晋贡献礼品，司马炎封其国王为归义侯。

284年 匈奴胡太阿原归降晋朝，司马炎令其众居于塞内西沙之处。

285年 司马炎因连年欠收，下令免除祖货旧债。

286年 匈奴十余部落归降晋朝，司马炎把他们安置在塞内。

287年 扶南及西域康居等国向晋纳贡。

289年 司马炎遣诸王督诸州军事，封孙子六人为王。他已认识到分封诸王的弊病，力图纠正，但为时已晚，力不从心。此时，朝中大臣争权夺利，杨俊专权，贾南风淫乱后宫，晋朝出现危机。

290年 改元太熙，4月，司马炎在含章殿去世，时年五十五岁，葬于峻阳陵，庙号世祖。司马衷继位，改元永熙，贾南风干政，晋朝日益衰落。